PSYCHOLOGIE DE LA SANTÉ

Marie Santiago-Delefosse

Psychologie de la santé

Perspectives qualitatives et cliniques

MARDAGA

© 2002 Pierre Mardaga éditeur
Hayen 11 - B-4140 Sprimont (Belgique)
D. 2002-0024-02

Caminante, son tus huellas el camino y nada mas;
caminante, no hay camino,
se hace camino al andar.
Al andar se hace camino,
y al volver la vista atras
se ve la senda que nunca
se ha de volver a pisar.
Caminante, no hay camino,
sino estelas en la mar[1].

Antonio Machado, XXIX
Chants de Castille, 1917.

---

[1] Marcheur, c'est ta trace le chemin et rien de plus; marcheur il n'y a pas de chemin, le chemin se fait en marchant.
Le chemin se fait en marchant et le regard se tournant effleure la trace sur laquelle jamais on ne reviendra.
Marcheur, il n'y a pas de chemin seulement l'écume sur la mer.

(Traduction M. Santiago Delefosse)

Introduction

> Toute ma vie, je n'ai jamais pu me résigner au savoir parcellarisé, je n'ai jamais pu isoler un objet d'études de son contexte, de ses antécédents, de son devenir. J'ai toujours aspiré à une pensée multidimensionnelle. Je n'ai jamais pu éliminer la contradiction intérieure. J'ai toujours senti que des vérités profondes, antagonistes les unes aux autres, étaient pour moi complémentaires, sans cesser d'être antagonistes. Je n'ai jamais voulu réduire de force l'incertitude et l'ambiguïté.
> Morin, 1990.

Depuis le début des années 90, aux Etats-Unis comme dans les pays anglo-saxons, les méthodes qualitatives commencent à se développer au sein d'une *psychologie de la santé* jusque-là tournée majoritairement vers la quantification.

Cette nouvelle orientation est appelée «Qualitative Health Psychology» par distinction à la fois avec «Health Psychology» (psychologie de la santé d'orientation objectiviste et quantitative) et avec «Clinical Health Psychology» qui désigne davantage l'intervention pratique que les méthodes. Respectant la tradition française, le terme «psychologie clinique de la santé» désignera cette nouvelle orientation tout au long de l'ouvrage.

D'une manière générale, la *psychologie clinique de la santé* (Qualitative Health Psychology) s'intéresse à l'interface psychique/social dans le champ de la santé physique, et privilégie le vécu du sujet en interaction. Elle s'attache à l'analyse des articulations entre subjectivité singulière et systèmes de soins. En particulier, elle cherche à rendre compte du passage du phénomène perçu au phénomène vécu dans le domaine de la santé. Elle prend également en compte les théories psychologiques de la maladie élaborées par le sujet, sans que ces théories soient conçues comme la cause de la maladie physique. C'est pourquoi elle étudie les incidences subjectives du passage entre «deux mondes» : celui de la santé vécue à celui de la maladie.

Dans ce cadre, la santé n'est pas un objet extérieur, stable et répondant à une définition médicale, mais elle s'inscrit dans un travail psychique d'équilibration tout au long de la vie dans lequel l'intentionnalité et le sens de la maladie pour un sujet prennent une place prépondérante. La plainte et ses fonctions deviennent des modes de communication du sujet dans un monde bouleversé par la maladie.

Les modélisations de la *psychologie clinique de la santé* ne réduisent l'expérience du sujet ni au seul sujet de l'inconscient, ni aux seules données objectives et quantitatives. Elles privilégient une approche intégrative dans le champ complexe de la santé et de la maladie et se réfèrent au paradigme constructiviste (avec ses variantes concrètes, herméneutiques, ethnométhodologiques, etc.).

Le présent ouvrage comporte deux objectifs majeurs : faire connaître ce courant méthodologique avec ses outils et exposer les théorisations de base d'une *psychologie clinique de la santé* articulant les résultats de la psychologie de la santé et ceux de la méthode clinique.

Se présentant comme un manuel à la fois théorique et pratique, il s'adresse aussi bien aux psychologues travaillant dans le domaine de la santé et aux étudiants en psychologie qu'aux différents intervenants du milieu médical. Il expose les options théoriques et épistémologiques qui composent le champ de la psychologie de la santé ; il propose des repères pratiques issus de la confrontation au terrain, enfin, il introduit les bases méthodologiques et des modélisations spécifiques à la *psychologie clinique de la santé*. Ainsi, cet ouvrage pourra-t-il servir à la fois la connaissance d'un domaine et, nous le souhaitons, la mise en application sur le terrain des différentes modélisations proposées, que ce soit à travers des pratiques, des recherches-action, ou des recherches universitaires.

DE LA «PSYCHOLOGIE DE LA SANTÉ» À LA «PSYCHOLOGIE CLINIQUE DE LA SANTÉ»

Au cours des années 1970 dans les pays anglo-saxons apparaît une nouvelle sous-discipline de la psychologie : la «psychologie de la santé» (Health Psychology). Elle connaît un essor rapide sous la pression d'impératifs sociaux et économiques. Dès 1985, les objectifs de la psychologie de la santé ont été précisés par l'Association Américaine de Psychologie. Cette sous-discipline doit contribuer à l'amélioration de la compréhension de l'étiologie de la maladie et des facteurs protecteurs de la santé ; à la progression de la prévention, du diagnostic et de la prise en charge de la maladie physique et mentale ; ainsi qu'à l'étude des facteurs psychologiques, sociaux, émotionnels et comportementaux dans la santé physique et mentale.

Pour intéressante que soit cette définition, ses liens avec les buts de la psychologie de la santé et l'amélioration du système de soins des Etats-Unis ne doivent pas être sous-estimés. La prédominance du terme même de «santé» dans une psychologie qui concerne davantage la maladie (sauf dans les quelques travaux relatifs à la prévention) doit attirer notre attention. En effet, la problématique inhérente à un modèle économique de prise en charge des soins assumé presque exclusivement par des assurances privées exige des évaluations quantitatives qui ne sont pas sans influer d'une part, sur l'orientation des travaux des chercheurs et des praticiens et, d'autre part, sur la philosophie que souligne la dénomination de la spécialité. Ce contexte particulier est une des raisons pour lesquelles la spécificité de ce modèle anglo-saxon en psychologie de la santé a longtemps privilégié une approche quantitative de la maladie et du patient qui seule permet la mise en place de grilles évaluatives de type épidémiologique. Cette volonté de quantification des données a entraîné une absence relative de travaux cherchant à définir la santé autrement que par une adhésion à la définition médicale au risque d'une dissolution de la psychologie dans la bio-médecine.

Néanmoins cette approche quantitative a permis de soulever un certain nombre de questions et de préciser ses propres concepts, en référence généralement à des théories cognitives. Devenue classique, elle ne tarde pas à faire l'objet de critiques, y compris aux Etats-Unis, et cela dès la fin des années 1980.

C'est ainsi qu'est apparu un nouveau courant, qualitatif et clinique, dont les intérêts se sont déplacés vers le sujet en situation et vers un type de recherche et d'intervention prenant en compte le lien entre chercheur et sujet. Si cette *psychologie clinique de la santé* (Qualitative Health Psychology) présente de nombreux points communs avec la psychologie clinique en milieu médical telle qu'elle se pratique en France depuis les années 1950, elle s'en distingue toutefois par une plus grande pluralité de ses référents théoriques.

Comme le lecteur l'aura compris, dans le présent ouvrage, le parti pris a été de retenir la terminologie « psychologie clinique de la santé » plutôt que « psychologie de la santé qualitative » par référence à la tradition française qui réserve l'adjectif « clinique » pour désigner la démarche de recherche s'intéressant au « sujet en situation » dans son aspect unique. En effet, ses méthodes et ses concepts relèvent de la psychologie clinique, et cela à plusieurs points de vue. D'une part, la *psychologie clinique de la santé* s'intéresse au sujet dans son contexte ; c'est-à-dire autant à la subjectivité, qu'à l'intersubjectivité inhérentes à la contextualisation de la vie humaine. D'autre part, elle prend en compte les interférences propres au chercheur ou à l'intervenant co-construisant la recherche.

Toutefois, nous n'ignorons pas que certains chercheurs revendiquent le qualificatif « clinique » alors même qu'ils conduisent des travaux de type quantitatif. Dans ce cas, la « clinique » semble ne plus se cantonner au lit du patient dans sa singularité, et relève davantage de l'épidémiologie médicale que de la « clinique » dans son sens premier. Cependant, nous avons opté pour la fidélité au qualificatif « clinique » dans son origine étymologique et dans sa tradition d'application en psychologie. Dans le présent ouvrage, *psychologie clinique de la santé* sera donc toujours à comprendre par référence aux « méthodologies qualitatives » et aux approches singulières d'un « sujet en situation » dans le domaine de la psychologie de la santé.

MÉTHODOLOGIES QUALITATIVES ET DÉMARCHE CONCRÈTE EN PSYCHOLOGIE

Dans le monde anglo-saxon, « Qualitative Research » correspond à un champ de la recherche proprement dit particulièrement développé en ethnologie, anthropologie, sociologie et sociolinguistique. Il s'agit donc d'un champ de recherche au croisement de différentes disciplines, développant un certain nombre de concepts communs, mais laissant chaque discipline libre de ses méthodes déjà établies. Ce courant se diffuse très rapidement au sein des études postmodernes et des études culturelles (Cultural Studies).

Les méthodologies qualitatives ne se superposent pas avec la psychologie clinique, puisque de nombreux travaux de ce champ répondent à des intérêts et des objets de recherche appartenant davantage au champ anthropologique et sociologique qu'à celui de la psychologie. Par ailleurs et malgré l'intérêt qu'elles représentent, on ne saurait accepter tous leurs postulats sans réflexion épistémologique. En effet, il n'est nullement question ici d'un collage éclectique sans interrogation sur les compatibilités et les limites qu'il pourrait soulever.

Pour ce qui concerne la psychologie, et au-delà de leur diversité, ces méthodologies qualitatives privilégient l'étude de terrain, le regard porté par le sujet dans le contexte, sur son vécu comme sur ses interactions. Si un certain nombre de chercheurs post-positivistes commencent à s'intéresser à ces méthodologies, elles restent l'apanage d'un paradigme davantage constructiviste regroupant de nombreux courants.

Au point de vue de la psychologie de la santé, cette option théorico-méthodologique a pris le nom de : «Qualitative Health Psychology». Mais actuellement apparaît également la dénomination de «Critical Health Psychology» pour définir cette orientation qui souhaite se démarquer du courant dominant quantitatif et objectiviste (Crossley, 2001; Owens, 2001). La «Critical Health Psychology» insiste sur les limites du modèle bio-médical du courant classique; cette perspective cherche à intégrer la complexité des facteurs en jeu dans la maladie, elle s'intéresse à l'expérience subjective de la santé et de la maladie, expérience qu'elle soutient comme légitime et crédible en psychologie (Nicolson, 2001).

«PSYCHOLOGIE CLINIQUE DE LA SANTÉ» ET/OU «MÉTHODOLOGIES QUALITATIVES EN PSYCHOLOGIE DE LA SANTÉ»?

Dans le corps de ce travail, nous nous référerons soit à la démarche qualitative en général, soit au type spécifique d'approche de l'objet santé/maladie. Approche subjective, c'est-à-dire qui donne la priorité à la parole des sujets en situation et au sens qu'ils attribuent à leur vécu. Cette subjectivité est à comprendre toujours comme intersubjectivité et non pas comme une approche solipsiste du sujet hors du monde. En effet, les référents phénoménologiques exposés réfutent un tel isolement du sujet qui est toujours dans le monde, et dont l'intentionnalité de la conscience est toujours orientée «vers».

Par ailleurs, il sera également question d'une démarche concrète, c'est-à-dire issue du terrain et de l'activité du sujet pour rendre compte de son drame; cette approche qui prend ses sources dans les enseignements critiques de Politzer (1928) et de Wallon (1934), se retrouve également dans les pays anglo-saxons dans le champ des recherches qualitatives et plus spécialement dans celui des «material discourses».

La thèse soutenue postule qu'une méthodologie en *psychologie clinique de la santé* se réfère de manière préférentielle au sujet dans sa singularité et dans son monde. Aussi les référents théoriques qui guident ce travail font appel à une phénoménologie qui reconnaît les fondements intersubjectifs du sujet (Binswanger, Merleau Ponty, Minkowski), à la psychanalyse pour ce qui concerne la spécificité des défenses dans leur rapport structurel au Moi (Freud), enfin à des apports méthodologiques plus récents privilégiant une approche systémo-constructiviste du nouage entre corporéité, actes psychiques et sociaux.

Pour rester dans le cadre d'une nomenclature traditionnelle en psychologie française, les travaux présentés permettent de défendre des modélisations originales en «psychologie clinique de la santé».

Mais si, craignant les confusions, faute d'une définition des objets et des méthodes de la psychologie clinique, on se situe dans une tradition davantage anglo-saxonne, il s'agit alors de développer, à l'attention du public français, des «méthodologies qualitatives en psychologie de la santé» qui prennent en compte les différents niveaux des mécanismes d'ajustement et cela sans exclusive théorique. A condition que ces derniers soient traités par une approche dynamique et structurale qui interroge la conscience intentionnelle dans son travail permanent de mise en sens et d'équilibration entre intériorité et extériorité.

QUELS MODÈLES POUR UNE PSYCHOLOGIE CLINIQUE DE LA SANTÉ?

Bien que ce travail s'appuie sur de nombreux psychologues anglo-saxons qui s'intéressent, depuis maintenant une vingtaine d'années, aux méthodologies qualitatives, il ne s'agit pas ici d'une querelle stérile opposant des méthodes, mais bien d'une tentative de dialogue entre des données recueillies par des voies (voix?) différentes.

Dialogue qui ne doit en aucun cas occulter les difficultés d'accordage entre deux conceptions du sujet qui les éloigne, suivant que l'on choisit de l'étudier de manière quantitative et normative ou de manière qualitative. Ce sujet doit-il s'accorder au monde « normé des idéologies dominantes », comme lui propose un certain type d'idéal médico-psychologique ? Ou bien, loin d'être libre de s'y opposer, n'a-t-il d'autre choix, pour rester un sujet malgré les discours sociaux-normatifs, que d'exprimer sa subjectivité dans des conduites qui paraissent parfois paradoxales aux tenants de la logique formelle et donc « objective » ?

Refusant tout réductionnisme, une psychologie à la fois clinique et concrète de la santé cherche à rendre compte des différents niveaux « logiques » qui habitent l'être humain et qui servent son ajustement au monde : logique formelle, logique affective et logique de l'inconscient.

Si la première est étudiée par les théories cognitives, et la dernière par la psychanalyse, la seconde, la logique affective a été singulièrement oubliée dans les travaux, jusqu'au renouveau de l'intérêt pour les émotions humaines. Celles-ci, dans leur ancrage à la corporéité et leur fonction d'accordage, pourraient alors bien constituer le lien manquant entre logique formelle et logique de l'inconscient. Les enjeux d'une psychologie clinique de la santé sont alors de modéliser cette articulation d'un sujet, conçu comme un système ouvert sur le monde. C'est-à-dire de rendre compte de l'articulation « corporo-psycho-sociale » (chap. 12).

Ce modèle soutient une nécessaire distinction entre le « corps-biologique » objet de la recherche médicale et le « corps-habité » par le sujet. Bien que les variables psychologiques et sociales s'ancrent dans le corps et ses possibilités biologiques, l'être humain n'appréhende jamais celui-ci comme une théorie anatomique objective ; il lui donne sens, il le conflictualise, il en interprète subjectivement les signes, il l'habite émotionnellement et cognitivement et cela dès les premiers automatismes. L'homme de la psychologie clinique de la santé non seulement est un être au monde et dans le monde, mais, de plus, il est en développement ; c'est-à-dire en butte à des conflits, des ajustements, des antagonismes et des intégrations perpétuelles. Il est un système vivant ouvert et complexe en lien indissoluble avec son milieu.

L'ensemble des propositions de cet ouvrage constituent les bases de travail pour une *Psychologie clinique de la santé* qui rende compte de l'intrication de trois aspects psychiques fondamentaux du monde humain : corporéité (représentation du corps investie par le sujet à différencier du corps biologique), socialité et affectivité.

ORGANISATION DE L'OUVRAGE

S'il est préférable de découvrir dans l'ordre les trois parties de l'ouvrage, le lecteur peut également les aborder de manière séparée en fonction de ses propres intérêts : fondements de la discussion théorique, travaux de terrain, méthodes et modélisations.

La première partie de l'ouvrage expose le débat théorique entre méthodologies quantitatives et méthodologies qualitatives en psychologie de la santé, ainsi que les questions épistémologiques qui guident une psychologie clinique de la santé. Ce débat est principalement exposé à travers les auteurs anglo-saxons car la psychologie de la santé (*Health Psychology*) est récente en France et la psychologie clinique de la santé (*Qualitative Health Psychology*) y est inconnue sous cette forme. De plus, pour des commodités de lecture, nous avons allégé les citations et les références d'auteurs tout en gardant celles qui restent incontournables. Le lecteur souhaitant un approfondissement bibliographique pourra se référer au travail universitaire qui est à l'origine de l'ouvrage (Santiago Delefosse, 1999a).

Le premier chapitre ouvre le débat en présentant les postulats fondamentaux du courant dominant et quantitatif en psychologie de la santé. Il dégage les points de dialogue possibles entre psychologie de la santé et *psychologie clinique de la santé*, tout en indiquant les limites. Le deuxième chapitre présente les positions des méthodologies qualitatives anglo-saxonnes et leurs points communs malgré l'hétérogénéité des approches. Le troisième chapitre situe la problématique au sein de la psychologie en milieu médical telle que connue en France et montre le parallélisme des questionnements entre les courants français en psychologie clinique et les axes de travail fondamentaux des approches qualitatives anglo-saxonnes. Le quatrième chapitre expose les différentes questions épistémologiques qui permettent aux intervenants dans le champ de la santé de guider leur positionnement par rapport aux patients.

La deuxième partie de l'ouvrage est consacrée aux recherches de terrain. En effet, et cela constitue une de ses spécificités, une psychologie clinique de la santé ne peut se concevoir sans un travail qui confronte pratiques et théories. Quatre chapitres (5, 6, 7 et 8) présentent des travaux dans un ordre éclairant le champ d'intervention. Les analyses conduites permettent ainsi de mieux mettre en évidence la pertinence des postulats fondamentaux de la psychologie clinique de la santé : hétérogénéité des représentations de la santé et de la maladie (Service de promotion de la santé), co-construction de la maladie et du rôle de patient

(Centres de la douleur chronique), interactions réciproques entre modèles de soins des patients et des soignants (Hôpital de jour spécialisé dans le suivi du SIDA), et enfin, interactions et rétro-actions entre propositions médicales et demande de réparation affectivo-sociale (Service de Procréations Médicalement Assistées).

La troisième partie de l'ouvrage expose des méthodologies d'intervention et des modélisations issues tant du travail de terrain que des options théorico-épistémologiques. Un premier chapitre (9), présente les principes qui guident une modélisation dans le cadre théorique complexe du «drame humain». Il propose une grille méthodologique intégrant les différents niveaux à considérer dans un travail de terrain. Un deuxième chapitre (10) expose une modélisation des processus de la mise en place de la maladie chronique qui transforment le monde du sujet atteint. Cette modélisation rend compte de l'articulation intime entre «monde vécu de la santé» et «monde vécu de la maladie». Un troisième chapitre (11) propose une modélisation articulant trois niveaux d'ajustement qui permettent de comprendre la diversité des possibilités et l'activité du sujet dans ses manières de «faire face» à la santé et à la maladie. Enfin, un quatrième et dernier chapitre (12) propose un modèle de système ouvert, intégrant corporéité, émotions, cognition et milieu. Ce modèle se démarque du modèle classique bio-psycho-social de la psychologie de la santé. Il est propre à l'approche clinique en psychologie de la santé et cherche à rendre compte d'un sujet ancré dans sa corporéité et toujours situé dans une dialectique développementale conflictuelle entre logique affective, logique formelle et rapport au monde.

Une discussion des limites et perspectives d'une telle approche clinique de la santé conclut l'ouvrage[2].

Soulignons enfin que l'élaboration de ce travail n'aurait pu être conduite à son terme sans la confiance que m'ont témoignée, chacun à une étape de la rédaction, Jean-Louis Pédinielli et Marc Richelle. Je tiens tout particulièrement à leur exprimer ma gratitude pour la bienveillance avec laquelle ils m'ont accompagnée ainsi que pour leur lecture attentive et toujours constructive.

---

[2] NB: Cet ouvrage, bien que proposant une perspective et des modèles originaux, présente également une synthèse et un développement d'un certain nombre de recherches qui ont fait l'objet de publications scientifiques dont les références se trouvent dans le texte et en bibliographie; en particulier les chapitres 2 (Santiago-Delefosse, 2001d) et 4 (Santiago-Delefosse, 2001e).

De même, sans la lecture attentionnées de Odéric Delefosse, professeur de linguistique et néanmoins époux, ce travail n'aurait jamais pu être achevé. Je sais ce que je lui dois et lui adresse toute ma reconnaissance.

A mon grand étonnement rétrospectif, tous mes proches ont su préserver notre amitié malgré mes humeurs, ils méritent ici une pensée émue pour leur patience, leur ténacité et l'efficacité de leurs... mécanismes d'ajustement.

Première partie

REPÈRES THÉORIQUES ET ÉPISTÉMOLOGIQUES

Ou bien l'histoire, comme élément où s'accumule un patrimoine universel, où s'esquissent des idéaux de libre jeu, où se succèdent des configurations cruciales pour les individus et les collectifs est considérée comme inessentielle, sous le prétexte que le psychisme humain ne cherche qu'à y résoudre indéfiniment les mêmes problèmes ; mais alors le processus qui a conduit une espèce à se poser à un moment précis d'une très longue histoire la question de son être subjectif, devient elle-même une question sans intérêt. On s'intéresserait alors au psychisme d'un sujet : et en même temps, on se désintéresserait des processus qui l'ont formé et transformé en transformant les normes en vue desquelles il a valu pour lui, aux différents moments de son histoire, la peine de vivre.
Ou bien, pour éviter les tentations formidablement obscurantistes, on s'efforce de penser les circulations entre la clinique de l'individuation subjective et la clinique des configurations cruciales de l'activité socialisée, sans hiérarchiser *a priori* entre elles l'essentiel de l'accessoire. Ce faisant, on essaie de penser l'unité problématique d'une « subjectivité sans intériorité » : subjectivité parce qu'il faut penser un être pour qui il y a des enjeux, sans intériorité parce que la disponibilité aux normes ne renvoie pas, en accord avec le meilleur acquis de la psychanalyse, à un être substantiel maître des vicissitudes de sa pensée.

Schwartz, 1992.

Chapitre 1
Approches quantitatives en psychologie de la santé

> La révolution cognitive (...) avait l'ambition de ramener l'esprit dans le giron des sciences humaines, d'où l'avait chassé le long hiver glacé de l'objectivisme. Mais je n'entonnerai pas l'air du progrès en marche, car, à mes yeux du moins, cette révolution s'est maintenant fourvoyée dans des chemins de traverse, loin de l'élan qui lui a donné le jour.
>
> Bruner, 1990.

La psychologie de la santé, du moins le courant dominant, « classique », tel qu'il va être présenté dans un premier temps, ne saurait être confondu avec les pratiques et les théorisations d'une psychologie clinique traditionnelle en France et bien implantée dans les hôpitaux depuis de nombreuses années.

Ce modèle dominant en psychologie de la santé anglo-saxonne s'en distingue tant par les référents théoriques que par les bases épistémologiques qui le sous-tendent. D'une manière plus visible et concrète, son approche objective de la maladie et du patient et ses tentatives de quantification des données le rendent spécifique.

Il est alors nécessaire d'en examiner ses postulats, puis d'en exposer les limites conduisant à de nouvelles propositions au sein même de la communauté scientifique anglo-saxonne.

Il faut toutefois remarquer que bien des auteurs anglo-saxons de ce courant dominant restent très nuancés et que, si l'exposé trop rapide peut paraître parfois caricatural, il ne saurait refléter la position de tous les auteurs. Ces derniers sont de plus en plus nombreux à souhaiter une collaboration entre approches méthodologiques quantitatives et qualitatives, car de fait la question n'est pas tant le type de méthodologie que son adéquation à l'objet étudié et sa rigueur d'application.

Si, quel que soit le pays, certains chercheurs s'opposent de manière virulente dans les deux courants, quantitatif et qualitatif, un nombre non négligeable d'entre eux adopte une position davantage scientifique. Ils proposent au moins une collaboration entre recherches, parfois une intégration de leurs enseignements. C'est dans cette dernière optique, même si ce n'est certes pas la plus facile, que se situe ce travail.

Dès les années 70, l'application des enseignements fondamentaux du comportementalisme au domaine de la santé va développer le champ d'investigation d'une « médecine comportementale » et une nouvelle discipline « la psychologie de la santé ». En 1977, un psychiatre, Engel, proposera un modèle bio-psycho-social, comme cadre théorique intégrant les connaissances de la biologie, de la psychologie et de la sociologie. Engel recommandera de produire des résultats quantitatifs des variables psychosociales mesurables, comme le comportement, les croyances, la perception. Ces études descriptives devaient être complémentaires des études physiologiques et médicales.

Pour les psychologues américains, un des intérêts majeurs de cette approche sera de faire reconnaître l'apport de la recherche psychologique auprès de la médecine et de la physiologie (ce qui n'est pas le cas en France, puisque les psychologues cliniciens sont déjà dans les hôpitaux généraux depuis au moins trente ans, mais ils sont davantage identifiés à la psychanalyse qu'à la psychologie). Dans les pays anglo-saxons, ce rapprochement se fait dans la continuité d'un lien étroit entre psychologie, sciences de l'évolution et biologie (Paichelair, 1992). Les méthodes de ce courant quantitatif se calquent sur le modèle expérimental médical — questionnaires quantitatifs, analyses statistiques et épidémiologiques, etc. — afin de convaincre les médecins de l'importance des facteurs psychosociaux sur la santé.

Premier président de la section de psychologie de la santé de l'Association de Psychologie Américaine (APA) et membre participant à l'avènement du DSM III avec toutes ses conséquences pour une approche clinique de la pathologie mentale, Matarazzo précisera que la psychologie de la santé s'intéresse aux savoirs fondamentaux de la psychologie appliqués à la compréhension de la santé et de la maladie. Une division de l'Association de Psychologie Américaine consacrée à la psychologie de la santé lui donnera une mission et des objectifs.

Sa mission, faire avancer la recherche clinique en intégrant les informations bio-médicales au savoir psychologique, promouvoir la santé et diffuser les résultats des travaux dans la communauté scientifique et le public.

Ses objectifs, comprendre l'étiologie des maladies et les facteurs de maintien de la santé, contribuer aux diagnostics préventifs, au traitement et à la rééducation des personnes malades, étudier les facteurs, psychologiques, sociaux, émotionnels et comportementaux de la maladie physique ou mentale, enfin, aider à l'amélioration du système de soins aux USA.

Tout en restant cohérents entre eux, ces objectifs vont varier suivant les auteurs ; certains insisteront davantage sur les aspects neuro-biologiques, d'autres sur les aspects psycho-sociaux. La psychologie de la santé doit promouvoir des comportements et des styles de vie, prévenir et traiter des maladies, améliorer la prise en charge des patients. Promouvoir la santé, prévenir la maladie, accompagner les patients ; telles sont les missions de la psychologie de la santé les plus communément admises (Sarafino, 1990).

Si la définition du domaine et la nomination d'une division de l'American Psychological Association n'apparaissent que dans les années 1980, la tradition vient de loin. D'une certaine façon, elle a été propulsée par les praticiens psychologues du secteur médical (Clinical Health Psychology) avant d'apparaître comme une discipline à part entière sous l'influence des travaux du courant cognitivo-comportemental quantitatif (Camic & Knight, 1998). Dès le début du siècle, les psychologues américains, plus proches de la biologie que de la psychiatrie et de la psychanalyse, s'intéressent à une psychologie au service de la santé et s'attachent à l'étude des ressources vitales de l'être humain (Hall, 1904 ; James, 1922). Cette approche psychophysiologique se fonde sur un modèle bi-directionnel prenant en compte, d'une part, les facteurs physiologiques et immunitaires et, d'autre part, les comportements y compris émotionnels.

1. LES MODÈLES AUX ORIGINES DE LA PSYCHOLOGIE DE LA SANTÉ CLASSIQUE

La présentation qui suit ne prétend pas procéder à un examen exhaustif des résultats des recherches dans le domaine quantitatif de la psychologie de la santé. Le lecteur trouvera d'excellentes contributions sur ce courant dominant in Dantzer, 1989; Corraze, 1992; Amiel-Lebrigre & Gognalons-Nicolet, 1993; Bruchon Schweitzer & Dantzer, 1994. L'objectif de cette courte présentation est de rendre compte d'une manière synthétique du modèle classique défendu par une orientation qui demeure majoritaire au sein de la psychologie de la santé. Cette introduction permet de dégager les intérêts et les limites d'une approche quantitative qui a le mérite d'avoir formalisé de manière rigoureuse un certain nombre de concepts.

Le modèle bio-médical

Le premier modèle qui influe fortement sur les postulats de la psychologie de la santé est le «modèle biomédical». Loin d'être éclipsé, tant dans les pratiques hospitalières que dans les théorisations de la plupart des disciplines qui cherchent à penser la médecine et la maladie, il impose toujours sa rationalité instrumentale et biologique. Dans ce modèle, la maladie est la conséquence de facteurs externes; il s'agit d'un «mal» qui vient déranger l'état stable et bénéfique de la santé. Objectif, mais quelque peu idéaliste, ce modèle souhaite arriver à des mesures objectives de la maladie ainsi qu'à son éradication qui permettrait la guérison, c'est-à-dire le retour de l'état stable. Aussi ses postulats ont suscité de nombreuses critiques de la part de divers auteurs y compris médecins. Au-delà de leurs différences d'analyse, ces critiques mettent en évidence l'impact des représentations sociales de ce modèle naturaliste pour lequel la maladie en tant qu'agresseur extérieur devient le référent pour la santé, qui n'en est que le négatif (Sapir, 1978; Herzlich & Pierret, 1991; Good, 1998). Cependant, on ne saurait nier qu'au point de vue de la recherche, ce modèle a permis des avancées non négligeables. Ses limites apparaissent principalement lorsque le médecin est conduit à l'exercice clinique auprès de patients, exercice qui, comme le savent nombre d'entre eux, exige une prise en charge au-delà de la seule maladie et des résultats statistiques.

Le modèle des événements de vie stresseurs

Le deuxième modèle qui a permis l'essor de l'approche dominante en psychologie de la santé, «modèle des événements de vie stresseurs», est directement issu du premier. La psychologie de la santé développe ce modèle issu des théories du stress (Selye, 1962). En 1976, Selye définissait le stress comme un ensemble de réponses non spécifiques à des situations et événements aversifs, plus généralement à des demandes de l'environnement qui dépassent les capacités individuelles de réponse. Calqué sur le pattern behavioriste, le stimulus (Evénement de vie stressant = S) active des systèmes physiologiques et des processus psychologiques entraînant une réponse (Réaction de l'organisme, plus ou moins épuisé = R). Depuis l'apparition de ce modèle, quelque peu simpliste, de nombreuses recherches l'ont modifié et complexifié, mais toujours en surestimant l'importance étiologique des événements de vie stressants sur l'état de santé (Cohen & Edwards, 1989).

Particulièrement expérimenté chez l'animal, ce modèle a été fortement critiqué et les recherches actuelles s'orientent vers une prise en compte des facteurs intermédiaires, tels que la perception du stress par le sujet. En effet, la quantité «objective» du stress semble moins importante quant aux conduites du sujet que celle qui est perçue. Les variables individuelles devraient donc davantage être prises en compte.

Les modèles psychosomatiques émotionnels

Bien que les pays anglo-saxons se soient majoritairement détachés de la psychanalyse, du moins en psychologie, il n'en reste pas moins que nombre de concepts qui sont développés dans le courant classique de psychologie de la santé sont issus d'une assimilation des concepts psychanalytiques.

Ainsi, le troisième modèle influant sur le courant actuel de psychologie de la santé est issu de la psychosomatique. Le lien entre psychique et expression corporelle était au départ calqué sur celui de la conversion hystérique. Il se fondait sur un symbolisme des fonctions et des zones corporelles affectées. Symbolisme davantage impulsé par Groddeck que par Freud, pour lequel la conversion hystérique était mise en relation avec le système de transformation symbolique conscient/inconscient. La confusion du niveau symboliste et du niveau symbolique portait en elle-même le germe d'un échec de ce type de théorisation. Aussi, dès les années 1950, deux écoles psychosomatiques abandonnent ce modèle de la conversion, pour adopter des modèles proches de celui des névroses actuelles dans lesquelles l'expression somatique manifeste une nature émotionnelle. Avec l'école américaine psychosomatique, le «sens» se trouve relégué à la portion congrue : les zones corporelles isolées du langage perdent leur force symbolique et l'apparition de maladies est mise en relation avec des conflits émotionnels non résolus (Dunbar, 1944; Alexander, 1952).

A noter que ces modèles psychosomatiques, tout comme le modèle du stress, rejoignent le modèle bio-médical au moins sur la présupposition d'une «machine corporelle» homéostasique, fermée, héritée du siècle dernier. Que le stimulus déclenchant («le mal») se trouve à l'extérieur (modèle bio-médical et modèle du stress) ou à l'intérieur (conflits émotionnels des modèles psychosomatiques), peu importe : la machine est fermée sur elle-même et doit assurer son équilibre dans une homéostasie qui ne tient pas réellement compte des modifications du système introduites par les interactions et rétro-actions.

L'école de Boston (Apfel & Sifneos, 1979) décrit d'une manière plus objectivante une symptomatologie proche de celle mise en évidence par l'école française de psychosomatique dès les années 1950 (Marty, 1952). Celle-ci concerne l'incapacité à verbaliser et à déchiffrer ses émotions : l'«alexithymie». A remarquer toutefois que chez Marty, les mouvements pulsionnels de vie et de mort ne se réduisent pas aux seules émotions et que la théorisation de cette école française de psychosomatique est plus nuancée et complexe (Keller, 1997). Ces points de vue psychosomatiques sont loin de faire l'unanimité dans la communauté psychanalytique, comme le montre le débat contradictoire conduit par Green (Fine & Schaeffer, 1998).

De ces modèles psychosomatiques complexes (dont la discussion n'est pas l'objet de cet ouvrage), la psychologie de la santé anglo-saxonne semble surtout avoir retenu deux constats :
– le rôle des facteurs émotionnels ; sans que tous les auteurs soient d'accord ni sur leur définition, ni sur les conséquences exactes de leur inhibition, l'accentuation de ce rôle rapproche le modèle de celui des événements de vie stressants. Mais, à travers une revue des travaux, Krantz & Manuck (1984) mettent en évidence que le lien entre réponses physiologiques prononcées au stress et développement d'une maladie n'est pas démontré ; de même, certains auteurs se montrent très prudents quant aux liens de cause à effet entre émotions, stress et développement d'une maladie (Pennebacker, 1990). Les travaux de ce courant paraissent actuellement comme les plus prometteurs.
– la possibilité d'une «vulnérabilité interne particulière aux événements aversifs liée au fonctionnement perceptivo-cognitif inadéquat» (Bruchon-Schweitzer & Dantzer, 1994, 18). La formulation est intéressante, puisque les «mouvements pulsionnels de vie et de mort» internes (concept de la psychosomatique) se trouvent transformés en «fonctionnement perceptivo-cognitif inadéquat». Sommes-nous toujours au même niveau d'explication ? Une telle transformation, bien que rendue carica-

turale en l'extrayant de son contexte pour le besoin de l'exposé, a l'intérêt de mettre en évidence un impensé majeur de la psychologie de la santé : de quel homme, individu, sujet ou corps, parle-t-on?

Les études épidémiologiques pragmatiques

D'autres approches, davantage épidémiologiques, ont choisi de se fonder sur des observations empiriques concernant de grands groupes d'individus et de comparer les résultats, avec l'espoir de dégager des facteurs spécifiques caractéristiques de tel ou tel type de population. Ces études, fort diverses, ne répondent pas à des modèles puisqu'aucun n'est revendiqué et qu'il s'agit d'aller à la «pêche» d'informations à travers le recueil d'un grand nombre de variables. Mais pour qu'elles puissent avoir un sens interprétable, il faudra bien au moins avoir une théorie de ce qu'est la «maladie». Epidémiologiques, ces recherches concernent davantage la médecine de la santé publique que la psychologie. L'étude de grande envergure et longitudinale de Grossarth-Maticek *et al.* (1988) a permis de dégager quatre types psycho-sociaux, dont un serait majoritairement prédisposé aux maladies coronariennes et un autre au cancer. Mais de telles études ont suscité des critiques méthodologiques, tant quant à leur validité, qu'à leur fidélité, ou encore quant au type d'analyse de données (Amiel-Lebigre & Gognalons-Nicolet, 1993). Elles semblent davantage fiables pour ce qui concerne la mise en évidence des facteurs de risque environnementaux et sociaux, que pour celle des facteurs de risque psychogènes. En effet, les facteurs psychogènes restent plus individualisés que les facteurs environnementaux alors que ces études comportent principalement des données quantitatives. On ne peut donc critiquer ce point et nier l'intérêt de ces études lorsqu'elles limitent leurs conclusions à ce qu'elles mesurent : la validité prédictive de ce type d'étude reste faible quant à l'état ultérieur des sujets.

Le modèle bio-psycho-social

Malgré une certaine diversité des modèles actuels, modèle du coping de Temoshok (1990), modèle de l'incapacité du contrôle de Fisher (1988), modèle émotionnel de Contrada, Leventhal & O'Leary (1990), le modèle bio-psycho-social de Engel (1977) s'est instauré comme modèle dominant dans le processus de régulation santé/maladie; il suppose que : «plusieurs facteurs, biologiques, psychologiques et sociaux, interagissent pour conditionner la réactivité organique. Selon ce modèle, l'apparition et l'évolution de la maladie sont influencées non seulement par des facteurs biologiques comme la présence d'agents infectieux ou la résistance de l'organisme, mais également par des facteurs psychosociaux comme la personnalité, l'entourage social ou l'attitude du patient vis-à-vis de sa maladie» (Bruchon-Schweitzer & Dantzer, 1994, 184).

Quelles que soient les nuances apportées par chaque auteur, la nouveauté du modèle bio-psycho-social par rapport au modèle bio-médical réside dans sa prise en compte du rôle des «modérateurs», facteurs pouvant contribuer à une modulation des processus morbides (*cf.* tableaux 1 et 2).

De l'examen du modèle, remarquons que :

a) Issue des modèles bio-médicaux et socio-épidémiologiques, la psychologie de la santé n'attribue pas forcément le même poids à tous les prédicteurs. Au point de vue épidémiologique, âge, sexe, milieu social, habitat et modes de vie à risques (alimentation, alcool, tabac, etc.), autrement dit les facteurs socio-démographiques et culturels, restent les meilleurs prédicteurs.

Cependant, aucun prédicteur de type «antécédent» (ce que j'ai désigné sous le terme de «stimulus passif») ne constitue en lui-même un terrain suffisant pour induire une pathologie organique. Il faut que certains facteurs viennent précipiter le processus, ce sont les «stimuli actifs», événements stressants de la vie, traumatismes venant de l'extérieur. Ces événements peuvent être de type «majeur» (catastrophes physiques ou psychiques), mais ils émergent le plus souvent de la somme des tracas et soucis quotidiens. Toutefois, le lien entre ces événements de vie stresseurs et le déclenchement de la maladie en elle-même reste faible.

b) Les stratégies d'ajustement, considérées comme modérateurs, constituent le squelette qui donne forme au modèle typiquement cognitivo-comportemental (au sens classique) de la psychologie de la santé. L'originalité de leur prise en compte qui fait intervenir l'activité du sujet et une possible rétroaction ne doit pas faire oublier que ces modérateurs ne sont pas toujours bien définis et semblent situés à des niveaux différents dans la structuration psycho-bio-sociologique de l'être humain : perceptivo-cognitifs, affectifs, comportementaux, etc.

L'introduction de ces «modérateurs» permet d'éloigner le modèle d'une vision mécanique et statique pour lui rendre une dynamique davantage proche des ambivalences et aléas de la subjectivité. Il s'agit alors bien de la question de «l'état», de l'être-en-vie, de l'être-en-bonne santé ou de l'être-malade, mais à la seule condition que cet état relève du processus et non de la fixation à «l'étant».

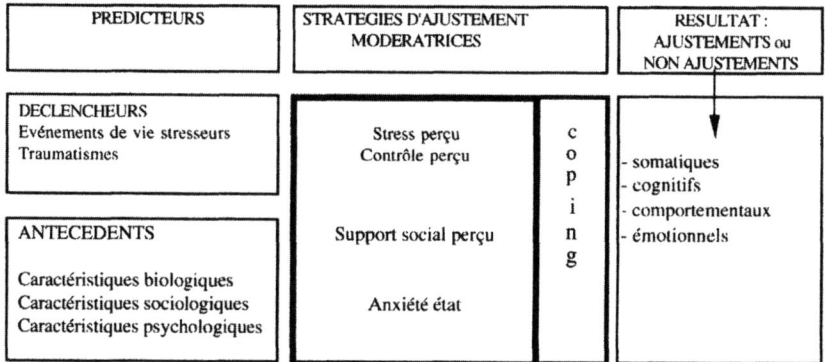

Tableau 1 — Modèle explicatif bio-psycho-social en psychologie de la santé (inspiré du modèle de Bruchon-Schweitzer & Dantzer, 1994).

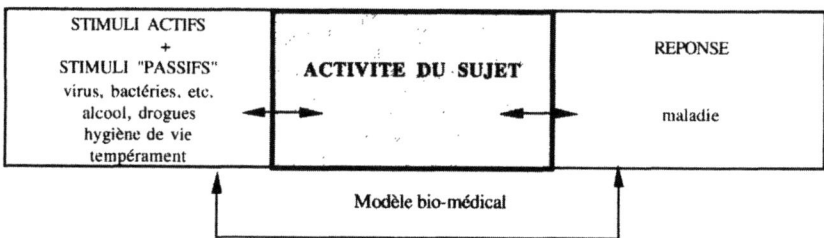

Tableau 2 — Spécificité du modèle bio-psycho-social par rapport au modèle bio-médical (en gris).

Parmi les modérateurs, relativement diversifiés, psychologiques ou non, quatre semblent avoir focalisé majoritairement l'attention des différents travaux; les deux derniers seront plus spécifiquement développés dans ce travail du fait de leur intérêt pour une discussion possible entre approches quantitatives et approches qualitatives :

1) La perception des événements de vie stressants, alliée aux possibilités de contrôle. Le stress perçu s'évalue par des passations de questionnaires et correspond à la manière dont un sujet perçoit les exigences d'une situation. L'auto-estimation des capacités de réaction constitue le contrôle perçu. L'intensité du stresseur viendrait de l'écart entre exigences de la situation et possibilités perçues de contrôle.

2) L'anxiété-état correspond à un ensemble de cognitions et d'affects fluctuants d'inquiétude et d'attente devant une situation menaçante (à différencier de l'anxiété-trait de personnalité).

3 et 4) Les deux derniers groupes de modérateurs, support social et stratégies d'ajustement, paraissent actuellement les plus prometteurs dans une optique de propositions intégratives entre démarche quantitative et démarche qualitative en psychologie de la santé.

2. LES MODÉRATEURS INTÉRESSANT UNE PSYCHOLOGIE CLINIQUE DE LA SANTÉ

Le rôle du support social perçu

Dès les années 1950, les recherches épidémiologiques concernant le lien entre réseau social et taux de mortalité mettent en évidence un taux de mortalité plus élevé chez les personnes isolées (vivant seules et sans amis) que chez les personnes vivant en couple ou disposant d'un réseau social proche.

A partir des années 1960, des travaux psychologiques et sociologiques commencent à s'intéresser au rôle des aspects interpersonnels qui procurent à un sujet un lien affectif positif et protecteur de la maladie. Les travaux sociologiques relatifs à l'étude des réseaux micro-sociaux se focalisent d'abord sur leur structure, puis les psychosociologues observent que certains individus pourtant soumis à des stress fréquents ne sont que rarement malades alors que d'autres, vivant sans stress apparents, le sont souvent. Si les événements stressants n'expliquent pas entièrement la différence de susceptibilité à la maladie, alors il faut interroger d'autres variables. Ainsi commencent-ils, avec d'autres, à examiner le rôle du support social (Antonovsky, 1974 ; Levitt et al., 1985).

Plusieurs études confirment, au point de vue médical, les aspects « positifs » de ce support social. Elles montrent que les femmes primipares accompagnées par une autre femme (non soignante) connaissent moins de complications à l'accouchement (Sosa et al., 1980). Elles mettent en évidence que la convalescence est plus rapide lors de troubles cardio-vasculaires pour les hommes soutenus par leurs épouses. D'autres travaux constatent l'aide apportée par l'entourage social dans les dépressions : le mariage est protecteur de la dépression tant pour les hommes que pour les femmes (Gruenberg et al., 1969 ; Pearlin & Johnson, 1977). Les résultats des études épidémiologiques semblent compatibles avec l'hypothèse : les individus vivant dans des systèmes communautaires vivent plus longtemps.

Deux courants se dessinent afin de rendre compte de l'action bénéfique de ce soutien. Le premier postule que le support social joue un rôle de tampon (*buffer effect*) entre événement pénible et sujet. Suivant les auteurs, le support social est un tampon ou un médiateur; dans tous les cas, il permet de minimiser l'importance du stress. Le second courant considère que le support social présente un bénéfice en lui-même et que son absence est toujours ressentie comme un stress.

Qu'appelle-t-on exactement « support social » dans ces diverses théories ? Il paraît que pour nombre d'auteurs, le support social soit l'équivalent d'une « intégration sociale positive », c'est-à-dire conforme aux normes du réseau social de l'individu considéré. Le support social résumerait l'ensemble des relations qui permettent de construire une identité sociale et personnelle dans un groupe : se sentir aimé et reconnu, se sentir appartenir à un groupe, etc.

A noter un certain nombre de travaux qui contestent le rôle bénéfique du support social; toutefois, ces derniers sont fortement minimisés dans les revues de question. Enfin, quelques études ont conclu que seule la perception du support social importe. Ainsi, un soutien social perçu comme faible accroît la vulnérabilité, tout en restant possible à modérer grâce à des ajustements.

Le support social serait donc dépendant du vécu du sujet. Ce résultat important est mis en évidence de manière objective et quantifiable (pour développements, *cf.* Bruchon-Schweitzer & Quintard, 2001); ne pourrait-on envisager de poursuivre les recherches sur le support social d'une manière qualitative, c'est-à-dire adaptée à un objet de recherche qui apparaît comme avant tout concerner la phénoménologie et le vécu du sujet ?

Les stratégies cognitives pour faire face (style de coping)

Dans les années 40, l'égopsychologie de Hartmann inspire un travail sur les mécanismes de coping, stratégies cognitives pour faire face, se référant aux mécanismes de défense, tout en les réduisant à leur seule spécificité adaptative.

Entre psychanalyse et approche piagétienne, Haan met en correspondance mécanismes de coping et mécanismes de défense. Les premiers relèvent des mécanismes souples d'adaptation alors que les seconds, inconscients, sont des indicateurs de la rigidité structurale. Durant les années 60, l'étude des mécanismes de défense, souvent en association avec ceux du coping, suscite un certain nombre de travaux dans une optique psychodynamique et développementale (pour une revue de question historique et détaillée voir, en français, Ionescu, Jacquet & Lhote, 1997; en anglais, Conte & Plutchik, 1995).

Parmi les auteurs anglo-saxons les plus connus, Vaillant s'intéresse aux styles adaptatifs à travers une étude longitudinale conduite durant 30 ans. Celui-ci considère les mécanismes de défense comme la base de nos conduites adaptatives. Ses travaux nuancés sont loin des discours parfois normatifs et souvent guère dynamiques qui vont apparaître peu à peu (Vaillant, 1971, 1977). Dans une optique semblable, Revidi (1986) mettra en évidence la participation des mécanismes défensifs aux processus d'ajustement face à une maladie. Ces auteurs s'attachent à une analyse des processus en jeu, ils évaluent leur souplesse et leur adéquation à la situation ainsi que la qualité du devenir psychologique du sujet.

Au cours de ces mêmes années 1960/1970, un courant centré sur les mécanismes cognitifs et émotionnels développe des recherches sur les mécanismes de faire face par auto-évaluation, alors que jusque-là, le coping et les mécanismes de défense étaient évalués au cours d'entretiens avec des cliniciens (Billing & Moos, 1981). Peu à peu se mettent en place des procédures de plus en plus normatives d'évaluation des mécanismes de défense, jusqu'à arriver à la simplicité extrême des grilles de coping actuelles. Le lecteur trouvera des exemples de ces grilles in Bruchon-Schweitzer *et al.* (1994), Paulhan & Bourgeois (1995); il pourra également consulter diverses échelles évaluatives des mécanismes de défense en anglais in Conte & Plutchik (1995).

Les stratégies de faire face relèvent d'un ordre plus conscient et organisé que le système des mécanismes de défense du moi. Pour le moment, les études sur le coping ont éclipsé une grande part de celles qui se poursuivent encore sur les mécanismes de défense. Mais il est bon de se souvenir de leur point de départ commun ancré dans les pratiques cliniques qui mettent à l'épreuve recherches et modèles théoriques.

Le terme de «coping», dans son sens actuel, apparaît en 1978 sous la plume de Lazarus & Launier. Dès les années 1980, un courant de recherche à part entière se développe à partir d'un champ théorique médical et comportemental et d'un questionnement concernant les manières individuelles de s'ajuster face aux situations difficiles. Ce courant est fortement lié aux théories du stress, mais également à celles des modes de résolution des problèmes. Ainsi s'ajuster à une situation difficile sera facilement assimilé à devoir résoudre un problème.

Ce courant s'intéresse aux ressources cognitives, comportementales et émotionnelles qui permettent de faire face à des demandes externes et internes adversives. Les théoriciens du coping s'intéressent aux différentes stratégies quotidiennes que chacun déploie pour faire face à l'adversité. Le nouveau concept «coping» provoquera un engouement réel dans la recherche, ce qui lui ôtera une partie de sa pertinence par les connotations multiples qui lui seront attribuées. En fonction des modèles implicites de la maladie et de la santé, le terme se trouve dévoyé, au point que Lazarus & Folkman sont conduits à le repréciser. Pourtant, si l'idée a tellement séduit, c'est qu'elle devait correspondre à un questionnement présent dans la recherche : comment fait-on face aux situations quotidiennes qui nous sollicitent ?

Après un inventaire et à partir d'entretiens semi-structurés, deux grands types de fonctions des stratégies de faire face, impliquées dans les réactions d'ajustement, ont été mises en évidence (Lazarus & Folkman, 1984) :
– les stratégies de type comportemental, s'attachant à résoudre le problème à l'origine du mal-être; on parle alors de «coping centré sur le problème». Ce type de coping considéré comme «actif» bénéficie d'une meilleure considération que le coping émotionnel. Il est affirmé dans les différents travaux que ce coping qui permet d'affronter la situation est le plus efficace, oubliant alors que toute stratégie défensive ne peut être considérée comme efficace qu'en fonction du contexte;
– les stratégies cognitives destinées à réduire la tension et à faire face à la détresse émotionnelle; il s'agit ici de «coping centré sur l'émotion». Ce type de coping semble de moindre valeur car il serait moins efficace en incitant les personnes à fuir ou à ignorer une situation au lieu de l'affronter. A remarquer que ce mode de coping «émotionnel» est considéré comme une stratégie cognitive, c'est-à-dire que nous sommes bien dans une théorie cognitive de l'émotion. Cette orientation cognitive explique peut-être l'attribution «négative» que supporte ce type de coping, ignorant d'autres théories de l'émotion davantage cliniques et développementales y compris au sein de la neuro-psychologie (*cf.* chap. 12).

Stratégies de type comportemental et stratégies émotionnelles constituent deux manières d'aborder les difficultés issues d'événements stressants, soit en cherchant à modérer et/ou à réguler les émotions, soit en cherchant à modifier la situation. Elles interviennent de manière diverse au cours des événements de vie et peuvent coexister. Pour Lazarus & Folkman, ces mécanismes de coping doivent reposer sur un sentiment propre de maîtrise (sur la croyance en ses propres facultés), qui lui-même ferait partie d'un fond commun de croyances généralisées et partagées dans une même culture. Le style de coping ne suffirait pas à l'efficacité car, pour affronter une situation, il faut déjà penser pouvoir la maîtriser. Intervient alors la question de l'estime de soi, comme celle de l'affirmation de soi (qui fait partie des mécanismes de défense considérés comme «matures» par Vaillant (*cf.* chap. 11).

Le faire face centré sur l'émotion apparaît plus fréquemment lorsque l'événement stressant n'est pas à portée de l'action du sujet; alors que lorsque le sujet estime avoir un contrôle possible sur l'événement, il fait appel au faire face centré sur la résolution de problème. D'une manière générale, le coping centré sur le problème serait plus efficace que le coping centré sur l'émotion puisque ce dernier risque de promouvoir une distorsion psychologique de la réalité.

Différents auteurs mettent en évidence le fait que les patients adoptent des stratégies afin d'éviter les informations trop déplaisantes et que, dans ces cas, ils ont recours au déni (Pearlin & Schooler, 1978; Wolff *et al.*, 1964). Observation que l'on retrouve également dans la transformation des informations concernant les résultats de réussite des Fécondations In Vitro (Santiago Delefosse, 1995). Certains n'hésitent pas à conseiller le maintien de l'illusion si la réalité est trop inacceptable pour les patients (Taylor, 1984; Greenwald, 1980); nous sommes bien loin non seulement de l'éthique freudienne, mais aussi des objectifs d'une psychologie du moi adapté à la réalité sociale. Ces positions, comme les résultats de ces travaux, ont contribué à développer un certain type de thérapies cognitives axées sur la gestion de l'information et la résolution de problèmes, mais aussi sur la pensée positive.

A noter que les travaux mettant en lien modes de coping et action sur la maladie se poursuivent bien que, dès 1987, Folkman & Lazarus n'aient pu établir de lien statistique entre type de stratégie de faire face et résultats sur la santé somatique.

Ainsi, nombre d'auteurs, chacun avec sa définition du coping, considèrent que les personnalités qui réagissent le plus positivement (pour leur santé) aux événements stressants sont caractérisées par la présence de ressources de résistance particulières (engagement de soi dans la vie, action et contrôle sur sa vie, esprit ouvert et combatif). En cas d'adversité, de telles personnalités semblent faire moins appel aux mécanismes d'évitement et de déni, elles sont plus confiantes et ambitieuses. Ces caractéristiques correspondant également à celles des mécanismes de défense matures décrits par Vaillant (1971).

D'autres travaux envisagent ces mécanismes de coping comme un trait de personnalité avec des caractéristiques stables (Kobasa, Maddi & Kahn, 1982). Toutefois, Folkman & Lazarus contestent ce postulat. Ils mettent au contraire l'accent, d'une part, sur le caractère multidimentionnel des types de faire face, le sujet doit s'ajuster à plusieurs types de situations en même temps et, d'autre part, sur le caractère fluctuant des processus de faire face.

Les définitions de ces mécanismes de coping et les subtilités différenciant les auteurs ne sont pas toujours très explicites. De même, l'hétérogénéité de ces ressources, qui peuvent aussi bien relever du registre cognitif que du registre affectif et/ou social, rend difficile le démêlage des niveaux d'analyse pertinents.

Toutefois, les auteurs s'accordent sur une base minimale. Ils affirment que le «coping» se présente comme une stratégie multidimensionnelle de contrôle, afin de modifier une situation. Celui-ci est dit «efficace» s'il permet au sujet de maîtriser ou de diminuer l'impact de l'agression. L'absence de stratégies adaptatives appropriées peut affecter négativement la santé puisque le sujet ne pourra pas agir sur son environnement; il ne sera donc pas à même de transformer la tension émotionnelle; dans ce cas, la stratégie peu adaptée à la situation pourra même se retourner contre le sujet.

Ces considérations supposent que, dans une stratégie efficace, l'individu est conscient de l'agression, qu'il l'a correctement évaluée et qu'il souhaite s'en défaire ou la contrôler. Elles impliquent également que rien, dans le sujet ou dans son interprétation cognitive, ne s'oppose au premier mouvement. Elles présupposent donc un sujet comportant une rationalité de type caractéristique du «calculateur/évaluateur», et méconnaissent l'importance de la rationalité pathique au cœur de l'humain (Dejours, 1995a; Goleman, 1995). D'ailleurs, plusieurs auteurs mettent en exergue la qualité des raisonnements logiques nécessaires pour faire face aux situations, tout en confondant logique et rationalité.

On voit alors comment le processus princeps d'un faire face «efficace» doit passer par l'évaluation de la situation par l'individu qui y est confronté. Il faut anticiper et évaluer pour pouvoir faire face (Bandura, 1982). L'homme du coping efficace est un sujet idéalement doué pour résoudre des problèmes, un cerveau rationnel qui va de l'avant dans une recherche d'autonomie qui frôle le solipsisme, oubliant qu'adaptation et autonomie supposent également ouverture sur le monde des émotions et des relations.

Toutefois, si nombre de travaux dérivent vers «l'homo-computer» extrême, il faut noter que les recherches, comme les résultats, des promoteurs du modèle apparaissent beaucoup plus nuancés, modérés et proches de certaines réflexions cliniques. Par ailleurs, d'autres auteurs, malheureusement trop rares, tels Pearlin & Schooler (1978), attirent l'attention sur les variables sociologiques qui permettent la mise en place et l'expression des mécanismes de faire face. Ils signalent que les ressources sociales, déterminants sociaux, réseaux, coûts des interactions doivent également être pris en compte si l'on veut comprendre comment, et en fonction de quels critères, l'individu va opter pour telle ou telle stratégie de coping.

Enfin, malgré la volonté de Lazarus de s'intéresser à nouveau au vécu et au sens de ce vécu pour les individus, l'exigence d'objectivation quantitative s'oppose au retour du sujet dans les travaux sur le coping.

3. LIMITES ET CONSÉQUENCES INHÉRENTES AU MODÈLE BIO-PSYCHO-SOCIAL

Le modèle dominant de la psychologie de la santé, en se complexifiant afin de mieux rendre compte des observables, en passant du S->R béhavioriste aux théories cognitives de l'activité, se trouve face à un retour du sujet qui dérange l'ordonnancement objectif. Puisque la discipline « se caractérise par une opérationnalisation très rigoureuse de ses principaux concepts et par la validation empirique (de critère) et théorique (conceptuelle) de ses techniques d'évaluation » (Bruchon-Schweitzer *et al.*, 1994, 22).

Cependant, dès lors qu'ils s'intéressent à l'activité du sujet, les chercheurs se trouvent obligatoirement conduits à intégrer deux aspects fondamentaux :
– La perception des événements de vie, le poids accordé au stress, la qualité perçue du support social, etc. La nécessaire prise en compte de l'activité interprétative des perceptions soulève alors un débat passionnant pour ce qui concerne les rapports intérieur/extérieur ; rapports primordiaux dans le domaine santé/maladie, puisque les représentations sociales, comme le modèle bio-médical et comme le sens commun, insistent tous sur une « maladie qui envahit et vient de l'extérieur ». Quelle fonction psychique attribuer à cette nécessaire extériorisation ?

Ces rapports entre intériorité et extériorité sont loin d'être simples, y compris pour les chercheurs travaillant sur les phénomènes perceptifs. Il est depuis longtemps admis que les « objets externes » (couleurs mais aussi êtres humains) ne pénètrent pas purement et simplement nos sens, mais qu'il y a sélection de ce qui va pénétrer donc reconnaissance, interprétation et activité subjective complexe (pour le détail de ces recherches, voir, par exemple, Varela, 1989; Varela, Thompson & Rosch, 1993).

– Le passage du perçu au vécu. En effet, là encore, ce passage du perçu sélectionné (en fonction de quoi?) au vécu ne s'effectue pas simplement. Le niveau du vécu est particulièrement fluctuant, modifié par l'état du sujet ET par son rapport à l'autre (qu'il y ait réelle présence de quelqu'un ou pas) et à l'image que l'on veut donner en fonction des circonstances, etc. Manière de dire que le sujet n'est jamais seul, même lorsqu'il est isolé, et que n'étant jamais seul, son activité d'ajustement ne peut se comprendre sans tenir compte de ce qui l'accompagne.

La singularité de l'espace mental du sujet ne peut être étudiée en dehors de ses paroles et du sens qu'il leur donne. Du fait de leur standardisation, les questionnaires mesurent davantage ce qui serait le plus large dénominateur commun de cette singularité; ils ratent alors le «perçu/vécu» original. C'est pourquoi un nouveau courant clinique en psychologie de la santé propose l'étude qualitative de l'expérience du sujet ainsi qu'une approche compréhensive du sens de la maladie.

Chapitre 2
Approches qualitatives en psychologie de la santé

> Je commençai à penser que nous, dans notre champ, vivons dans deux mondes. Le premier monde est celui de la personne, avec toute la richesse et la profondeur de l'expérience humaine ; le second monde est celui des mesures, avec sa fiabilité et sa validité... (...).
>
> Alors que j'effectuais un de nos entretiens semi-structurés avec un de nos sujets suivis dans l'étude, un homme qui était assez dérangé, je réalisai qu'à chaque fois que je lui posais une de nos questions standard, je le perdais. Dans mes efforts pour éclaircir les données et faire des évaluations numériques, faisant attention à tout autre chose qu'à ses pensées décousues, je me trouvais presque instantanément mis sur la touche quant à ce dont il voulait me parler, et cela nous projetait ainsi tous deux dans un tout autre cadre qui semblait n'avoir que peu de rapports avec son expérience (...).
>
> En fait, il n'y a pas deux mondes, le monde de la personne et le monde des mesures, mais ces phénomènes sont en réalité deux facettes d'un seul monde, le monde de la personne...
>
> Strauss, 1997.

Après 25 ans de publications, le courant quantitatif en psychologie de la santé commence à atteindre un point de butée. Le modèle bio-psycho-social se trouve critiqué pour son réductionnisme centré sur un individu reconstruit et solipsiste où l'environnement n'est souvent pris que comme variable à ajouter et non à articuler (Terborg, 1998).

Certaines critiques émanent de l'intérieur même du courant classique de psychologie de la santé (Adler & Matthews, 1994). Elles reflètent bien l'état d'esprit actuel d'un petit nombre de chercheurs et d'intervenants dans le secteur. Ces derniers prennent conscience des impasses actuelles de la recherche et de la nécessité de mettre en place des recherches interdisciplinaires et des niveaux d'analyse multiples et croisés. L'approche réductionniste qui se consacre aux interactions entre psychologie et système nerveux central reste au plus près des idéaux biomédicaux et se révèle impuissante à répondre de manière concrète aux questions de la psychologie de la santé : qui tombe malade et pourquoi ? Comment l'être humain réagit-il et s'ajuste-t-il en cas de maladie ? Peut-on prévenir ou promouvoir la santé ?

Comment ignorer que les modalités subjectives de chaque sujet ne peuvent s'exprimer que dans un contexte social et à travers des conditions de vie uniques ? Schneider (1998) résume assez fidèlement la pensée d'un grand nombre d'auteurs actuels lorsqu'il affirme que le pendule est allé trop loin dans la direction de la standardisation, et que l'absence d'équilibre entre le courant conventionnel et le courant clinique et socio-culturel est dommageable à la psychologie dans son ensemble.

Psychology and Health, une des revues officielles du courant classique de la psychologie de la santé, publie nombre d'articles épistémologiques et théoriques qui soumettent à l'examen des spécialistes les impensés de la discipline. Hyland (1997) propose ainsi une approche critique des valeurs implicites aux différentes théories d'évaluation des ressources personnelles dans le domaine de la santé. C'est un des rares auteurs qui interroge la définition de la santé et les valeurs psychologiques, économiques et sociales mises en œuvre par les procédures d'évaluation. Il avance deux propositions :

a) l'évaluation de la santé est inévitablement dépendante des valeurs concernant le but de la vie ;

b) les valeurs implicites au modèle de la santé doivent être expliquées aux médecins, aux patients et plus généralement au public en mettant en rapport « bénéfice pour le patient » et « analyse du coût de ces bénéfices ».

A travers une analyse détaillée et rigoureuse de la littérature, Hyland met en évidence la multiplicité des définitions de la santé, leur lien avec la morale, l'économie, la société et l'histoire.

D'autres auteurs du courant dominant vont également dans le sens de telles critiques et ouvrent des possibilités de dialogue et de recherche avec des analyses multivariées. Ils proposent une lecture critique des différentes approches évaluatives de la qualité de vie. Leur travail documenté décrit une vision globale de la situation (Browne, Mc Gee & O'Boyle, 1997).

Ils éprouvent également le besoin de rappeler les objectifs du modèle de départ proposé par Karnofsky & Burchenal (1949) dans lequel les interventions médicales étaient évaluées sur des critères autres que physio-biologiques. Or, remarquent-ils, la plupart des recherches évaluatives de la qualité de vie dans l'épreuve de maladie s'orientent actuellement sur un modèle typiquement bio-médical des besoins.

1. NOUVEAU PARADIGME OU REDÉCOUVERTE D'UNE CLINIQUE DE LA SANTÉ?

Ainsi, le premier article de *American Psychologist* de mars 1998, «Toward a Science of the Heart, Romanticism and the Revival of Psychology» (Schneider, 1998), tranche avec les publications habituelles. Ce texte, comme son titre, indique l'amorce d'une modification dans une orientation de dominante méthodologique quantitative et objective en psychologie. L'auteur développe l'intérêt d'un courant de recherches qualitatives. Il signale que celui-ci, ayant toujours existé parallèlement au courant majoritaire, doit maintenant pouvoir s'exprimer et transmettre ses travaux à une communauté de psychologues qui a été trop loin dans l'objectivation de l'être humain.

La «psychologie romantique» nous confronte à une réflexion méthodologique et épistémologique fort proche de celle qui anime la psychologie clinique française; sauf que pour cette dernière, le débat s'effectue par le biais de la référence quasi exclusive à la psychanalyse, alors que la «psychologie romantique» américaine présente à la fois une plaidoirie pour une «psychologie concrète» (Politzer, 1928) et le développement d'un ensemble de démarches qualitatives et subjectives (phénoménologie, psychologie humaniste, analyses discursives, etc.).

Cette «psychologie romantique» reconnaît d'ailleurs ses sources anciennes dans les débats européens remontant à la classique opposition entre « expliquer » et « comprendre » en sciences humaines. Celles-ci vont de la phénoménologie à l'existentialisme (Schopenhauer, Kierkegaard, Husserl, Sartre), tout en s'ouvrant à une pensée du collectif (Gadamer, Jung) de manière à bien signifier que ces travaux ne concernent pas un subjectivisme solipsiste, mais bien un vécu du sujet conçu dans son rapport au monde. Dans cette approche qualitative, certains courants anglo-saxons peuvent faire appel aux enseignements de la psychanalyse, mais ils sont loin d'être majoritaires.

Ainsi, la littérature anglo-saxonne nous expose de plus en plus fréquemment à une remise en question du modèle dominant expérimental, quantitatif et objectiviste. Remise en question partielle qui conteste davantage son hégémonie qu'elle ne réclame sa disparition.

Les auteurs de ce nouveau courant remarquent que le modèle dominant quantitatif impose une division particulière du champ psychologique et social qui comporterait trois domaines : celui du comportement observable, celui des outils d'évaluation, et, enfin, le sens vécu et la conscience de soi inobservable dans le cadre épistémologique positiviste.

Par conséquent, il n'est ni logique ni approprié méthodologiquement de conserver le modèle quantitatif et objectif à la fois pour l'étude des deux premiers domaines et pour celle du troisième domaine.

D'où la position défendue par les auteurs de ce renouveau qualitatif : les individus, comme les institutions et les cultures, peuvent être référés simultanément, suivant les objectifs de recherche, au modèle quantitatif objectif ET au modèle qualitatif subjectif (Stenner & Eccleston, 1994 ; Pope & Mays, 1995a, 1995b). Nombre d'entre eux reconnaissent l'intérêt d'intégrer aspects quantitatifs et qualitatifs, non seulement au point de vue de la crédibilité, mais également dans le but d'enrichir les recherches.

2. VERS UNE COMPLÉMENTARITÉ ENTRE MÉTHODES QUANTITATIVES ET QUALITATIVES?

Certains auteurs remarquent que la réification des concepts et l'objectivation des sujets peuvent être combattues par une analyse du contexte de la recherche et par une prise en compte de l'implication du chercheur et de son impact sur le matériel obtenu. Ces dernières conditions étant indispensables au regard de la méthodologie qualitative, tout comme l'est la discussion des résultats et des outils statistiques dans la méthodologie quantitative.

Ainsi, l'approche qualitative, qui part de l'observation et du recueil biographique, alliée à une approche quantitative, à l'aide de questionnaires ou bien d'un travail d'analyse de contenu, permettront de traiter de manière différenciée les mêmes données.

S'ils critiquent une standardisation des recherches à outrance, ces mêmes auteurs n'en adoptent pas moins une position conciliante, qui semble majoritaire dans ce courant, en défendant une «psychologie qualitative concrète et subjective» (Smith, Harré & Van Langenhove, 1995; Smith & Nicassio, 1995; Yardley, 1996).

Par exemple, en lieu et place d'évaluations standard, ces auteurs s'attachent à comprendre, en partant de situations concrètes, comment les individus aiment, vivent, créent et innovent. Ils rappellent qu'une science psychologique qui serait désincarnée se couperait rapidement de l'expérience concrète.

Les divers auteurs de ce courant s'accordent quant à l'intérêt d'étudier les modalités humaines d'être-dans-le-monde (May, Angel & Ellenberger, 1958). Ils se focalisent sur le monde de l'expérience et de l'intuition (Gendlin, 1978) ou insistent sur la co-construction sujet/observateur du phénomène étudié (Giorgi, 1986; Polkinghorne, 1988). Tous prennent en compte le sens et l'impact des données psychologiques dans la vie quotidienne des individus.

Des qualificatifs différents désignent ce courant hétérogène en fonction de l'appartenance des auteurs aux diverses disciplines des sciences humaines et sociales : on dit qu'il est «constructiviste», ou «post-modernistes» dans les sciences sociales, ou bien qu'il appartient aux «material discourses» dans les sciences humaines, ou bien encore qu'il s'intéresse aux «approches existentielles et qualitatives» dans la psychologie.

Riche des apports de l'interactionnisme, de la nouvelle psychologie cognitive, de la sociolinguistique, mais aussi des postulats phénoménologiques et existentiels, ce courant hétérogène propose une nouvelle lecture dans bien des domaines dont les points communs, susceptibles d'intéresser une orientation «nouvelle» en psychologie, pourraient se résumer ainsi :
– primauté d'une psychologie concrète ;
– attention particulière au langage en tant que médiateur de l'expérience humaine ;
– phénoménologie de l'expérience vécue modélisée dans un cadre systémique dans lequel l'analyse de l'acte prime sur l'objet ;

– refus de réduire l'espace psycho-social humain à un sujet solipsiste coupé du sens de son action ;
– appel aux ethnométhodes et aux méthodes cliniques.

L'approche phénoménologique développée depuis le début du siècle devient ainsi une référence méthodologique de base pour de nouveaux paradigmes. L'interactionnisme symbolique, d'origine sociologique, apporte à la phénoménologie un regard neuf sur l'interaction sociale et sur la mise en évidence des rétroactions entre interaction et sens subjectif.

Enfin, l'étude de cas singuliers, issue à la fois de la phénoménologie psychiatrique et de la psychologie clinique fournit un mode de recherche permettant d'obtenir de l'information au niveau subjectif.

Ce courant qualitatif, à la fois concret, constructiviste et phénoménologique, est souvent présenté comme le «troisième tournant de la psychologie», après le béhaviorisme et le cognitivisme. A remarquer que, même en psychologie cognitive, certains auteurs s'y réfèrent depuis au moins une quinzaine d'années. Ils évoquent une «seconde révolution cognitive» dans laquelle les entités mentales se trouvent réintroduites dans la sphère du discours (Bruner, 1990 ; Harré, 1992). Ce courant interactionniste cognitif est parcouru par un certain nombre de débats, tant en France qu'à l'étranger.

Tableau 3 — Caractéristiques des paradigmes positiviste et constructiviste.

ANCIEN PARADIGME positiviste, objectiviste, quantitatif	NOUVEAU PARADIGME constructiviste, subjectiviste, qualitatif
Mesurer, évaluer, prédire	Comprendre, décrire
Atomiste	Holistique
Universel	Singulier
Cause, fréquence	Sens et signification
Analyse statistique	Interprétation
Hors du contexte	Contextualisé culturellement
Objectivité	Subjectivité/Intersubjectivité

Les auteurs situés à la pointe de cette nouvelle voie de la psychologie proposent une comparaison des différences d'approche entre paradigme quantitatif positiviste et paradigme qualitatif fondé sur le sujet situé et la co-construction du sens. Ils insistent sur l'irréductibilité entre entités physiologiques et processus symboliques ; même si l'existence d'un monde symbolique dépend de l'existence d'entités physiques, c'est l'activité humaine qui donne à ces dernières leur sens et leur signification symbolique. Le tableau 3 met en évidence les différences caractéristiques entre paradigme positiviste et paradigme qualitatif davantage constructiviste.

3. LES DIFFÉRENTES DÉMARCHES QUALITATIVES

Parmi les méthodes d'analyse le plus fréquemment évoquées dans ce paradigme, certaines se rapprochent de la linguistique, d'autres de la sociologie, d'autres enfin de la psychologie. Le lecteur trouvera ci-dessous une brève présentation de celles qui paraissent les plus pertinentes pour l'objet de ce travail (pour une revue détaillée, voir Denzin & Lincoln, 1994 ; pour une introduction en français, voir Lessard-Hébert *et al.*, 1997 ; Poupart *et al.*, 1998).

L'approche phénoménologique sera davantage développée plus loin. En effet, elle apparaît comme celle qui intéresse majoritairement une psychologie qualitative et se trouve à la base de l'ensemble de la démarche constructiviste de ce paradigme (*cf.* chap. 4) ; de plus, elle constitue une approche privilégiée d'une psychologie de la santé qualitative ; enfin, à travers les récits de vie, elle est susceptible de s'articuler avec les enseignements de la psychanalyse et en particulier avec les enseignements concernant les mécanismes d'ajustement.

Démarches qualitatives et Analyses de Discours

Toutes les approches qualitatives s'intéressent au discours et à la manière dont le sujet exprime son monde en mots. Cependant, l'approche d'analyse de discours proprement dite s'attache principalement à l'étude des liens entre l'expression sociale du langage et le pouvoir. Pouvoir entendu non pas en référence à l'oppression/domination, mais comme capacité de persuasion de l'autre qui se manifeste dans les relations sociales et dans les activités individuelles. Dans ce groupe de travaux, deux types d'analyses peuvent se présenter, seules ou combinées, suivant les auteurs. Une micro-analyse se propose d'étudier les négociations de pouvoir dans les conversations ; une macro-analyse s'intéresse au discours (au sens large) en tant que système qui structure la société à travers le langage.

Ces analyses privilégient les formes des dires qui révèlent les pratiques et les croyances d'une société. Les conversations quotidiennes sont considérées comme des illustrations de la nature sociale du sens, puisque certains actes de langage ne prennent sens que dans l'interaction et à travers la réponse adéquate de l'interlocuteur (Leudar & Antaki, 1988). Ceci est particulièrement observable lors des consultations médicales, dans lesquelles le médecin esquive le discours trop affectif et émotionnel alors que le patient cherche à s'ajuster en utilisant des tactiques d'évitement ou de réfutation d'un discours médical trop objectivant (Freeman 1987 ; Bloor & McIntosh, 1990).

Ethnométhodologie et Interactionnisme Symbolique

Ces approches se focalisent principalement sur la signification sociale attachée aux symboles quotidiens, comportements et autres rites dans lesquels actions et paroles implicites sont échangées entre co-participants à une interaction verbale (Holstein & Gubrium, 1994).

L'interactionnisme symbolique estime que l'objet principal des sciences sociales devrait être l'étude des croyances et du sens individuel donné aux événements. Il postule également que ce sens ne peut être extrait que par un processus d'interprétation prenant en compte les interactions sociales (Denzin, 1995). L'ethnométhodologie apparaît comme étant le courant de sociologie le plus adapté méthodologiquement pour atteindre cet objectif.

Apparu dans la sociologie américaine au cours des années 1960, l'éthnométhodologie opère une rupture radicale avec les modes de recherche traditionnels (Garfinkel, 1967). Les ethnométhodes se focalisent sur les savoirs pratiques liés à l'action que les acteurs sociaux utilisent dans la vie quotidienne. La compréhension des situations, via l'observation participante, prend la place de l'explication de la démarche sociologique dominante et, de ce fait, présente des liens multiples avec la phénoménologie. La phénoménologie sociale de Schütz ouvre la voie pour une étude de la construction sociale de la réalité ; l'ouvrage de référence de Berger & Luckmann paraît en 1966 mais n'est traduit en français qu'en 1986 ! En parallèle, une orientation interactionniste, cognitiviste et linguistique fait appel également à l'approche ethnométhodologique (Cicourel, 1979 ; Sacks, 1992 ; Coulon, 1987 ; Schütz 1987).

Faisant suite à un certain nombre de travaux précurseurs de Malinoswki (1922), l'idée fondatrice de Garfinkel dès 1963 est de considérer les faits sociaux, non pas comme des objets stables, mais comme des produits de l'activité continuelle des hommes, mettant en œuvre des savoir-faire, des procédures, des règles de conduite ; cette méthodologie dite « profane » étant le véritable objet de recherche du sociologue. Les ethnométhodes prennent en compte la place du chercheur, en tant qu'il est partie prenante de la réalité qu'il se propose d'étudier ; il fait partie de la vision du monde tacite de sens commun. Au cours de la recherche, l'observation et la description restent les modes d'intervention privilégiés, alliés à un recueil d'information sur la signification que les acteurs donnent à ce qu'ils font. Les éthnométhodes se reconnaissent également dans le paradigme constructiviste, puisque elles réfutent la pertinence des assemblages statistiques produits par des «experts» sur un monde objectivé et stable, pour promouvoir l'étude de la construction des objets sociaux et des activités des membres d'une société.

Analyse phénoménologique

Ces méthodes déjà anciennes connaissent un fort regain du fait de leur intérêt pour le sens vécu.

Le terme «vécu» doit être compris dans une approche phénoménologique psychiatrique qui suggère le rejet de l'opposition entre transcendance et immanence. L'homme peut être compris comme existence ET comme réflexion ; la subjectivité est à la fois existence ET intelligence. La conscience oscille entre réflexion et irréfléchi ; le sens, comme les affects et leur vécu, sont des œuvres (à construire et non des données) englobant la subjectivité et fabriquant son destin en partie à côté d'elle (Misrahi, 1997 ; Wahl, 1997). Ici, la notion de «vécu» renvoie à un au-delà du ressenti ou de l'éprouvé. Proche de l'analyse existentielle de Binswanger, il s'agit de vivre en soi le sens des phénomènes.

Si les courants dominants en psychologie ont mis quelque peu à l'écart les analyses phénoménologiques, ceux de la sociologie médicale les ont intégrées depuis longtemps. Ces analyses phénoménologiques se fondent sur un refus de l'illusion objectivante selon laquelle existerait une «vraie» perception du monde et une seule. En ce sens, elles acceptent également un bon nombre d'apports issus de la Gestalt psychologie. Le perçu, le vécu expérientiel et les phénomènes empathiques sont examinés à part égale.

L'apparition du monde des choses et des êtres dans la conscience humaine, comme la création linguistico-culturelle du sens ou bien la forme dialogique du phénomène subjectif constituent l'objet de l'analyse phénoménologique (Giorgi, 1990). L'approche phénoménologique s'intéresse à l'élaboration de l'expérience consciente. Aussi, ce qui est visé n'est pas l'obtention d'une «vérité révélée» externe au sujet, puisque celle-ci, perçue et vécue, se trouve en mouvement dynamique sans cesse reconstruite à travers les discours et les actes.

Dans le courant des méthodologies qualitatives, la phénoménologie présente une situation spécifique puisque la plupart d'entre elles font appel à des éléments de la phénoménologie ; c'est pourquoi cette approche sera développée ci-après (chap. 4).

4. POSTULATS FONDAMENTAUX DES MÉTHODOLOGIES QUALITATIVES EN PSYCHOLOGIE DE LA SANTÉ QUALITATIVE

La diversité des auteurs comme des disciplines concernées par l'approche qualitative dans les sciences humaines ne doit pas masquer les postulats de base qui fondent l'unité du paradigme clinique et qualitatif.

Dans les pays anglo-saxons, ce paradigme intéresse de plus en plus un certain nombre de psychologues issus de diverses sous-disciplines, mais principalement de la psychologie cognitive (deuxième révolution), de la psycho-sociologie et de la psychologie clinique. En France, les psychologues cliniciens intervenant en milieu médical et les chercheurs en psychologie clinique pourraient trouver un ressourcement de leurs méthodes par un réexamen des fondements de la subjectivité et de l'approche phénoménologique en psychologie. Examinons les postulats fondamentaux communs à ces différentes approches.

La co-construction de sens au risque du modèle bio-médical

Comme nous l'avons vu, l'essor des méthodes d'analyse de discours en psycho-sociologie ainsi que celui des approches constructivistes en psychologie clinique a ouvert la voie à de nombreuses critiques concernant tant la réalité objective des variables biomédicales et psychosociales, que la pertinence du cadre théorique du modèle bio-psycho-social (Hollway 1989 ; McNamee & Gergen, 1992).

Lorsqu'il s'agit de comprendre l'expérience humaine de santé et de maladie, il ne suffit pas méthodologiquement d'introduire des aspects non médicaux de la santé et de la maladie, qu'ils soient psychologiques ou sociologiques. Car, si le modèle adhère à une perspective bio-médicale, cette réintroduction aboutit à une réification des phénomènes traités comme des faits objectifs et quantifiables, puisque le point de vue du sujet est soigneusement évité (ou isolé), que la parole et le sens de l'activité du sujet ne sont sollicités qu'à travers des grilles standardisées de questions.

Le nouveau courant qualitatif répond à ce modèle qui réifie le social par une contre définition. Selon Yardley (1997), l'analyse du discours considère les phénomènes tels que la personnalité et les cognitions comme des constructs conceptuels issus de créations psychosociales et dépendants des rôles, des relations interpersonnelles, des cultures et des conventions. Ce sont donc des pratiques psychosociales qui incluent également l'activité de recherche du psychologue. De plus, les analyses de discours du modèle bio-psycho-social postulent que nous pouvons réinterpréter la réalité bio-médicale à travers un point de vue culturaliste et psychologique plutôt qu'à travers un modèle bio-médical. Dans cette perspective, le cadre conceptuel psychosocial et psychologique n'est plus soumis aux présupposés bio-médicaux. Le travail qualitatif passe par une analyse des conséquences du cadre conceptuel bio-médical au regard des connaissances de nos disciplines.

Pour ces auteurs, toute tentative d'analyse et de compréhension d'une situation doit prendre en compte que l'activité et le contexte influent non seulement sur notre pensée sociale et son expression verbale, mais également sur les aspects concrets de notre existence. Une telle position s'oppose à l'idée d'une possibilité de mesures objectives sans intégrer le dispositif de recherche et la place de l'intervenant.

Le paradigme qualitatif propose un modèle dans lequel le sens de la maladie pour le sujet est intrinsèquement lié au phénomène et au contexte. Ce courant se rapproche d'ailleurs des recherches en psychosomatique et en médecine sociale.

La matérialité de l'acte de langage révélateur de la forme culturelle

Au lieu de considérer que les mots désignent des représentations associées aux objets réels, la psychologie qualitative emprunte aux poststructuralistes le postulat que le discours fait partie d'une chaîne signifiante à plusieurs niveaux. Le sens apparaît alors comme «émergence-créative» par des oppositions linguistiques le long de la chaîne sémantique (maladie implique santé, grand implique petit...), mais aussi par juxtaposition d'un ensemble d'images métaphoriques culturellement significatives (la connotation issue de «grand» renvoie à une hiérarchie, à un niveau atteint, etc.).

Le sens d'un mot n'est donc pas monosémique, mais toujours ambigu, polysémique et dépendant du contexte d'usage, incluant l'intention et les connaissances du sujet parlant.

Ce courant qualitatif développe les enseignements de la sociolinguistique et de la pragmalinguistique (Delefosse, 1998a, 1998b) et affirme qu'il faut s'interroger sur les mots qui sont employés dans une discipline comme la psychologie de la santé. Comment ces mots préfigurent-ils le champ qu'ils doivent décrire ? Comment occultent-ils une réalité en lui donnant une forme particulière (Henriques *et al.*, 1984) ?

De telles analyses permettent de mettre en évidence les intérêts idéologiques et les relations de pouvoir masquées par un discours scientifique qui se prétend neutre et objectif. Elles montrent que la relation entre les facteurs biologiques, psychologiques et sociaux est en perpétuelle tension entre «être un corps» et «avoir un corps», entre dominer ce corps et se prêter à sa domination. Tension qui, dans un premier mouvement, «être un corps», renvoie aux catégories de l'expérience phénoménologique, alors que dans un deuxième mouvement, «avoir un corps» renvoie à un processus de socialisation objectivante qui implique le détachement d'une partie de soi par cette objectivation.

Ainsi, nombre d'auteurs renouent avec une sociologie médicale qui s'intéresse à la nature contextuelle des savoirs (Good & Byron, 1994). Le modèle bio-médical classique, parce qu'il adhère à une réalité objective, ne peut rendre compte des effets d'une médecine co-productrice d'un langage culturel en lien avec une version hautement spécialisée de la réalité et avec un système social de relation particulier (avec des intérêts moraux, techniques et économiques non négligeables). Les croyances profanes, avec leurs dimensions morales, doivent négocier avec les savoirs experts médicaux (Conrad, 1994). Elles combinent des idées transmises avec le temps et dérivées de l'expérience avec les informations officielles telles que les campagnes de promotion de la santé.

La prise en compte de l'expérience phénoménologique vécue

Au sein de ce mouvement qualitatif, la prise en compte des crises existentielles comme des moments disruptifs conduit nombre d'auteurs à s'intéresser à la phénoménologie du vécu comme cadre de référence heuristique afin d'étudier l'expérience de la corporéité dans la santé et dans la maladie.

Certains auteurs de ce courant qualitatif ont étudié la phénoménologie de la douleur (Coulter, 1979; Jackson 1994), d'autres celle de la fatigue ou bien celle de l'anxiété (Gallagher, 1995; Van den Berg, 1987). Leurs travaux se démarquent considérablement de ceux de la psychologie de la santé classique, ce qui ne saurait étonner puisqu'ils privilégient une méthodologie fort différente. Ils s'attachent à une compréhension phénoménologique de l'individu et aux traits distinctifs entre individus. Toombs (1992) met en évidence une phénoménologie de la transformation du corps, du temps, de l'espace, dans les cas de sclérose en plaques. Corps qui devient étranger, inconnu, voire malveillant et persécuteur; corps qui révèle combien il échappe au sujet; insupportable perception qui exige une transformation du rapport à l'espace et au temps et une inquiétude de l'avenir qui ronge le sujet par cette disparition de l'idée de contrôle.

La corporéité et son ancrage psycho-social apparaissent ici pleinement liés à l'intentionnalité du sujet (Csordas, 1994). Dès lors, l'entourage, les médecins et l'environnement se colorent d'affects et de représentations subjectives personnelles dont seule l'étude de cas peut rendre compte; ce n'est que dans ce travail d'élaboration du discours par le sujet qu'apparaîtra le sens des différents modes de l'être-au-monde d'un sujet transformé par sa pathologie.

5. POUR UN EXAMEN CRITIQUE CONSTRUCTIF : LIMITES ET DIALOGUES

> Ces critiques, dont les travaux se limitent aux recherches méthodologiques, me rappellent ces gens qui nettoient toujours leurs lunettes au lieu de les mettre pour y voir plus clair.
> Freud (in *Reik*, 1975).

Au total, les différents travaux de ce courant qualitatif œuvrent non seulement à la constitution d'un corpus de savoirs, mais aussi à la transformation des pratiques sociales, ce qui ne va pas sans questionner l'éthique qui les guide. Dans ce débat qui confronte les positions quantitatives et positions qualitatives, un certain nombre de remarques et de critiques ont été adressées à ce nouveau paradigme concernant non seulement la faiblesse de la démonstration des hypothèses qualitatives, mais également le manque de reproductibilité.

En effet, si le modèle bio-psycho-social classique à visée d'évaluation objective et quantitative s'est attiré un certain nombre de critiques, les modèles qualitatifs émergeants doivent également reconnaître leurs limites.

Le tableau 4 ci-dessous met en parallèle de manière synthétique les limites des deux approches. Il montre comment l'une semble l'envers de l'autre, et préfigure ainsi une possible intégration sans concession syncrétique, mais dans un esprit dialectique privilégiant la tension entre modélisations et tirant de celle-ci des enseignements constructifs.

Tableau 4 — Critiques adressées aux deux types de méthodologies.

Limites du modèle quantitatif dominant	*Limites des modélisations qualitatives*
Absence d'analyse de l'hétérogénéité des concepts qui le composent du fait de : - la prédominance donnée à la métaphore de la machine pensante - la dépendance de la psychologie de la santé vis-à-vis des demandes sociales - la tendance à redéfinir l'homme au gré des sollicitations sociales (Bruner, 1990) - le bannissement de l'intentionnalité	Absence de reproductibilité de la plupart des travaux du fait de : - l'intérêt pour l'expérience concrète des sujets - limites inhérentes à l'analyse de discours (les variations individuelles ne sont plus reproductibles dès qu'elles sont énoncées car l'énonciation transforme leurs effets)
Faiblesse d'élaboration des questions épistémologiques telles que : - les liens entre santé et normalité - les rapports entre demande médicale et pratique psychologique	Faiblesse de généralisation du fait : - d'un travail avec des groupes restreints - de résultats contextualisés mais individualisés
Ignorance de la psychologie clinique et des courants qualitatifs au point de vue de leurs apports concernant le passage perçu/vécu, d'où : - désintérêt pour la subjectivité	Absence de recherche d'explication d'une réalité objective et en particulier du partage d'un monde objectif reconnaissable par chacun d'où : - désintérêt pour la rationalité

Vers un possible dialogue ?

En l'état actuel des choses, le modèle bio-psycho-social classique, d'origine cognitive, ne semble pas tenir compte des données de la « seconde révolution cognitive », peut-être du fait du lestage par des éléments peu construits du modèle bio-médical. Or, au sein des sciences cognitives, une critique s'élève depuis une vingtaine d'années contre une méthodolâtrie stérile et désincarnée, tant en France que dans les pays anglo-saxons. Cette critique vise le renoncement aux grandes questions concernant la nature de l'esprit et de ses processus, au profit des «petites études bien nettes» statistiquement, mais qui font peu avancer la connaissance.

Pour les tenants de la deuxième révolution cognitive, l'objet de la psychologie demeure l'étude de la manière dont l'esprit prend forme à travers l'histoire personnelle et la culture et cela quelles que soient les méthodes de recherche utilisées. Pour atteindre cet objectif, une psychologie clinique dans le domaine de la santé doit prendre en compte d'autres critères que les critères des chercheurs réductionnistes. Car, à ne s'attacher qu'aux prédictions causales (modèle bio-médical), la psychologie s'interdit de «comprendre comment les êtres humains interprètent leur monde et comment nous interprétons leurs actes d'interprétation» (Bruner, 1990, 15).

Ainsi, une psychologie de la santé cognitive, mais renouvelée par les auteurs interactionnistes de son courant, aurait tout à gagner à retrouver une voie qui s'intéresse à la construction de la signification, autrement dit à se souvenir de ses origines (Bem & Keijzer, 1996). Dans les années 50, le modèle cognitif se proposait de découvrir et de décrire «formellement les significations que l'être humain crée au contact du monde, et d'émettre des hypothèses sur les processus à l'œuvre dans cette création» (Bruner, 1990, 18). Cette psychologie de la santé pourrait alors dialoguer fructueusement avec une psychologie clinique de la santé.

D'ailleurs, en fonction des pays, les psychologues de la santé ne suivent pas tous de la même manière le modèle dominant. Actuellement, une autre voie commence à être empruntée par les recherches anglaises, allemandes et australiennes (*cf.* débat dans le *British Medical Journal* depuis 1995 in Pope & Mays, 1995a, 1995b). Dans cette nouvelle voie, la psychologie se déleste d'une partie des idéaux du modèle bio-médical pour retrouver ses propres questionnements. Les enseignements de ces recherches quantitatives s'articulent avec les avancées davantage qualitatives. Les auteurs s'intéressent à l'action située (les actes de langage étant des actions en eux-mêmes) et plus précisément à l'action située dans son contexte intentionnel, interactionnel et créateur de réalités subjectives.

C'est pourquoi, grâce à cette deuxième révolution cognitive, il se peut qu'une psychologie qualitative et clinique renoue le dialogue avec la psychologie cognitive et notamment autour de la question du phénomène de la conscience et de son sens pour le sujet. En effet, on peut soutenir avec Bruner que la culture et la recherche de significations au sein d'une culture sont les fondements de l'action humaine.

Au courant classique en psychologie de la santé revient le mérite d'avoir attiré l'attention sur le rôle des éléments dits «modérateurs», mais ceux-ci ne peuvent prendre sens au niveau individuel qu'à travers l'analyse du perçu/vécu, mouvement de mise en sens indissociable chez l'être humain. Or, ce sont ces éléments qui sont hétérogènes au modèle bio-médical, comme au modèle behavioriste.

Le rappel des enseignements des approches concrètes qualitatives vient à point souligner que le modèle scientifique auquel aspire un certain courant de la psychologie apparaît comme une idéalisation, car la science n'est qu'une activité polymorphe, conduite par une série d'appuis théoriques et philosophiques utilisant des méthodologies différentes (Campbell, 1984; Mulkay 1991). De nombreux chercheurs en physique critiquent ce modèle statique légué par Newton que la psychologie semble vouloir promouvoir sans recul suffisant.

Les travaux phénoménologiques et existentiels ainsi que les recherches cliniques (tant pratiques que théoriques) exigent davantage de temps, mais apportent souvent aussi plus d'informations et de nuances dans la connaissance du monde tel qu'il est vécu/pensé/appréhendé par les sujets (Miller, 1996; Seligman, 1996; Elgin & LeDrew, 1997).

Remarquant que le modèle bio-psycho-social ne constitue pas une théorie unifiée, mais un domaine d'intervention et un cadre de travail, certains insistent sur la nécessité de négocier avec le patient ou le sujet de recherche le modèle de la santé auquel il se réfère. Faute de quoi aucun espace pour une parole vraie n'est possible (Belar & Deardorff, 1995). Dès lors, on ne saurait être étonné que parmi ces courants qualitatifs les retrouvailles avec des résultats d'auteurs anciens, alliées à ceux de la psychologie cognitive et quantitative récents, puissent ouvrir sur la question d'une psychologie intégrative croisant les deux types de recherches ou du moins prônant une articulation entre elles (Fox & Serlin, 1996; Bem & Keijzer, 1996).

Il n'est pas anodin que les divers auteurs défendant ce courant de psychologie qualitative ne dénigrent pas les apports des recherches quantitatives, mais les relativisent. L'articulation proposée est bien de type intégratif et non une simple réduction à une pré-recherche comme parfois dans la psychologie traditionnelle empirique. L'aspect qualitatif doit se trouver intégré du début à la fin de la recherche, de même que dans les résultats, en donnant des indications sur l'être au monde dans ses aspects concrets.

Si, avec Varela *et al.* (1993), on soutient que la connaissance n'est pas le reflet d'un monde pré-donné, indépendant de nos capacités perceptives, ni un simple produit de nos représentations, alors la seule voie méthodologique possible sera d'éviter le seul objectivisme ET le seul subjectivisme. C'est pourquoi la querelle des méthodes ne devrait pas avoir lieu, du moins dans un espace qui se définit comme science du terrain et non seulement comme science du laboratoire expérimental (Stengers, 1993).

La querelle des méthodes n'aura pas lieu

L'analyse des méthodologies et des critiques qui leur sont adressées, de part et d'autre, met en évidence qu'il y a autant de risques, pour la psychologie de la santé, à verser dans un dogmatisme quantitatif que qualitatif.

1) Un dogmatisme quantitatif supprimerait toute substance humaine à la pensée; de ce fait, le risque extrême pour la psychologie serait de disparaître au bénéfice d'une biologie, ou, d'une manière plus modérée, de devenir un appendice alibi de la neurobiologie. La psychologie de la santé serait alors construite sur les seules bases d'une méthodologie expérimentale de laboratoire sans tenir compte du terrain sur lequel se construisent maladie et santé.

2) Un dogmatisme qualitatif supprimerait toute possibilité d'établir des différences entre extérieur et intérieur, et, ramenant chaque discours à sa singularité, mettrait la valeur de tous les discours sur le même pied d'égalité, au risque, là aussi, de voir la psychologie s'effacer au bénéfice de petites croyances sectaires individuelles ou, d'une manière plus modérée, de devenir un appendice d'une religion de l'intériorité et du sens (tautologie, puisque religion = relier, donner sens). Cette psychologie serait alors axée sur la seule subjectivité et ne tiendrait pas davantage compte du contexte de la maladie et de la santé.

Enfin, si l'approche objective commence à être critiquée du fait de son absence de prise en compte du «sujet», on ne peut qu'être surpris, en parallèle, par «l'oubli» du corps et de sa matérialité concrète dans bien des recherches issues du nouveau courant qualitatif. Partout où la primauté se trouve donnée aux processus constructionnistes socioculturels et aux analyses du discours, le corps se fait étrangement absent au profit d'un certain spiritualisme et/ou d'un sociologisme qui s'oppose au biologisme de l'autre camp. A noter cependant quelques exceptions, davantage dans le champ de la sociologie et de l'anthropologie que dans celui de la psychologie, comme Goffman (1959) ou bien plus récemment les chercheurs travaillant dans le champ de la réhabilitation et du handicap (Shilling, 1993 ; Seymour, 1998).

La querelle des méthodes n'a donc pas lieu d'être, sauf à verser dans l'un ou l'autre des dogmatismes. L'opposition objectiviste/subjectiviste, quantitatif/qualitatif recouvre en fait une diversité d'approches du réel, suivant l'objet étudié, les objectifs de la recherche et les niveaux d'explication retenus. Le pluralisme méthodologique est non seulement le bien venu, mais c'est le seul qui convienne à une position scientifique en psychologie.

Le seul qui, parce qu'il provoque la confrontation, oblige à penser les différences, à examiner les impensés des deux parties et peut-être à favoriser ainsi des rencontres heuristiques. Le seul qui oblige la mise au travail des questions divergentes, quelles soient :

– ontologiques : de quelle réalité parle-t-on, que peut-on appréhender de celle-ci ?

– épistémologiques : quelle est la relation entre chercheur, connaissance et objet de recherche ?

– méthodologiques : comment le chercheur conduit-il la recherche et avec quelle adéquation à son objet ?

Les réponses sont donc irréductibles à une querelle des méthodes, celles-ci ne sont que les outils d'une théorisation et d'une méthodologie qui les détermine.

Chapitre 3
Psychologie en milieu médical : spécificité française

> Nous concevons mal une psychologie médicale qui ne soit pas principalement clinique ; en revanche, le terme de « psychologie clinique », sans exclure les domaines proprement médicaux, a été introduit surtout pour connoter l'extension de l'esprit clinique et de la méthode clinique à l'étude approfondie de cas individuels qui ne sont pas forcément médicaux.
>
> Lagache, 1955.

En 1955, Lagache décrit un domaine fort vaste de la psychologie qui serait celui de la psychologie médicale. Il comprend les aspects psychothérapeutiques bien sûr, mais également l'étude des conflits non pathologiques, c'est-à-dire une psychologie du malade et de sa relation au médecin, ainsi qu'une psychologie différentielle des maladies et, enfin, l'ensemble de la psychologie psychosomatique, psychologie des groupes, etc. La psychologie médicale de Lagache regroupe un nombre non négligeable d'objets revendiqués par la psychologie de la santé. Pour lui, tout en ne se réduisant pas uniquement à la psychologie clinique, la psychologie médicale devait comporter une référence importante à la clinique en tant que démarche et méthode de travail : c'est-à-dire en tant qu'étude des cas individuels en situation. Cette étude des cas individuels dans le domaine de la psychologie médicale contribue à mettre en relief l'interdépendance de l'organisme et du milieu, échappant à la dichotomie « organisme-situation », et à préciser le champ psychologique, c'est-à-dire celui des interactions de l'organisme et de l'entourage (Lagache, 1955).

Une psychologie clinique médicale ne saurait se contenter d'un modèle du sujet solipsiste, mais doit toujours considérer le champ des interactions comme appartenant au monde du sujet. C'est pourquoi, dans une psychologie clinique de la santé, la place primordiale de la démarche clinique ne se confond ni avec la psychopathologie, ni avec une approche solipsiste, ni avec la seule psychologie de l'inconscient.

Il est regrettable que les propositions pragmatiques de Lagache aient été oubliées. Cet état de fait n'est certainement pas sans lien avec la prédominance du système médical français, très susceptible quant à ses prérogatives, et des débats internes à la psychologie clinique. En effet, l'histoire de la psychologie clinique française montre comment celle-ci a toujours été partagée entre philosophie, psychanalyse et médecine.

1. PSYCHOLOGIE CLINIQUE EN MILIEU MÉDICAL

Pourtant, en France, ce sont les psychologues cliniciens qui ont, depuis longtemps, investi les services de médecine générale. Toutefois, la spécificité de leur pratique tient à une référence théorique presque exclusive à la psychanalyse et à la psychosomatique psychanalytique.

Dès les années 1950, l'école française psychanalytique de psychosomatique propose une théorie originale et les psychologues cliniciens en hôpital se trouvent fortement influencés par ces approches (Marty & Fain, 1954 ; Marty, M'Uzan & David, 1963), ainsi que par celles anglo-saxonnes de Dunbar (1944) et Alexander (1952). Un autre courant également d'origine psychanalytique, celui de Balint, que développera Sapir et d'autres, oriente l'intervention des psychologues cliniciens auprès du personnel hospitalier.

Toujours dans cette même décennie, la psychiatrie sociale d'orientation psychanalytique, mais aussi phénoménologique, inspirera les interventions de nombreux psychologues cliniciens. Ceux-ci prendront davantage en compte les incidences psychopathologiques des situations sociales données (Le Guillant, 1984). Par la suite, au cours des années 1960/1970, et toujours en lien avec les théorisations psychanalytiques, Enriquez, Kaes et leur équipe développent une théorie des groupes en institution et effectuent de nombreuses interventions dans le milieu hospitalier.

De même, les fondateurs de la psychologie clinique interviendront en milieu hospitalier et s'intéresseront aux relations entre médecine et psychologie (Lagache, 1949; Favez-Boutonnier, 1955/56, 1959; Minkowski, 1953, et bien d'autres). Ils prôneront toujours une psychologie clinique de l'individu dans son rapport au collectif (social, institutionnel, familial, etc.). Pour ces précurseurs, la psychologie clinique où qu'elle s'exerce ne concerne jamais un individu hors de son contexte. Elle est une science de la conduite, donc de la subjectivité, mais qui prend toujours en compte la place de l'implication du chercheur ainsi que la dimension clinique de l'intersubjectivité.

La place des psychologues cliniciens dans le milieu hospitalier n'a cessé de se développer au fur et à mesure que les techniques médicales devenaient de plus en plus lourdes et intrusives (Cohen & Rieu, 1994). La collaboration réelle entre médecins et psychologues, sans être toujours idyllique, est souvent bien plus fructueuse que les travaux théoriques ne le laissent croire. Avec les années 1980 et l'apparition du SIDA, l'appel aux psychologues (comme aux psychiatres également) en milieu hospitalier général s'est encore accru.

Il serait donc faux de croire, comme l'affirmait récemment un des spécialistes français de psychologie de la santé, que les psychologues cliniciens n'exerçaient que dans les Centres Hospitaliers Spécialisés en psychiatrie et en santé mentale. Un examen des articles parus dans les revues françaises de psychologie de 1947 à 1957 met en évidence plus de 150 articles s'intéressant à la seule question psychosomatique. On note au passage la présence d'auteurs encore reconnus actuellement et de pensées théoriques très divergentes : Lacan, Loeweinstein, Le Guillant, Chertok, Sapir, Alexander, etc. Certains articles présentent des incursions dans le domaine de l'endocrinologie et restent fort actuels. A côté de ces publications concernant la psychosomatique, on trouve une cinquantaine d'articles proposant de nouvelles thérapies, inspirées ou non de la psychanalyse : thérapies brèves, psychothérapie éducative, hypnose, hypno-analyse chimique, électrochocs, phénoménologie existentialiste, etc. Ces propositions concernent le plus fréquemment les interventions dans le milieu médical.

Il est donc tout aussi faux de croire que les « nouvelles » interventions thérapeutiques sont apparues récemment (relaxation, hypnose, etc.) alors qu'elles existaient en parallèle d'une relative hégémonie psychanalytique.

Dans le présent ouvrage, le parti pris a été de ne pas entrer dans les discussions et textes concernant les courants psychosomatiques, ni même les textes psychanalytiques concernant le discours médical. En effet, ces débats, typiquement français, semblent davantage connus. A remarquer toutefois une remise en question du modèle psychosomatique (Green, 1998), à laquelle nous adhérons, qui porte en particulier sur l'inférence causale en psychosomatique. Ces critiques vont dans le sens d'une approche psychologique qui prend en compte la parole du sujet et l'importance des théories profanes de la maladie dans le vécu du sujet malade, sans pour autant cautionner la croyance causale.

En France, bien des thèmes traités par la psychologie de la santé anglo-saxonne ont fait l'objet d'une approche presque exclusivement psychanalytique (prévention, relation soignant-soigné, difficultés d'ajustement lors de maladies chroniques, etc.). Ainsi, on ne trouve que peu de travaux concernant les approches comportementales ou même les méthodologies qualitatives. A remarquer toutefois que des publications de ce type existent au niveau de la *psychiatrie* française. D'une manière générale, ces travaux, de même que les démarches intégratives, se trouvent au mieux ignorées et le plus souvent décriées par la psychologie clinique française. Cet état de fait n'est pas sans lien avec la difficile situation de la psychologie clinique et les débats qui la parcourent. C'est pourquoi, il nous faut d'abord considérer la situation française de la psychologie de la santé, pour ensuite faire un détour par l'histoire. Ce détour paraît inévitable pour une compréhension des enjeux, mais également pour en tirer des enseignements utiles à une psychologie clinique de la santé et à une éthique de l'intervention.

2. PSYCHOLOGIE DE LA SANTÉ : D'UNE NEUTRALITÉ BIENVEILLANTE DES UNIVERSITAIRES...

La psychologie de la santé se développe à partir de la fin des années 80 par le biais des universitaires français plus que par celui d'une demande des praticiens.

Aussi, le débat quantitatif/qualitatif a malheureusement davantage impliqué les psychanalystes et la psychosomatique psychanalytique que les chercheurs en psychologie clinique et pathologique ou en psychologie sociale.

Parmi ces derniers, rares sont ceux qui se sont intéressés aux approches cliniques possibles en psychologie de la santé (Giami, 1997 ; Pédinielli, 1996, 1997 ; Morin *et al.*, 1997 ; Ionescu, 1997a). Par contre, le développement d'une formation spécifique en «psychologie de la santé» représentant le courant dominant anglo-saxon inquiète bien des praticiens en psychologie intervenant dans les hôpitaux du fait de ses aspects comportementaux et quantitatifs.

En effet, dès le début des années 90, quelques universitaires tentent de développer des enseignements spécifiques. Il s'agit souvent d'enseignants issus de la psychologie sociale cognitive et/ou de la psychologie du travail. Ces derniers suivaient les travaux internationaux concernant le stress depuis de longues années et, de ce fait, se trouvaient au cœur du développement de la psychologie de la santé. Ces universitaires voient dans la psychologie de la santé une opportunité pour développer de nouveaux enseignements, des axes de travail originaux et enfin des débouchés pour les étudiants qui soient différents des seuls DESS de psychologie clinique.

Les psychologues cliniciens en place dans les hôpitaux généraux, formés le plus souvent à l'approche psychanalytique, resteront très circonspects face à un type de pensée et de formation qu'ils ne connaissent pas. Ainsi s'installera une méprise sans qu'il n'y ait jamais réellement de débat permettant une confrontation des points de vue.

Les auteurs qui ont introduit en France une psychologie de la santé classique (Bruchon-Schweitzer, Fischer, Dantzer) ont effectué d'excellentes synthèses, articles et/ou ouvrages qui ont le mérite de la clarté, de la cohérence et de la scientificité (bibliographie détaillée, citations précises, etc.). Toutefois, cette qualité d'exposition comporte parfois l'inconvénient de faire croire à l'existence d'un champ unifié sans contradiction interne, ce qui est loin d'être le cas comme le montre l'essor des courants qualitatifs. Or, ce semblant d'unicité provoque une suspicion d'hégémonie et entretient une certaine réserve de part et d'autre.

Pourtant, ces mêmes enseignants ne sont pas forcément d'accord sur les orientations prioritaires de la psychologie de la santé. Ce qui montre que si elle renonce à une volonté d'hégémonie de certaines méthodologies sur d'autres, la psychologie de la santé est porteuse d'avancées certaines dans la recherche et les pratiques de la psychologie en milieu médical.

Ainsi, pour Fischer, de l'Université de Metz, la psychologie de la santé se présente «comme une approche qui intègre divers apports de la psychologie, en particulier ceux de la psychologie sociale et ceux de la psychologie clinique ; ainsi, la psychologie sociale met-elle l'accent sur l'importance des contextes : familial, institutionnel et culturel liés à la maladie, les réactions de l'entourage et le soutien social, les aspects psychosociaux de la fonction soignante, etc.» (Fischer, 1998, 40).

Cette définition, dans laquelle se reconnaîtraient certains des travaux exposés dans la deuxième partie de cet ouvrage, met l'accent sur les aspects psychologiques et psychosociologiques. Alors que Bruchon-Scheitzwer de l'Université de Bordeaux se focalise davantage sur les aspects bio-physiologiques des deux paradigmes de la psychologie de la santé: «le premier, classique, inclut des variables de nature essentiellement psychologique (cognitives, émotionnelles, comportementales, psychosociales, psychophysiologiques). Le second est "bio-psycho-social" et implique des interactions entre divers systèmes (par exemple psychologiques et biologiques), ce qui exige non seulement la collection d'informations psychosociales, comme ci-dessus, mais aussi de données biologiques et médicales; rythme cardiaque, tension artérielle, dosage de divers paramètres (neuro-endocriniens, neuro-immunitaires, etc.)» (Bruchon-Schweitzer, 1996, 108). Si les positions des deux auteurs, Fischer et Bruchon-Schweitzer, sont loin de s'équivaloir, il n'en reste pas moins que sous l'égide de Bruchon-Schweitzer, une Association de Psychologie de la Santé, dont le premier colloque a eu lieu à Bordeaux en 2001, semble vouloir intégrer la pluralité d'orientations, clinique, sociale et cognitive; il reste donc à en suivre l'évolution.

Les quelques chercheurs en psychologie clinique qui se sont intéressés à la psychologie de la santé se montrent généralement peu critiques vis-à-vis des présupposés du courant dominant. Par contre, tous conviennent de la nécessité de trouver une voie intégrative pour l'ensemble des travaux en psychologie de la santé, qu'ils soient qualitatifs ou quantitatifs. Toute pathologie somatique concerne un ensemble de facteurs dont la seule approche bio-médicale ne peut rendre compte. C'est pourquoi il est nécessaire de souligner l'intérêt des diverses orientations possibles en psychologie de la santé. Ainsi, ces chercheurs en psychologie clinique et pathologique tentent de prendre en compte les enseignements du courant dominant en psychologie de la santé, tout en remarquant que «la psychologie de la santé constitue un domaine passionnant pour la recherche psychologique et offre déjà des perspectives professionnelles qui pourraient renouveler les fonctions et la place du psychologue clinicien» (Widlöcher, Blanchet & Pedinielli, 1996, 106).

Leurs différentes recherches mettent également en évidence cette tendance intégrative tout en demeurant fidèles aux bases épistémologiques cliniques. En effet, pour ces auteurs, démarche qualitative et démarche quantitative ne sauraient s'opposer. D'ailleurs, remarquent-ils, les psychologues cliniciens prennent en compte ces travaux depuis longtemps, ne serait-ce que dans leur usage des tests. Enfin, dans le domaine de la santé, une approche qualitative s'intéresse davantage à la compréhension du monde du sujet et à la détermination des mécanismes psychologiques en jeu, alors qu'une approche quantitative cherchera à évaluer de manière à pouvoir proposer un certain nombre de typologies. Ni concurrentes, ni opposées, les deux démarches se complètent, l'épreuve de la clinique en étant le seul garant.

Certains sont davantage intéressés par l'intersection entre psychologie de la santé et modèle psychosomatique. Ils privilégient les aspects dispositionnels et interactionnels; de cette manière, la psychologie de la santé se trouve tirée vers la psychologie clinique. Pour eux, la psychologie de la santé doit s'intéresser «à l'ensemble des facteurs psychosociaux qui contribuent au maintien d'un individu en bonne santé, au déclenchement d'une maladie, ou à l'évolution, favorable ou défavorable, d'une maladie déjà installée. Au sein de ce cadre général, les approches dispositionnelles ont pour objet le repérage des caractéristiques stables de l'individu susceptibles de rendre compte de sa vulnérabilité ou, à l'inverse, de sa résistance à divers facteurs précipitants ou déclencheurs. Ces derniers correspondent aux événements éprouvant de la vie, aux situations de stress aigu ou chronique aux tensions liées au rôle social, mais aussi aux conflits intra-psychiques réactivés lors de situations contingentes de la vie relationnelle et affective» (Consoli, 1997, 117).

Ces auteurs précisent, ce qui est bien souvent omis, combien les travaux du courant dominant quantitatif sont redevables au modèle psychanalytique et peuvent se révéler complémentaires des études épidémiologiques et des approches comportementales. Ainsi, loin d'opposer les théories dynamiques aux théories cognitives, ils insistent sur l'intérêt d'une intégration cohérente. Position qui apparaît comme la seule voie, du moins en l'état de la question, pour une psychologie clinique dans le domaine de la santé.

Par ailleurs, un numéro de 1996 de *Psychologie Française* consacré à la psychologie de la santé rend compte assez fidèlement des points de vues diversifiés des auteurs français, psychologues et médecins, s'intéressant au champ de la psychologie de la santé. On retrouve parmi eux les différents courants qui émergent de la psychologie de la santé anglo-saxonne. Ceux qui privilégient les aspects comportementalo-bio-physiologiques (Bruchon-Schweitzer), ceux qui mettent en avant les aspects psycho-sociaux (Fischer, Morin, Hermand), ceux qui tentent de concilier psychosomatique et psychologie de la santé (Consoli), ceux qui, sans proposer de définition particulière, poursuivent, au sein de la psychologie de la santé, un travail de psychologie clinique de la santé tel qu'ils l'ont toujours pratiqué (Pédinielli, Giami, Lavigne, Chemouni, de Tychey, Santiago-Delefosse).

Dans cet état d'esprit, différentes recherches ont été conduites. Par exemple, celles sur les étiologies naïves de la maladie, c'est-à-dire les représentations des causes de la maladie chez les malades. Ces recherches effectuées en psychologie clinique (Pedinielli, 1996) et en psychologie sociale sont relativement proches d'un modèle constructiviste qui «dépasserait les limites que rencontrent les modèles dominants constitués par la perspective cognitiviste et le point de vue socioculturel» (Morin, 1996, 154).

D'autres auteurs étudient également les mécanismes de défense considérés comme susceptibles d'éclairer un certain nombre de réponses adaptatives qui aident le sujet humain à faire face à des situations psychologiques difficiles, qu'elles soient internes (conflits, ambivalence, etc.) ou externes (deuils, crises de la vie, etc.) (Santiago-Fauvin, 1990; Ionescu *et al.*, 1997). Contrairement aux pays anglo-saxons, cette voie prometteuse semble peu développée dans la recherche psychologique française.

Il est remarquable que les travaux des grandes figures de la psychologie clinique et pathologique soient presque tombés en oubli, du moins pour ce qui concerne la psychologie de la santé. Ceux de Lagache sur la différenciation entre mécanismes de défense et mécanismes de dégagement; ceux de Bergeret concernant les mécanismes de défense en tant que repères diagnostiques des structures psychopathologiques ou même ceux de Bouvet rapprochant la question du type de relation d'objet avec celle des mécanismes de défense y afférent. Pourtant, comme le remarque Ionescu, qui rejoint là le point de vue d'un certain nombre d'auteurs anglo-saxons cités, les recherches relatives aux mécanismes de défense et à leur mode d'expression ouvrent de nouvelles perspectives à la fois cliniques et théoriques d'un intérêt certain comme «l'étude des relations entre les différents mécanismes de défense et le "coping", terme issu de la psychologie cognitive et qui désigne les stratégies visant à faire face à une situation de stress. Une approche intégrative pourrait déboucher sur l'élaboration d'une nouvelle théorie de l'adaptation permettant une vision plus globale du fonctionnement psychique» (Ionescu, 1997b).

Parmi les publications françaises, les travaux les plus proches des intérêts de la psychologie de la santé qui ont certainement fait l'objet d'une majorité de communications dans le secteur de la psychologie (avec ceux des modèles psychosomatiques) sont ceux concernant la relation soignant-soigné (Brusset, 1977; Sapir, 1978). Toutefois, leur référence privilégiée reste psychanalytique et rares sont ceux qui intègrent les données des autres sous-disciplines de la psychologie. Ces derniers se situent généralement dans un courant de psychologie médicale.

La psychologie médicale prend en compte les enseignements de la psychologie clinique et considère le rôle de tout ce qui est de l'ordre de la psyché dans la relation médicale, c'est-à-dire tout ce qui concerne le fonctionnement mental du malade et du médecin ou de tous ceux qui occupent une fonction soignante. (Jeammet, Reynaud & Consoli, 1996). Mais ce courant intégratif s'adresse davantage aux médecins et aux équipes hospitalières et leurs recherches promeuvent la prévention à tous les niveaux ainsi que l'amélioration de la qualité de vie tant au cours des hospitalisations que des maladies chroniques. Leurs recherches s'attachent également au montage d'outils d'évaluation fiables; leurs méthodologies sont principalement, mais non exclusivement, quantitatives.

3. ... À UNE POSITION CRITIQUE DES PSYCHOLOGUES PRATICIENS

Quelques chercheurs français parmi ceux qui connaissent la psychologie de la santé dominante anglo-saxonne et quelques psychologues praticiens s'interrogent toutefois sur l'extension progressive de concepts issus de la pratique médicale comportementale au champ des sciences sociales (Giami, 1997; Sidot, 1997).

Représentant ainsi le courant de la psychologie clinique le plus critique face à la psychologie de la santé, ils remarquent l'écart entre une recherche réunissant universitaires et psychologues du CNRS et un travail pratique dans le champ de la santé et de l'action sanitaire et sociale dans lequel se sont investis les psychologues cliniciens. Ces psychologues cliniciens adhèrent généralement à la théorie psychanalytique et pratiquent rarement des méthodes quantifiables. Comme le signale Giami, ces mêmes psychologues cliniciens sont ceux qui se trouvent au plus près du terrain, mais qui partagent la culture scientifique la plus éloignée des courants anglo-saxons. Il note que le modèle bio-psycho-social ne fait pas l'unanimité aux Etats-Unis ni dans le champ de la santé mentale, ni dans celui de la prévention (Abee, 1996; Heller, 1996).

Les propos de Giami semblent assez illustratifs de la manière dont la psychologie clinique peut percevoir la psychologie de la santé pour qu'ils soient ici développés. Par ailleurs, ils reprennent sous une autre forme la plupart des remarques adressées au courant dominant par les tenants des approches qualitatives. Giami commente les sessions comportementales de «Coping Effectiveness Training», aidant les malades atteints du VIH à faire face, à gérer leur prise en charge et à se montrer «compliants» aux traitements qui sont proposés (c'est-à-dire à suivre méticuleusement les traitements; en France, on parle aussi «d'observance» des prescriptions). En premier, il critique un certain nombre de biais méthodologiques par exclusion de la recherche des personnes qui souffrent de pathologies lourdes (alcool, drogues, etc.). En second, il remarque que la démarche cherche à faire l'économie d'une compréhension profonde de l'expérience du patient et de ses conditions d'existence qu'elle souhaite pourtant transformer en agissant sur un des facteurs, le stress. Il critique donc une approche réductrice, qui fait l'économie des facteurs environnementaux, mais aussi de la question de l'angoisse réduite à un simple apprentissage; il est vrai que la réduction est facilitée par le fait que les sujets sélectionnés dans le protocole présentent un niveau «normal» d'anxiété. De plus, remarque-t-il, l'acceptation ou non des traitements mise au compte de la responsabilité du patient revient à lui attribuer un statut sociologique de «déviant» par rapport à une norme médicale, sans se soucier du sens de cette conduite, du rôle du médecin et du dispositif de soins. Cet auteur souligne combien les débats théoriques renvoient à des débats politiques dès lors qu'un groupe de psychologues (ou autres) met en avant le «service de la communauté» et l'accord soignants/soignés pour justifier des techniques de modification comportementale. Ces critiques paraissent justifiées dans bien des cas, dans la mesure où certaines recherches semblent éluder ces questions éthiques et épistémologiques.

Enfin, Giami conclut que la psychologie n'a pas d'autre solution que de choisir une alternative : ou s'insérer à l'intérieur de la pratique médicale pour aider de manière immédiate à améliorer les prises en charge en tentant d'agir sur les facteurs psychologiques, ou se placer à l'extérieur des dispositifs et tenter de les analyser d'un point de vue interactionniste et systémique.

De fait, cet auteur distingue les recherches suscitées par la demande sociale qui visent à fournir des réponses rapides et exigent que le psychologue s'insère dans une problématique construite et les recherches théoriques analysant la demande sociale et la reformulant sur un moyen terme. Comme bien d'autres, il accorde qu'il est possible, suivant les cas, de se situer sur l'un ou l'autre pôle. Il reste que ses propositions les plus intéressantes concernent une réelle recherche comparative entre les résultats cliniques de l'approche cognitivo-comportementale dans la compliance (observance des traitements) et une approche interactionniste prenant en compte le système de relation soignant/soigné/service.

Dans le même ordre de critique, certains psychologues praticiens s'inquiètent d'une para-médicalisation de la profession mise au service du soutien de la pratique médicale afin d'en accroître l'efficience et de la rendre plus confortable (Sidot, 1997). A travers le débat dans les revues professionnelles, on peut également percevoir l'affrontement entre deux cultures très différentes, française et anglo-saxonne. Mais, au-delà de cette division, il reste deux questions de fond et fort pertinentes soulevées par les psychologues praticiens hospitaliers :

– celle de la formation du psychologue; doit-elle être spécialisée en fonction des champs d'application? Doit-elle concerner une psychologie épidémiologique des masses davantage qu'une psychologie des individus? Doit-elle se centrer de plus en plus sur des disciplines biologiques laissant peu de place au champ symbolique?

– celle du respect du Code de Déontologie des psychologues dans l'exercice d'une psychologie de la santé de plus en plus médicalisée; ce dernier stipule entre autres :

– « la mission fondamentale du psychologue est de faire reconnaître et respecter la personne dans sa dimension psychique. Son activité porte sur la composante psychique des individus, considérés isolément ou collectivement »,

– « le psychologue ne peut aliéner l'indépendance nécessaire à l'exercice de sa profession sous quelque forme que ce soit »,

– « le psychologue est averti du caractère relatif de ses évaluations et interprétations. Il ne tire pas de conclusions réductrices ou définitives sur les aptitudes ou la personnalité des individus, notamment lorsque ces conclusions peuvent avoir une influence directe sur leur existence ».

(Code de Déontologie des psychologues, 1996, signé par la SFP, l'AEPU et l'ANOP)

On voit comment la critique des praticiens français rejoint également un certain nombre de remarques du courant qualitatif anglo-saxon concernant les présupposés de la psychologie de la santé lorsqu'ils sont empreints d'une idéologie sociale spécifique et lorsqu'ils prônent des conseils ou des règles de promotion de la santé qui se soumettent à cette idéologie sociale, économique et politique (Lupton, 1994).

Toutefois, ici, ce débat n'oppose plus une psychologie expérimentale cognitive à une psychologie clinique, mais en vient à questionner la méthode comme les pratiques cliniques puisque on le retrouve au sein même de la psychologie clinique au risque d'une nouvelle division entre enseignants et praticiens.

En France, le modèle classique de psychologie de la santé commence donc à être critiqué par les psychologues praticiens qui le connaissent, mais sans toujours disposer d'arguments étayés et surtout sans propositions constructives faute de modélisation de leur riche expérience.

L'avenir d'une psychologie clinique de la santé se jouera à travers la capacité (ou non) des praticiens et des chercheurs intervenant dans le domaine de la santé à rendre compte de leurs interventions et de leurs modélisations théoriques. Le débat ne pourra être approfondi qu'en formalisant les méthodologies cliniques dans le domaine de la santé, de même qu'en mettant en place des recherches comparatives entre résultats des approches cognitivo-quantitatives et des approches cliniques et constructivistes rendant compte des systèmes complexes comme le propose par exemple Giami.

4. QUELLE CLINIQUE POUR UNE PSYCHOLOGIE CLINIQUE DE LA SANTÉ?

Peu à peu, dans le monde anglo-saxon, le paradigme «qualitatif» conduit la psychologie vers une nécessaire modélisation des systèmes complexes loin des modèles analytiques fondés sur une causalité linéaire.

Malheureusement, alors que la psychologie de la santé quantitative présente des modélisations construites, quelles que soient leurs limites, on remarque leur totale absence dans le courant qualitatif comme dans la psychologie clinique française.

Or, dans la perspective des thèses soutenues dans cet ouvrage, poser les bases pour une approche clinique et concrète en psychologie de la santé exige de dépasser la critique peu féconde des modèles existants pour proposer des modélisations spécifiques à l'optique clinique et qualitative. Pour qu'elles présentent un intérêt, de telles modélisations doivent tenter de dépasser un certain nombre de limites observées jusqu'ici dans les deux courants.

Ainsi, en s'opposant au modèle bio-médical et à certaines théories cognitives qui, dans leur mentalisme, situent la cause des conduites au sein du seul sujet, les théories qualitatives semblent n'avoir privilégié que la seule réhabilitation de la situation sociale de l'être humain, et cela au détriment d'une étude de la place de la corporéité. Cette réhabilitation s'effectue majoritairement par l'intermédiaire des épistémologies constructivistes et interactionnistes qui s'intéressent à la co-construction « homme/contexte ».

Pour ce qui concerne le domaine de la psychologie de la santé, les deux perspectives, quantitative et qualitative, nous semblent rater une part de la richesse du concept « d'interaction ». En effet, soit on le considère dans son sens fort de « lien indissoluble », soit on l'utilise principalement pour désigner une/des variable(s) qui se surajoutent dans une situation donnée, mais dont l'ajout ne modifie pas fondamentalement la structure de la situation. Or, l'interaction entre variables biologiques, psychologiques et sociologiques devrait donner lieu à des modèles complexes dans lesquels, par exemple, le « biologique » devrait se trouver transformé dès lors qu'il rencontre le psychologique et le social. Or, il semble, dans un cas, demeuré inchangé et équivalent aux mesures biologiques, et, dans l'autre, il disparaît au profit d'une socialité qui se déroule comme dans une absence de support corporel.

Ainsi, pour la perspective quantitative, le paradigme bio-psycho-social, s'il veut être à la hauteur de ses ambitions, devrait acquérir un modèle sérieux du lien entre biologique et psychologique, ainsi que de leur différence de niveau et de leurs mutuelles transformations en cours de développement.

De son côté, la perspective qualitative gagnerait à modéliser la place de la corporéité dans la relation sociale (et dans la maladie). Si on ne peut que suivre l'affirmation que le biologique ne se réduit pas aux seules mesures physiologiques, on ne peut faire l'impasse des expressions corporelles comme fondement de la communication interpersonnelle.

De plus, une psychologie de la santé qui s'intéresse au maintien de l'individu en bonne santé et à l'interaction entre évènements de vie et réponses de l'individu devrait pouvoir présenter un modèle bio-psycho-social de la santé ET un modèle développemental des évolutions du rapport santé/maladie, pour l'instant inexistants en psychologie de la santé (quantitative comme qualitative).

Enfin, comme on l'a vu, nombre d'auteurs établissent un lien entre stress et anxiété, c'est-à-dire entre bouleversements émotionnels et risques d'apparition de pathologies. Il reste alors, ici encore, à proposer un modèle intégrant cognitions (perçu) et émotions (vécu).

Cependant, il nous paraît que, dans la tradition française, certaines de ces contradictions pourraient être dépassées grâce à deux référents théoriques qui n'ont guère été rapprochés jusqu'ici : le premier, « développemental et concret», le deuxième, «clinique» et ne méconnaissant pas la psychanalyse, sans s'y confondre. Lorsqu'on se donne la peine de comparer les textes, bien que fort différents, les deux ne nous paraissent nullement incompatibles quant à leurs épistémologies. Les deux proposent une approche multi-référencée de la complexité de l'être humain en situation et peuvent délimiter les frontières théoriques d'une psychologie clinique de la santé.

Pour ce qui concerne le référent «développemental et concret», un auteur trop peu connu en psychologie clinique, puisque souvent cantonné à la seule psychologie de l'enfant (!), Henri Wallon, a proposé des modèles d'une grande actualité qui permettent de dépasser les oppositions entre corporéité, émotions/cognitions et social. Il est d'ailleurs remarquable que ses travaux soient si peu cités dans les courants qualitatifs anglo-saxons, contrairement à ceux de Vygotski, relativement proches quant aux fondements théoriques, méthodologiques et épistémologiques, mais peu tournés vers l'étude de la corporéité proprement dite (Santiago-Delefosse, 2000e). Cet état de fait est d'autant plus regrettable que le débat concernant la première intersubjectivité et les théories de l'esprit (Braten, 1998) y trouverait un éclairage clinico-développemental fondamental.

Pour le référent «clinique», on peut remarquer que les questions méthodologiques que soulevait Claude Revault d'Allonnes et ses élèves au sein de la psychologie clinique des années 1980, laissées un temps de côté par une recherche grisée de ses avancées objectives, reviennent à l'ordre du jour et présentent de nombreux points communs avec les postulats du courant qualitatif (Revault d'Allonnes *et al.*, 1989; Santiago-Delefosse, 2001a). D'ailleurs, il n'est guère étonnant que le débat entre qualitatif/quantitatif revienne par le champ de la santé : il est par excellence celui du lien humain, jamais réductible à un seul de ses aspects, social, biologique, affectif et, de ce fait, il mobilise la nécessité de dialogue entre méthodes et théories de différents niveaux (Santiago-Delefosse, 1998a, 2000d).

Psychologie concrète, développement et psychologie clinique de la santé

Parmi les travaux qui, sans dévoyer la psychologie, n'hésitaient pas à faire appel à ce multi-référencement, ceux de Henri Wallon (1925, 1926, 1931, 1934, 1951, 1952, 1956) apparaissent comme les plus complets, du point de vue de notre travail. En effet, ces travaux permettent une formalisation clinique et développementale de l'ancrage à la fois corporel et social de l'être humain. Avec ces référents, la recherche psychologique sur la santé et la maladie ne conduit plus à réduire le rapport homme/corporéité aux seuls aspects d'une mécanique physiologique et/ou d'une machine à évaluer des situations et/ou d'un pur esprit social.

La position épistémologique de Wallon pour qui la psychologie doit éviter un cloisonnement en spécialisations fermées sous prétexte de mieux répondre aux services qui lui sont demandés, ne peut que convenir à la psychologie clinique de la santé. Ni pédagogie, ni morale, ni politique, ni organisation du travail, ni médecine, ni physiologie, la psychologie est en relation avec tous ces secteurs et doit étudier les besoins et les possibilités de l'homme en général et de chaque sujet en particulier. Cette ouverture sur le monde ne doit lui faire perdre ni son individualité, ni son unité qui lui viennent de son objet de recherche spécifique : l'homme, être biologique, être affectif et être social dans une même et seule personne concrète (Wallon, 1954). C'est pourquoi on suivra cet auteur, en soutenant qu'une clinique en psychologie de la santé doit rendre compte de la pluralité des aspects humains, en renonçant à toute illusion d'uniformité universelle et en intégrant la variabilité des conditions d'existence.

Henri Wallon refuse de réduire la complexité à une progression linéaire qui suivrait une causalité simple. Sa méthode, comme son vocabulaire technique et neurologique, conduisent le lecteur dans une spirale, celle du développement, traversée par ses ruptures, ses crises et ses réorganisations psychobiologiques (Gratiot Alphandéry, 1976 ; Jalley, 1981). Pour Wallon, alternances, intégrations et antagonismes seront les mots-clefs qui caractérisent le développement humain socio-cognitivo-affectif (de Ajuriaguerra & Angelergues, 1962). Cette complexité explique peut-être qu'on oublie trop souvent la richesse et la variété de ses travaux.

Loin de nier l'importance de l'étude physiologique et des possibilités du système nerveux, les travaux de Wallon ancrent la naissance du sujet directement dans la corporéité et la socialisation comme bien peu d'auteurs s'y sont risqués :

> « A bien des égards, on pourrait dire que la psychologie d'Henri Wallon est une psychologie de la relation et de l'action, l'une et l'autre étant indissociables. Relation à autrui sans doute mais aussi, plus largement, à tout ce qui constitue le milieu environnant, milieu des êtres et des choses. Cette relation n'est pas prise dans un moment de son déroulement mais, au contraire, dans son histoire avec toutes les modifications que lui apportent les échanges auxquels elle donne lieu. Car le dialogue qui s'établit entre l'individu et le milieu a pour conséquence des modifications réciproques de l'individu et du milieu. Si l'individu se transforme tout au long de sa vie, mais particulièrement au cours de sa croissance selon la progression même de cette croissance et les réorganisations qu'elle suscite, les milieux avec lesquels il est en contact changent également.

Car on ne saurait parler d'un milieu mais de plusieurs : social, familial, scolaire, etc. (...)» (Gratiot Alphandéry, 1976, 33).

Le modèle exposé dans le dernier chapitre de cet ouvrage (chap. 12) reste fidèle à cette orientation clinique et concrète qui refuse une partition mentaliste entre conduites, action et relation, estimant les trois indissociables. On y abordera également ses liens avec les autres modèles théoriques proposés dans ce travail (chap. 10 et 11) ainsi que la distance respectueuse et «ambiguë» de Wallon vis-à-vis de la psychanalyse, l'autre grand référent clinique de son temps.

Psychologie clinique et psychologie clinique de la santé

La référence constante aux systèmes complexes dans les travaux qualitatifs anglo-saxons, comme les caractéristiques communes de ces méthodes, nous conduisent vers une nouvelle lecture des recherches française en psychologie clinique. En effet, dès ses origines (Lagache 1949, 1951), la psychologie clinique en France a fait appel à cette notion de complexité, puisque pour elle, toute clinique devait prendre en compte les interfaces entre psychologique et social.

La recherche en psychologie clinique promue par quelques auteurs (Lagache, 1949, 1951; Favez-Boutonnier, 1955; Revault d'Allonnes, 1985) présente un certain nombre de caractéristiques proches de celles re-découvertes par les courants qualitatifs. Ainsi, cette psychologie clinique qui refuse l'hégémonie de la psychanalyse, comme l'abandon de l'intérêt pour la subjectivité exige :

> «de porter le plus grand intérêt aux processus complexes qui génèrent et animent (les situations relationnelles et sociales), à leur description phénoménologique, aux modalités de leur fonctionnement (engendrement, transformation, recouvrement...), aux systèmes ou ensembles auxquels ils appartiennent, aux niveaux concernés... C'est seulement à ce prix que la réalité peut être appréhendée et théorisée de façon vraiment transdisciplinaire, en en proposant une lecture multiréférencée, faisant usage de concepts empruntés ou poussés à leur marge, repensés, voire "pervertis" : représentation, crise, passage à l'acte, emprise, sublimation..., en créant de nouveaux instruments conceptuels répondant à cet objectif...» (Revault d'Allonnes, 1989, 29).

Les caractéristiques d'une psychologie clinique telles que définies par Claude Revault d'Allonnes (1989) sont peut-être les plus aptes à montrer la forte proximité entre postulats communs du courant qualitatif anglo-saxon et de la démarche clinique française :

– primauté de l'analyse du phénomène intersubjectif considérée comme base du fonctionnement psychique;

– importance de l'activité du sujet en tant que médiation entre individu et société permettant de comprendre le sens des conduites singulières et la construction du sens des énoncés;

– place du langage et de la symbolisation base de l'activité psychique et opérateur de construction de la subjectivité;

– recherche du sens de l'action ou de la conduite pour un sujet en situation;

– nécessaire analyse de la place du chercheur dans la construction de la recherche et de ses résultats.

Mais il faut ajouter, qu'à la différence d'une psychologie «qualitative» anglo-saxonne, une psychologie clinique telle que comprise en France ne pourrait prétendre étudier la spécificité du phénomène humain sans tenir compte de facteurs qui ne relèvent pas de la seule conscience, dont la tendance à l'unité ne saurait masquer les leurres pour le sujet même.

Les spécificités françaises de la psychologie clinique, intrinsèques à son lien avec la psychanalyse, fournissent alors un niveau supplémentaire d'analyse par rapport à une psychologie qualitative qui ne serait attachée qu'aux phénomènes relevant de l'intentionnalité de la conscience.

Ces écarts de positionnement tiennent à des conceptions de la clinique et du sujet très différentes dans le monde anglo-saxon et français. En France même, ces divergences ne sont pas sans opposer les cliniciens y compris à l'Université. Elles portent, d'une part, sur l'objet à privilégier dans l'approche clinique et, d'autre part, sur le sujet qui intéresse la démarche clinique.

La psychologie clinique française, héritière de ses origines médicales et psychanalytiques, s'interroge encore sur son *objet*: les conduites ou les phénomènes inconscients? Questionnement ancien, issu du débat entre Janet et Freud (pour développement sur les positions de Janet, *cf.* Prévost, 1973, pour analyse des divergences Freud/Janet, *cf.* Santiago-Delefosse, 1998a). Ce débat semble moins vif dans les pays anglo-saxons. Peut-être est-ce à mettre en relation avec le relatif déclin de la psychanalyse ou bien avec un certain pragmatisme? Quoi qu'il en soit, pour la psychologie française, ces divergences entre une psychologie des conduites, plus proche de Wallon, et une psychologie de l'inconscient, semblent loin d'être résolues. Alors que, dans les pays anglo-saxons, on remarque qu'un certain nombre de psychanalystes rejoint le courant qualitatif et s'intéresse de plus en plus à la place de l'intersubjectivité et du contexte y compris dans le cadre psychanalytique (Stolorow & Atwood, 1992; Orange, Atwood & Stolorow, 1997).

Le deuxième débat, plus présent dans les pays anglo-saxons, concerne le *sujet* de la démarche clinique : est-ce le sujet de l'inconscient freudien ou bien est-ce le sujet dans sa totalité tel que l'appréhende la phénoménologie? Ainsi se prolonge le débat paradigmatique entre Freud et Binswanger (Santiago-Delefosse, 1998c), mais, au-delà, entre les «sciences explicatives et les sciences compréhensives». Dans les pays anglo-saxons, le «sujet phénoménologique» se trouve opposé à l'absence de sujet dans la recherche quantitative et explicative plus qu'au sujet de l'inconscient (certainement pour les raisons déjà évoquées ci-dessus).

Ce dernier débat apparaît ici comme le plus important à développer puisque une psychologie clinique de la santé concrète et qualitative doit tenir compte des trois «sujets» : sujet des conduites, sujet de l'inconscient (à différencier des formations de l'inconscient) et sujet social.

Chapitre 4
Une clinique du sujet en psychologie de la santé

> Si la conscience est toujours intentionnelle, en revanche l'intentionnalité n'implique pas toujours la conscience...
> La construction de la normalité repose sur une relation à un tiers, c'est-à-dire qu'il n'y a pas de santé individuelle. La santé s'apprend et est fondamentalement attachée à la qualité de l'engagement du sujet dans la relation à l'autre qui médiatise et apprend ou accompagne. En d'autres termes, la santé est tributaire d'une dynamique intersubjective. Et l'intentionnalité des défenses est foncièrement portée par un mouvement adressé à autrui.
>
> Dejours, 1995.

Les débats qui précèdent pourraient sembler futiles, voire dépassés dans un monde «moderne», s'ils ne se trouvaient pas au cœur de la pratique et de la recherche en psychologie de la santé qualitative. De fait, ces débats ont comme intérêt de nous apporter un certain nombre d'enseignements quant aux nécessaires exigences épistémologiques et éthiques soutenant la formalisation théorique et conceptuelle d'une psychologie clinique de la santé.

Si l'on se cantonne à les réduire à une querelle des méthodes, ils conduisent à un certain nombre d'apories, dans lesquelles la psychologie risque de se perdre. Les perspectives d'avenir ne peuvent se dégager que dans la proposition de modèles intégratifs à même d'articuler, ou du moins de prendre en compte plusieurs niveaux d'appréhension du sujet en tant que toujours situé. Mais un tel projet provoque un certain nombre de questionnements et seules des bases épistémologiques solides peuvent permettre de le mener à bien.

L'approche qualitative en psychologie de la santé soulève des questions cliniques fondamentales : quelles articulations entre sujet des conduites, sujet de l'inconscient et sujet social ? Elle soulève également des questions, tout aussi complexes mais plus spécifiques : quels liens entre santé, maladie et contexte ; entre normal et pathologique ?

Loin de pouvoir répondre de manière assurée à de telles questions, il s'agit dans ce chapitre d'examiner leur articulation et les enseignements que nous pouvons en tirer. L'objectif de ce chapitre concluant cette première partie de l'ouvrage sera donc de dégager les fondements épistémologiques de l'intervention en psychologie clinique de la santé, fondements sur lesquels reposent les pratiques d'intervention et les méthodes et modélisations qui seront présentées dans les parties II et III.

1. LE SUJET DE LA PLAINTE PLUTÔT QUE L'INDIVIDU DE LA NORME

Pour l'OMS, la santé c'est la prise en compte du «bien être psychologique et social», ce qui montre qu'il est nécessaire de mieux définir ce que serait la santé comme état différent de la maladie. Comme le souligne cette définition, la santé ne peut se référer au seul ordre biologique. Elle apparaît comme une construction «discrète» et, de ce fait, peu étudiée. Comme le remarquait Leriche, il y a bien «silence» quant à ce qui concerne la santé, comme si d'en parler pouvait porter malheur.

Prendre en compte de manière concrète et clinique les postulats concernant l'importance des systèmes «tampons», entre facteurs perturbateurs et réponse physiologique, exige d'expliciter comment fonctionne le mouvement d'adaptation permis par les ajustements défensifs. De même, il devient nécessaire de préciser la conception de la santé et son rapport à la maladie qui, dans une psychologie de la santé, ne peuvent être les mêmes que ceux de la médecine.

Pour la psychologie clinique de la santé qui ne méconnaît pas les aspects qualitatifs individuels, la «santé» ne peut s'évaluer à l'aune biologique. Elle apparaît dans la discrétion qui affecte sa définition comme un construit social, idéal jamais atteint, dépendant de l'interaction entre corporéité, norme et milieu.

Norme, santé et adaptation

Ce qui confère sa valeur à l'état de santé, c'est «l'abus de la santé» qui, dans un même temps, valorise la santé et permet l'oubli de la dépendance à la corporéité. Cette représentation sociale masque également la dépendance entre santé et milieu, entre normes du milieu et adaptation.

Ainsi que le souligne Canguilhem (1966), une anomalie (par rapport à la norme) n'est pas forcément une maladie, ce qu'on peut constater pour ce qui concerne l'infertilité et que Canguilhem applique à l'hémophilie. L'anomalie peut verser dans la maladie s'il y a lésions, mais elle n'est pas à elle seule maladie.

Le respect de la richesse du vivant rejoint alors l'éthique de l'intervention psychologique. On ne saurait se conformer à une définition normative de la santé et de la maladie ni dans les interventions, ni dans les recherches.

Le questionnement de Canguilhem est toujours d'actualité : à partir de quand des écarts au type spécifique sont-ils considérés comme anormaux, c'est-à-dire mettant en péril la forme spécifique, et à partir de quand sont-ils créateurs de nouvelles formes?

Le milieu est dit normal quand il permet que le vivant y déploie sa vie sans trop de souffrance ; la santé étant l'art de garder un équilibre dans un milieu toujours en mouvement. Ainsi, l'adaptation réussie serait «une sorte d'assurance contre la spécialisation excessive, sans réversibilité et donc sans souplesse» (Canguilhem, 1966). Vivant et milieu ne sont pas normaux pris séparément, mais uniquement dans leur interaction, c'est bien leur relation qui les rend normaux l'un et l'autre. Santé et maladie sont contingentes des aléas du milieu.

La question de la norme en psychologie rejoint alors l'étude des mécanismes de défense, puisque la santé sera pour le psychisme la capacité de s'adapter et d'utiliser un ensemble large de mécanismes de défense contre les situations conflictuelles. Devient dès lors hors norme une utilisation rigide d'un seul type de mécanismes de défense (la projection dans la paranoïa, par exemple) (Bergeret, 1974).

La psychologie clinique de la santé ne peut faire abstraction de l'étude des interférences entre innovations par mutations et oscillations du milieu, entre subjectivité singulière avec ses innovations personnelles et propositions sociales mouvantes. Une démarche subjective en psychologie de la santé doit alors tenir compte du fait que lorsque les exigences du milieu connaissent des distorsions trop importantes par rapport aux exigences de la vie psychique, alors, pour rester normal, c'est-à-dire adapté, il faut devenir malade ou... fou.

« Le pathologique, ce n'est pas l'absence de norme biologique, c'est une autre norme mais comparativement repoussée par la vie » (Canguilhem, 1966). Aussi, les normes fonctionnelles du vivant examiné expérimentalement ne peuvent avoir de sens qu'à l'intérieur des normes opératoires du milieu recréé par le chercheur.

Maladie, plainte et autonomie

« Etre malade », expression d'une sensation, voire d'une série de résultats bio-physiologiques, ne peut être confondu avec la plainte qui en résulte, qui est un mode d'appel à l'échange intersubjectif. Ce n'est qu'en partant de cette distinction que peut être soutenue l'idée qu'une maladie organique et une maladie « psychogène » justifient une plainte tout aussi légitime, d'où leur fréquente coexistence dans la clinique. Aucune des deux ne peut être simplement considérée comme à « supprimer systématiquement ».

Pour une démarche clinique en psychologie, la suppression de la maladie et la suppression de la plainte seront toujours deux choses bien distinctes.

« Etre malade » et se « sentir malade » renvoient à des positions subjectives qui ne se confondent pas même si les deux propositions sont souvent confondues et opposés à « être en bonne santé ».

Les incidences subjectives du passage phénoménologique entre les trois propositions « être malade », « se sentir malade » et « être en bonne santé » constituent un des objets d'étude d'une psychologie de la santé qualitative. Car celle-ci s'intéresse aux constructions psychologiques du sujet face à sa maladie.

Contrairement à la discrétion affectant l'état de santé, l'état de maladie affecte le sujet de manière bruyante. Il en cherche une explication, construit un roman, invente un mythe, trouve une cause à ce qui le fait souffrir. Sa plainte exprimera ses inquiétudes et sa souffrance, mais également son besoin de communiquer, son appel au social, son insertion dans le monde des représentations et des mythes humains.

Dès les années cinquante, Szasz dénonçait le passage de l'Homo-Theologicus à l'Homo-Dolorus, le premier dépendant d'un milieu social soumis aux valeurs religieuses et dominé par les prêtres, le second d'une société normalisée par les idéaux médicaux et dominée par les médecins. Il soulignait un risque majeur du passage de l'un à l'autre au regard du traitement. Puisque la maladie constitue, pour une part du moins, un vecteur de communication afin d'attirer l'attention ou de demander de l'aide, ce vecteur peut se transformer (si la communication n'est pas acceptée) en choix de carrière : celle d'homme malade. Or, le refus d'une écoute de la plainte, la tentative de la canaliser par des apprentissages comportementaux peuvent contribuer à isoler le sujet et à l'acculer à chercher des stratégies de plus en plus coûteuses psychiquement afin de maintenir une parole qui l'humanise.

C'est pourquoi la psychologie clinique de la santé porte une attention particulière à l'analyse des fonctions subjectives de la plainte corporelle ainsi qu'à l'étude des différentes propositions de communication ainsi établies par le sujet. Loin de considérer cette plainte comme irrationnelle, celle-ci est envisagée dans sa fonction créatrice pour un sujet en perte de repères.

Ici, maladie aiguë et maladie chronique reposent sur des modes de subjectivation différents. Plus spécifiquement, la maladie chronique (ou le «se sentir chroniquement malade») doit focaliser notre attention sur la qualité de la plainte, sur le mode communicatif choisi par le sujet mais aussi sur son rapport à l'autonomie.

Comme le remarque Strauss (1997), la maladie chronique bouleverse le monde et son sens commun, elle force le sujet à une reconstruction significative du monde «dans un style qui révèle leur fondamentale vulnérabilité qui les rattache à une autonomie finie». Le rôle de malade, qui permet l'atténuation temporaire des responsabilités sociales, doit se transformer en mode d'existence «avec» cette transformation issue de la maladie. Le soi, comme le monde, se trouve transformé et le sujet conduit à adopter une série de rôles qui lui permettent de trouver un sens à la maladie d'abord, puis à la vie. Le processus de construction du monde dans le rapport subjectif au social doit alors s'adapter à une nouvelle forme d'autonomie du sujet.

Le sujet se trouve engagé dans une re-construction des structures signifiantes de l'expérience intégrant les handicaps issus de la maladie. L'autonomie exprimée dans la maladie chronique ne répond pas aux idéaux logiques, elle est semblable à celle de la vie quotidienne, bien que placée dans une perspective d'un sujet fragilisé.

Cette autonomie n'est pas uniquement sous la dépendance de stratégies conscientes adaptatives, mais sous la dépendance de tous les processus adaptatifs en fonction du milieu. C'est une autonomie intentionnelle, c'est-à-dire engagée dans un effort pour que l'expérience puisse faire sens pour le soi en souffrance. La psychologie de la santé qualitative s'intéresse à ces processus de transformation du monde, du travail pour l'autonomisation, qui passent par la construction d'un sens nouveau pour l'être-dans-le-monde, mais aussi d'un sens nouveau pour le monde qui se trouve lui-aussi transformé par l'expérience.

A titre d'illustration, les processus dont il est question ici peuvent aisément être expérimentés par une personne non handicapée et s'obligeant à passer une journée dans un fauteuil roulant et à se promener dans la rue. Une telle expérimentation de transformation du monde (passagère il est vrai) a été effectuée par un petit groupe de mes étudiants voulant ainsi appréhender comment la situation modifie son propre regard, le regard des autres et finalement son regard sur le monde. A leurs dires, après une demi-journée, rien n'était plus totalement comme avant, et pourtant pour eux, rien n'avait changé : ils pouvaient marcher...

Ainsi, le sens de la santé et/ou de la maladie dans le drame humain de l'existence peut-il complètement différer entre les sujets : de l'un qui ne se «sent» pas malade alors que tous les tests physiologiques montrent qu'il l'est au sens médical, à l'autre qui se «sent» malade sans aucun indice médical positif, à celui dont la maladie vient donner sens à une incompréhension majeure, voire lui donner un statut, ou encore à celui dont l'apparition de la maladie détruit le monde, etc. Avec Strauss, et en conformité avec les données cliniques, je considère que «nous avons besoin de cartes internes de qui nous sommes, de comment marche le monde et de comment nous entrons en rapport avec ce monde pour gérer la complexité de notre existence et de notre croissance. Lorsque cette carte interne cohérente, cette structure administrative centrale impliquant la cognition, les sentiments et la perception tombe en panne, nous sommes très troublés... quand nos facultés d'organisation tombent en panne, le chaos peut en résulter. Et nos facultés d'organisation peuvent tomber en panne pour des raisons psychologiques, biologiques ou sociales, et probablement beaucoup plus souvent à la suite d'un enchaînement complexe d'éléments appartenant à un ou plusieurs de ces domaines» (Strauss, 1997, 260).

Par la rupture de la maladie, le réel introduit ce brouillage dans les cartes et dans les données personnelles, et le chaos n'est jamais loin d'où surgit l'angoisse et la nécessité de redonner sens (même si pour l'observateur ce sens peut paraître parfois incohérent ou insensé). Dans la phénoménologie classique, le drame se manifeste par le choix de vie existentiel alors qu'une approche clinique de la santé se propose de prendre en compte qu'au-delà de ce choix, le drame est bien que le sujet soit lié par son histoire et sa position subjective à l'impossibilité d'en faire un autre.

2. RÉALITÉ SUBJECTIVE DE LA MALADIE ET PRISE EN COMPTE DU CONTEXTE

Les systèmes de « remédiation » proposées par le social, en particulier dans le domaine de la santé, ne sauraient être « exemptés » d'une analyse de leurs effets sur le sujet. Par système de « remédiation », il faut comprendre les structures mises en place par la collectivité pour venir remédier aux malheurs et douleurs individuels (*cf.* repères cliniques, partie II). L'organisation de ces systèmes, comme l'idéologie qui préside à leur mise en place et ensuite la place que trouvent les intervenants médico-sociaux, ne sauraient être neutres dans le système qui va se créer entre patients et soignants. Structures psychiques et systèmes socio-médicaux se co-construisent conjointement, tout en étant situés à des niveaux différents.

En fonction des histoires de vie des uns et des autres, des dispositifs de mise en place des systèmes de « remédiation » sociaux-médicaux se trouvent entrer en résonance avec une problématique individuelle. A partir du moment où un tel montage se produit, on observe plusieurs possibilités de leurs effets subjectifs, qui sont toujours à analyser de manière dialectique. Le montage peut comporter des :
– effets « intégrateurs », du moins au regard de la demande sociale (et au risque d'un abrasement de la vie psychique);
– effets « destructeurs », accentuant le déchaînement d'Idéal et la soumission aux normes sociales en articulation avec une normativité interne;
– effets « pacificateurs » d'un conflit ponctuellement avivé par une situation sociale difficile.

Dans tous les cas, le lien social, dans ses aspects bénéfiques et/ou néfastes, se trouve ainsi articulé avec le fondement de l'être-dans-le-monde.

De ce fait, toute méthodologie permettant d'étudier ces effets ne saurait méconnaître la dépendance avec la culture et le social qui fournissent au sujet les modes d'expression d'une subjectivité qui, elle-même, prend ses racines dans l'histoire, dans le langage et dans la culture de ceux qui l'ont mis au monde.

Une telle démarche se situe au sein du réel du drame humain, en tant que ce réel fait effraction dans la réalité des sujets atteints de maladies chroniques et/ou graves.

C'est pourquoi, lorsqu'on s'intéresse au drame humain qui concerne le corps, la maladie et leur lien à l'appel au social, il nous apparaît difficile et méthodologiquement erroné d'ignorer les aspects qualitatifs inhérents à une logique subjective dans ses liens avec le contexte.

Tout en échappant constamment au sujet, le champ du réel surgit dans les moments de rupture et de crise qui ont pour intérêt à la fois d'en dévoiler la présence et de permettre d'étudier comment s'articulent les nouages entre ces trois états : « exister au monde », « être-dans-le-monde », et « exister pour le monde ». Car ce champ ne se réduit à aucun de ces trois états, mais indique le bouleversement de l'articulation des trois états :

– du lieu des images métaphoriques et cognitives qui ouvre le sujet sur les leurres conventionnels qu'il se donne pour exister au monde ;

– du lieu du sens et de l'élaboration symbolique de sa vie qui lui permet de se reconnaître comme sujet de conscience unifié et d'être-dans-le-monde ;

– du champ social et culturel qui l'entoure et lui permet tant bien que mal d'exister pour le monde.

Le lieu où se déploie l'être malade, lieu entre santé et maladie, entre « être un corps » et « avoir un corps », entre haine de ce soi malade et investissement de celui-ci, car il reste la seule manière de pouvoir encore être présent dans le monde, est certainement un des champs actuels qui permet cette étude du réel dans les moments de déconstruction du monde.

Peut-être rejoint-on ainsi les interrogations issues des sciences cognitives constructivistes qui tentent de rendre compte d'un réel du sujet fragmenté, divisé et non unifié dont seule l'action incarnée préside à l'émergence du soi dans un après-coup (Varela *et al.*, 1993) ? En effet, nous les rejoignons dans leurs questionnements, lorsqu'ils portent sur « comment les phénomènes attribués usuellement à un soi pourraient émerger en l'absence d'un soi proprement dit » et qu'ils soulignent qu'au « sein des sciences cognitives, ce problème renvoie aux concepts d'auto-organisation et de propriétés émergentes des processus cognitifs» (Varela *et al.*, 1993, 23). Il me semble que ce qui se découvre à travers la maladie chronique (douleurs chroniques), la maladie porteuse de mort (SIDA) ou la maladie porteuse de mort créatrice, d'infertilité du soi (Procréations médicalement assistées), dévoile une part de ce champ du réel, de l'absence de soi et d'unité qui bouleverse les sujets dans leur découverte. Lors de ces états, le sujet est mis en contact passager et fugace, comme par éclipses, avec cette absence de cohérence moïque à laquelle il tente de donner un sens qui lui échappe toujours, d'où les limites d'un certain type d'approche phénoménologique.

L'effraction de ce réel innommable et impossible à élaborer ne vient pas comme cause, mais bien comme conséquence d'une ouverture affective et cognitive faite sur l'histoire qui fonde l'être-dans-le-monde. «Plus rien ne sera comme avant», «ce n'est pas possible», paroles d'acceptation ou de refus, mais qui indiquent cette prise de connaissance d'un état dans lequel le sujet se sent transformé (ou susceptible de l'être) par rapport à une série de constructions identitaires (personnelles et sociales) qui lui permettaient un certain mode d'être-dans-le-monde (*cf.* chap. 10).

Les approches qualitatives en psychologie clinique de la santé n'ont pas les moyens d'étudier directement ce réel furtif qui mobilise les défenses psychiques à tous les niveaux : cognitif (coping), moïque cognitivo-affectif (défenses du moi) et, parfois, structurel et organisateur (mécanismes de dégagement). Par contre, elles permettent de prendre acte de ce mouvement et d'étudier les modes et conditions de restructuration de la subjectivité dans son rapport à la corporéité. Ces moments de prise de conscience de la maladie bouleversent le monde, en exigeant une re-création partiellement modifiée. Par ses actes (discours et actions), le sujet va participer à la transformation de la réalité subjective de la santé et de la maladie, c'est pourquoi l'écoute de sa parole peut nous renseigner sur les modes de désorganisation/réorganisation du monde. Reconstructions qui, dans cette crise, deviennent particulièrement saillantes, bien que faisant partie de la vie quotidienne; elles sont issues autant des exigences internes qu'externes et représentent les deux faces de l'être-dans-le-monde.

3. PLACE DE LA PHÉNOMÉNOLOGIE DANS LES MÉTHODOLOGIES QUALITATIVES EN PSYCHOLOGIE

C'est dans le contexte phénoménologique et développemental que se manifeste le mieux la différence entre les postulats de la psychologie de la santé classique et celle d'une psychologie de clinique de la santé se référant aux méthodologies qualitatives.

Contrairement au courant quantitatif pour lequel l'homme possède un corps, que l'on peut étudier comme un objet physique extérieur, pour le courant qualitatif, l'homme se caractérise par un «être-dans-le-monde», dynamique et évolutif, qui englobe corps, esprit et contexte. Isoler le corps (ou l'esprit ou le contexte) n'a donc plus aucun sens, puisque concrètement la psychologie (le mode de pensée, de sentir) de l'humain ne peut avoir conscience de son corps sans être-dans-le-monde; de même qu'il ne peut avoir de conscience sans que ce soit conscience «de» quelque chose.

La phénoménologie s'intéresse à toutes les expérience de la conscience en partant des contenus vécus. Le vécu n'a pas la même façon d'apparaître pour nous que l'objet spatial, le vécu se donne dans sa globalité, là où l'objet visuel possède une (ou plusieurs) face cachée. De là, l'idée que le vécu n'a rien qui soit en dehors de la conscience qui le vise. Le vécu et la chose sont donc différents dans leur mode de se présenter à nous. (Heidegger propose des termes tels «qu'être au monde» et «être intramondain»). La méthode phénoménologique découle de ce constat et s'attache à décrire les structures qui caractérisent la manière dont les objets se présentent au monde humain. Il faut délaisser la simple introspection : le ressenti ne saurait rien nous apprendre de nouveau, il doit dans un travail de réflexivité advenir sens vécu.

Moins que l'unité d'une pensée, c'est le recours à une même démarche qui rassemble les phénoménologues : chacune de nos expériences de vie a une forme spécifique en lien avec notre histoire. L'analyse de la structure de l'expérience, la description du vécu (construction de sens au-delà des émotions éprouvées) peut alors nous faire accéder au sens.

L'approche phénoménologique reste complexe et difficile, comme en témoigne son vocabulaire. Allant à l'encontre d'une vision commune du monde dans laquelle l'humain sépare spontanément intérieur et extérieur, la phénoménologie ne peut disposer d'un vocabulaire adéquat qui ne serait pas marqué par cette scission qui pose l'objectivité apparente séparant sujet et objet. Objectivité d'apparence dont nous avons besoin en tant qu'humains pour «ordonner» le monde, mais qui s'oppose à l'intime subjectivité qui ordonne souvent ce monde pour chacun d'entre nous.

C'est justement lorsque la maladie chronique, la douleur, la souffrance nous envahissent à tel point qu'elles nous englobent avec notre monde, lorsqu'elles brouillent l'intérieur et l'extérieur que nous sommes au plus profond du drame humain et... que nous risquons, en perdant les repères, de perdre la raison.

Sans entrer dans l'ensemble de la démarche phénoménologique, qui est loin de constituer un courant de pensée unique, il faut toutefois définir quelques concepts qui permettent de mieux comprendre comment une approche qualitative de la santé peut tirer bénéfice de cet apport phénoménologique suivant les auteurs anglo-saxons. Le lecteur intéressé trouvera une introduction claire et précise dans Huneman & Kulich (1997); il pourra également consulter les travaux anglo-saxons plus spécifiquement consacrés à la psychologie de la santé de Giorgi (1995), Bayer & Shotter (1998) ou Lieblich & Josselson (1997). Pour approfondissement du courant de phénoménologie psychiatrique francophone, il pourra se référer à Ey (1963), Minkowski (1965), Merleau Ponty (1966), Le Guillant (1984); enfin, pour détail de la méthodologie en psychologie phénoménologique, voir Santiago-Delefosse & Rouan (2001).

A) **Le phénomène.** Par phénomène, il ne faut pas comprendre sujet percevant, coupé du monde perçu, mais bien co-construction entre phénomène et «conscience de». La description des sentiments, les impressions, le vécu dans un entretien ne peuvent être traités de manière solipsiste comme expérience subjective qui serait coupée du monde. Tout phénomène subjectif «est dans le monde», aussi doit-il être traité en prenant en compte le monde du sujet, mais aussi en intégrant la modification apportée par l'intervenant-chercheur dans le contexte de la rencontre.

Pour la phénoménologie, «phénomène» est un terme général se référant à l'appréhension présente qu'un sujet a des choses et événements existant dans le monde transcendant cette appréhension. Lorsque le sujet explicite le «phénomène» (dans le discours par exemple), il se trouve conduit à articuler les objets (tels que les perceptions, souvenirs, images, cognitions, etc.) en les liant et en faisant surgir un sens.

B) **L'intentionnalité de la conscience.** Quels que soient les auteurs et les courants de la phénoménologie, celle-ci propose une thématisation du champ de la conscience en rapport avec l'intentionnalité (qui peut comporter des différences entre courants de pensée).

La phénoménologie suppose le primat de la conscience comme lieu privilégié de l'expression de l'être, car rien ne pourrait être effectué sans «intention de». Ce qu'il ne faut pas confondre avec le règne d'une suprême conscience claire et logique de tous nos actes. Le postulat d'une intentionnalité de la conscience ne se réduit pas une conscience claire de ses actes, mais indique que tout acte est issu d'une volonté de sens (sue clairement dans nos actes volontaires, insue dans nos actes dits «involontaires» voire «inconscients», mais présente cependant). La conscience n'est donc pas un ensemble de faits psychiques (comme dans la psychologie classique), mais une visée d'objet, une intentionnalité de signification globale (Kockelmans, 1987).

L'objet intentionnel n'est ni intérieur, ni extérieur (par exemple, on peut imaginer un objet ou un être qui n'existe pas); il peut y avoir intentionnalité sans réalité matérielle qui procure les mêmes sensations émotionnelles que si l'objet avait une réalité. Dans la phénoménologie, l'acte de conscience comporte deux dimensions : l'énergie intentionnelle à proprement parler et l'acte lui-même (imagination, jugement, critique, souvenir, etc.).

Parce qu'elle est intentionnelle, la conscience est essentiellement ouverte sur le monde; aussi, l'expérience phénoménale renvoie à la relation entre subjectivité et monde; elle est structurée et organisée suivant des points spécifiques (modalités de l'être-dans-le-monde, modalités de la rencontre, situation dans l'espace/temps, etc.) et peut faire l'objet d'une recherche transmissible en psychologie.

C'est pourquoi phénoménologie et nouvelles analyses discursives socio-psychologiques se rejoignent dans leur refus d'une vision d'un sujet solipsiste. Tout phénomène subjectif (intentionnalité et objet) renvoie à la manière dont le sujet attribue un sens à certains aspects du monde en fonction de ce monde. Ce n'est pas une impression subjective passagère, ni une sensation ou un affect, mais un mode structuré d'appréhension du monde en rapport avec un rythme temporel et une situation dans l'espace.

C) **L'intuition catégoriale**. La phénoménologie n'adopte pas une démarche réductrice, elle part du drame humain, complexe, embrouillé et global. Pour Husserl, ce sont là des catégories de «l'intuition» au sens phénoménologique.

L'intuition catégoriale permet de légitimer les vérités logiques (ce qui nous permet d'affirmer que ceci «est» ou «n'est pas») alors que l'intuition sensible nous permet de décider de la vérité d'assertions sensibles. Husserl réhabilite l'intuition dans la recherche de significations, mais de plus, il fonde la scientificité sur la distinction entre type d'objets qui peuvent être donnés à la conscience; ainsi tous les objets empiriques ne forment qu'une même branche de la science.

Une telle approche montre comment aussi bien les facteurs non médicaux et médicaux peuvent avoir un impact dans la maladie et son vécu, mais aussi comment ce processus ne peut que partir d'une intentionnalité de la conscience et se présenter comme une dynamique de co-construction du sens entre intérieur et extérieur (Anderson & Bury, 1988).

Yardley (1997) expose une série de travaux, fondés sur ce mode d'analyse phénoménologique prenant en compte l'intrication entre les dimensions sociolinguistiques, existentielles et physiques. Giorgi (1995) souligne les apports que la phénoménologie peut fournir à la psychologie en général et à la psychologie de la santé en particulier. Ceux-ci sont d'autant plus importants que les limites de la prétention à une science naturelle et objective apparaissent aujourd'hui au sein de notre discipline. A remarquer que ces critiques, ne sont certes pas nouvelles; *cf.* Politzer (1928), mais également Dilthey (1894, 1942).

L'analyse phénoménologique paraît particulièrement pertinente pour une collaboration avec les courants dominants de la psychologie de la santé. En effet, si elle met en évidence les liens concernant le particulier, elle partage avec un paradigme socio-cognitif l'intérêt d'étudier l'ensemble des connections à prendre en compte qui séparent cognition et état physiologique.

Toutefois, malgré son intérêt, l'appel à la phénoménologie soulève plusieurs questions. La première, que soulignent les auteurs anglo-saxons, tient à la complexité de cette démarche. Elle exige des chercheurs formés à l'entretien, à la méthodologie phénoménologique et à l'analyse de données. De plus, ce type de recherche comporte un temps de mise en place important et une durée du travail de terrain comme de celui d'analyse parfois peu compatible avec les exigences de la recherche universitaire.

Plus fondamentales, à mon sens, sont les questions épistémologiques inhérentes à l'appel à une clinique du sujet, qui évite bien souvent de définir le sujet dont il s'agit au risque de se retrouver dans une clinique de l'intériorité davantage que dans celle d'un sujet partie prenante du monde. Le sujet intéressant la psychologie clinique de la santé va-t-il être le sujet freudien, le sujet de l'intériorité introspective ou bien le sujet phénoménologique, c'est-à-dire l'être-dans-le-monde et *pour* le monde? Le débat entre Freud et Binswanger illustre, de manière paradigmatique, ces questions entre psychanalyse et phénoménologie.

4. LE SUJET PHÉNOMÉNOLOGIQUE OU LE SUJET DE L'INCONSCIENT

On a vu que, pour rendre compte de la complexité des rapports entre santé et maladie, nombre d'auteurs anglo-saxons se sont tournés vers des théorisations autres que psychologiques. Dans ce contexte qualitatif, réintroduire du sens dans le lien social devient un leitmotiv de tout le courant phénoménologique en psychologie de la santé. Cependant, quel que soit son intérêt, il ne faudrait pas méconnaître les implications idéologiques et théoriques ainsi que les exigences méthodologiques de ce retour à une clinique de la subjectivité, voire de l'intériorité.

Le débat du début du siècle entre Freud et Binswanger met déjà en évidence deux approches de la subjectivité qui semblent fort peu analysées par les tenants actuels de la phénoménologie et qui pourtant gagneraient à être confrontées.

Ce débat prend ses origines dans la distinction méthodologique apparue au cours du XIXe siècle entre « expliquer » et « comprendre » dans les sciences humaines. Comprendre dans les « sciences de l'homme », c'est rejeter la recherche de formules et de lois universelles, du moins comme objectif premier, et chercher à saisir de l'intérieur la subjectivité signifiante. Alors qu'expliquer exige de ramener des faits singuliers à des lois générales. Le courant herméneutique (Windelband, 1848-1915) a formalisé cette différence en revendiquant une irréductibilité de la singularité de l'esprit humain. Il ouvre ainsi sur la question de l'interprétation dans le cadre d'un retour au spiritualisme. Dès lors, cette conjugaison du spiritualisme et de la méthode interprétative favorise une conception des « sciences de l'homme » qui deviendra une façon de « concevoir le monde ». Avec Dilthey (1833-1911), les « sciences de l'homme » ou « sciences de l'esprit » s'attacheront à mettre en évidence une conception du monde (*Weltanschauung*); elles s'appuieront sur l'art d'interpréter et sur la notion d'historicité, puisqu'il s'agit de l'étude de l'homme dans sa vie et avec son histoire singulière.

Les auteurs anglo-saxons du courant qualitatif revendiquent majoritairement cette position particulière de la recherche en sciences humaines et se reconnaissent dans les origines épistémologiques de la démarche compréhensive.

Ludwig Binswanger (1881-1966) est un jeune psychiatre Suisse cultivé et au fait des débats philosophiques de son temps. Lorsqu'il rencontre Freud en mars 1907, il se passionne déjà pour la philosophie;

c'est un des rares psychiatres de l'époque à avoir lu Husserl, qui tente d'appliquer sa phénoménologie en psychiatrie.

Tout au long de sa vie, sans le cacher à Freud et malgré nombre d'inquiétudes de ce dernier, Binswanger suivra résolument cette voie philosophique. Homme d'une grande culture, sa pensée influencera tout le courant phénoménologique de la psychiatrie dynamique. Il restera affectueusement attaché à Freud, tout en préservant son sens critique ; sa prise de distance face aux théories freudiennes sera de plus en plus marquée à partir des années 30, mais il se montrera moins critique à partir des années 1950.

Il nous lègue une réflexion ancrée sur la pratique et l'expérience, une méthodologie et un argumentaire qui vont traverser des périodes plus ou moins favorables à son «affrontement avec la psychanalyse» (termes de Binswanger). Comme cet affrontement se déroule sur fond phénoménologique et questionne les modes d'expérience possibles, faisant une belle part aux questions de l'autonomie et du libre arbitre dans les conduites humaines, il rejoint finalement nos réflexions contemporaines.

La personne humaine n'est pas réductible à l'Inconscient

Privilégiant la relation, Binswanger s'attaque à la conception freudienne de l'être humain qui, oubliant la réalité, s'éloigne du lien interpersonnel. La vision freudienne de la vie psychique référée à la «nature» s'oppose à sa propre conception de l'être humain possédant une essence.

Toutefois, il ne cherche pas à se passer de l'inconscient ni dans sa pratique thérapeutique, ni dans la «théorie». Par contre, son attrait pour la phénoménologie modifie peu à peu son approche. Tout en respectant ses qualités thérapeutiques, il refusera les transferts des résultats obtenus par la pratique psychanalytique sur la vie mentale en général.

Comme il était à la recherche d'une synthèse dépassant l'opposition entre conscient et inconscient, entre sujet et monde, il a progressivement abandonné une hégémonie explicative de la psychanalyse pour s'attacher aux différents niveaux d'expérience.

A plusieurs reprises, Freud le mettra en garde sur les limites de l'historicité et de l'herméneutique : à rechercher du sens et à vouloir de l'unité, ne verse-t-on pas rapidement dans l'illusion proche de la religion ? Derrière cette recherche de compréhension de l'homme dans son entier masquée par une «ouverture au monde», ne trouve-t-on pas une fermeture totalisante dans une vision du monde ? Sur ce versant glissant ne risque-t-on pas de réduire le sujet à une intériorité ineffable ?

Mais Binswanger s'oppose profondément à ce qu'il considère comme une naturalisation psychanalytico-psychiatrique et s'insurge contre la réduction de l'homme à ses pulsions et à ses conflits; de même qu'il critique la réduction du mental à la pulsionnalité et en particulier la dérivation de l'éthique à partir du narcissisme. Ce que Binswanger nomme naturalisation, d'autres l'ont désigné comme une forme d'objectivation de l'être humain, via des instances psychiques isolées de toute contextualisation et de toute socialisation.

Limites du sujet freudien

Pour Binswanger, l'*homo natura* freudien s'oppose à celui de l'anthropologie phénoménologique qui cherche à appréhender l'homme dans une expérience humaine globale et à prendre la portée de son existence. Il critique cet «homme freudien» issu d'une construction scientifique qui se fonde sur une destruction de l'expérience humaine ainsi que de l'expérience anthropologique et sociale. Il en souligne les faiblesses méthodologiques : la construction de l'*homo natura* circonscrit l'homme à l'intérieur des mécanismes psycho-biologiques; l'homme est réduit à un mécanisme, à une machine et à son comportement face à sa machinerie. Réduit à sa pulsionnalité selon le principe de la nécessité mécanique, la construction de l'*homo natura* exige un principe unitaire «morphotique». De même que la feuille représente pour la botanique un principe morphotique unitaire : «la pulsion freudienne est la forme originelle, ou structure originelle». Mais alors, expliquer la multiplicité de la vie à partir d'un ou de deux principes unitaires (pulsions de vie et pulsions de mort) devient une tâche impossible. Puisque : «... l'homme, comme nous l'avons déjà relevé, n'est pas seulement nécessité mécanique et organisation, pas même monde seulement, et non plus seulement dans le monde, son être-présent ne peut absolument être compris que comme être-dans-le-monde, comme projet et éclosion de monde, comme Heidegger l'a irréfutablement montré. Et, dans cette mesure, son être-présent est aussi déjà le principe d'une possibilité de séparation entre nécessité et liberté, entre forme "close" et changement "ouvert", entre unité de structure, abandon de structure et changement en une structure nouvelle» (Binswanger, 1936b, 225).

Si Binswanger reconnaît à Freud le mérite d'étudier l'homme avec «objectivité», il lui reproche, aussitôt après, de l'avoir fait avec son œil aiguisé par le microscope du laboratoire de Brücke. Ainsi Freud est-il parvenu à une somme de savoirs sur l'homme, sur sa division et sa souffrance. Mais cette science de la nature appliquée à l'homme ne saurait rendre compte de toute la richesse de l'expérience humaine.

La théorie freudienne, dénoncée comme réductionnisme, ne dit rien sur l'expérience esthétique, sur le rapport à l'éthique et sur les choix religieux et moraux de l'homme. Elle ne dit rien non plus sur l'activité humaine de recherche, sur l'expérience propre du chercheur, sur son être présent, sur son être-dans-le-monde. En objectivant son objet, la position des sciences de la nature échoue à rendre compte de la place du chercheur dans son monde.

Binswanger : le sujet situé dans sa vie et dans ses choix

Binswanger affirme la primauté pour l'humain de se situer dans son destin comme dans ses choix. Loin d'être dominé par des puissances pulsionnelles aveugles et réduit à la seule passivité, l'homme présente une multiplicité de possibilités et de modes d'exister. Si on détruit la signifiance de l'être-homme, on méconnaît les possibilités essentielles de l'exister humain.

L'homme de Binswanger est bien cet être de rencontre (Kaïros) de l'autre, de sens et de conscience intentionnelle responsable de ses choix de vie. Il s'oppose à un être dominé par le monde dont Freud a fait le prototype dans l'*homo natura*.

L'*homo-cultura* de Binswanger est tout autant essence de la communauté que de la séparation ou de l'isolement. Il est homme libre face à ses choix existentiels. A l'opposé, l'homme freudien serait celui qui, dans son quotidien, se-laisse-pousser, se laisse aller à la «facilité» et mène une vie non autonome «suspendue et demeurée suspendue à l'instant, opaque à soi-même» (1936b). Cet homme freudien est une des possibilités de l'être, dira Binswanger, mais il n'épuise pas toutes les possibilités de l'être au monde.

Cependant, cet *homo cultura*, libre et cherchant la vérité, s'investissant dans ses choix et dans ses actes, n'est-il pas un idéal d'homme dont Binswanger, lui-même, reconnaît combien il est minoritaire ? La prise en compte des modes pluriels de l'existence humaine conduit souvent à cette aporie et verse rapidement dans le moralisme. Puisque l'homme est libre dans sa position d'existant, puisque les modes sont pluriels, comment se situer face à l'homme dont le mode se réduit au *devoir*-se-laisser-dominer-soi-même ?

On se heurte là aux impasses propres aux sciences de l'esprit qui postulent l'homme libre, apories qui gagneraient à être repensées aujourd'hui. Face à celles-ci, la position freudienne produit toujours les mêmes résistances ; par exemple, les développements des modes d'intervention actuels, prônant sans recul la réintroduction du sens dans le lien social.

Vers un sujet freudo-phénoménologique ?

Par sa méthode et son approche épistémologique, Binswanger évite les écueils d'une psychologisation idéalisant les possibilités d'autonomie des hommes. Penser le sens et laisser une place réelle à la subjectivité exige le contrepoint d'une réelle prise en compte de l'*homo cultura* avec ses déterminations politiques, sociales et économiques, à défaut de quoi toute clinique de la subjectivité verse rapidement dans une morale de l'adaptation, voire de la soumission aux modes idéologiques dominants. Elle s'oppose alors à une recherche de la vérité propre à l'homme susceptible de changement.

Les positionnements de Freud et de Binswanger mettent en évidence une triple divergence : scientifique, théorique et technique ; divergences qui séparent la technique psychanalytique des divers courants existentialistes et humanistes qui mettent la construction du sens et l'interprétation herméneutique au cœur de leurs pratiques.

1) La première divergence oppose la recherche freudienne d'explication des mécanismes inconscients à la tentative compréhensive de Binswanger pour dépasser l'opposition entre conscient et inconscient, entre sujet et monde.

L'analyse existentielle de Binswanger privilégie le sens et les événements de l'histoire, à partir du vécu de sujets. La technique consiste en une exploration phénoménologique aussi complète que possible de l'univers d'expérience subjective du patient, en particulier pour ce qui concerne l'expérience subjective de la temporalité, de la spatialité, de la causalité, de la substance, des relations avec les autres hommes, du mode dual d'existence, des modes d'inauthenticité et des refus de la vie authentique. Travail long et absorbant de synthèse des principes de la psychanalyse et de la phénoménologie (Ellenberger, 1995).

2) La seconde divergence recouvre deux théorisations du sujet qui entraînent des pratiques éloignées, ce que l'emploi du même terme tend à masquer. Le sujet de la psychanalyse doit être différencié autant de

l'individu biologique que du sujet de la compréhension, issu de la méthode herméneutique, ainsi que du sujet historicisé de Dilthey.

Le sujet de la «subjectivité» phénoménologique ne peut être autre que le sujet conscient (éventuellement préconscient) puisque responsable de ses choix de vie, voire de ses «choix de névrose». Mais alors, comment rendre compte des ratages de l'action (actes manqués, lapsus, etc.); comment prendre en compte la responsabilité des actes inconscients? Comment «donner sens à (un) acte qui contredit l'action censée le décrire» ou bien à un acte «dont la réalisation est indépendante de l'intention du sujet, même si elle coïncide avec sa volonté?» (Widlöcher, 1986, 71); c'est dans ces ruptures du sens qu'apparaît l'intérêt de la théorie psychanalytique (ce que Binswanger signale à plusieurs reprises).

3) La troisième divergence résulte des deux premières; ses conséquences interviennent dans le domaine des pratiques psychopathologiques et cliniques à travers le mode de relation établi entre patient et thérapeute, mais aussi entre sujet et chercheur.

Car la place du chercheur aussi bien que celle du thérapeute («accompagnateur», «conseil», «psychologue», «psychiatre», etc.) est indissociable des positions théoriques et scientifiques qui la sous-tendent et qui déterminent les objectifs de ce qui doit advenir durant le travail effectué.

Faute d'une prise en compte de cette place, la compréhension et l'écoute peuvent aussi bien osciller entre morale, séduction et interrogatoire.

L'analyse de ces divergences permet de situer les limites d'un certain nombre de méthodologies qualitatives se référant aux constructions phénoménologiques et qui exaltent un sujet dans son vécu ineffable, dans son incommunicabilité foncière. Le risque serait grand de rompre avec les bases même de la phénoménologie qui fait du sujet un être *dans* et *pour* le monde.

5. QUELLE PHÉNOMÉNOLOGIE POUR UNE PSYCHOLOGIE CLINIQUE DE LA SANTÉ?

Il est intéressant de remarquer que la re-découverte de la phénoménologie par les courants qualitatifs anglo-saxons permet de rassembler un certain nombre d'orientations jusqu'ici très dispersées. On peut alors s'interroger sur cet appel massif à une discipline difficile et sur les réels terrains d'entente.

En effet, les psychologues cognitivistes théoriciens de l'énaction réfutent le postulat d'une cognition basée sur la représentation d'un monde indépendant de nos capacités perceptives et cognitives (tout comme d'autres auteurs davantage classiques, *cf.* Richelle, 1987). Ils présentent la cognition comme «avènement conjoint d'un monde et d'un esprit à partir de l'histoire des diverses actions qu'accomplit un être-dans-le-monde» (Varela *et al.*, 1993, 35). Ces auteurs rejoignent ainsi tout le courant phénoménologique qui pense cette articulation à partir de la subjectivité : Heidegger, Merleau-Ponty, Binswanger, Minkowski, Schutz, May.

De même, lorsqu'ils s'intéressent à l'étude de la fragmentation du soi dans le bouddhisme, ou à l'entre-deux de Merleau-Ponty, il apparaît que ce qui oriente leur questionnement rejoint certains postulats psychanalytiques :
– la présence du refoulement et l'émergence, par là même, de l'inconscient ;
– la possible fragmentation du moi (d'où l'intérêt de l'étude des mécanismes de défense s'y opposant) ;
– le fait que l'être humain ne puisse être isolé de l'être en situation (rappelons ici que, pour Freud, toute psychologie était sociale, 1921).

Mais si ces rapprochements tels qu'ils apparaissent dans les textes des chercheurs constructivistes en sciences cognitives peuvent paraître passionnants, il n'en reste pas moins qu'il faut éviter une juxtaposition hétéroclite de causalités diverses. Malgré les rapprochements entre chercheurs de la deuxième révolution cognitive et démarches qualitatives, ces deux pôles restent encore bien distincts.

Aussi, dans la tentative de se réunir autour d'un paradigme unique pour poser les bases d'une telle confrontation, il ne reste plus qu'un seul guide pertinent : la clinique. Or, on a vu que le plus consensuel des paradigmes cliniques actuels paraît bien être celui qui s'intéresse à l'expérience du sujet malade dans la construction psychologique qui lui permet de donner sens à sa vie : c'est-à-dire le paradigme phénoménologique. Au vu des limites signalées, à quelle phénoménologie est-il pertinent de faire appel dans une psychologie clinique de la santé qui ne méconnaîtrait pas le sujet freudien ?

Phénoménologie et courants psychiatriques

Dans le champ de la maladie, en particulier chronique, la clinique psychologique démontre combien le sujet n'est pas seulement soumis au déterminisme exercé par l'inconscient, ni même à celui exercé par une conscience intentionnelle. Dans ces services hospitaliers de l'extrême, chaque jour confronte à un autre déterminisme féroce dans lequel on ne peut demander au sujet de se reconnaître (*cf.* partie II). Ce déterminisme de la maladie chronique donne au sujet le sentiment qu'une force a pris possession de lui et inscrit désormais sa vie dans ce destin-là.

Ces intrusions du réel et les manières dont les sujets font avec (autre traduction du coping qui me convient mieux : faire avec, s'en arranger, tenter de s'en défaire et le retrouver, etc.) en cherchant vainement un sens à ce destin, c'est ce que l'approche phénoménologique peut travailler. Toutefois, la compréhension phénoménale telle que décrite par les philosophes se heurte, bien souvent, à un idéalisme introspectif qui exige une modification de la méthode afin de prendre en compte une clinique qui ne se laisse pas leurrer par la seule expérience de la conscience.

C'est pourquoi un certain nombre de psychiatres, le plus souvent de formation psychanalytique, ont développé des pratiques fortement phénoménologiques, mais tenant compte des enseignements de base de la psychanalyse. C'est le cas de la position de Binswanger qui propose une analyse de l'être-dans-le-monde des individus intégrant davantage les enseignements de la clinique psychologique. Pour des développements, le lecteur peut également consulter Fédida, 1986; Fédida & Schotte, 1991; Richir, 1990.

Phénoménologie et philosophies existentielles ont eu une influence considérable dans différents secteurs. Pour celui qui nous intéresse ici, au niveau de la psychiatrie, on peut distinguer trois périodes (Jonckheere, 1989) :

– une période dans laquelle la psychiatrie a retrouvé l'humanisme. Représenté par Jaspers, Birnbaum, Rumke, ce courant se consacre principalement à la description du ressenti et se trouve quelque peu dépassé ;

– une période au cours de laquelle Husserl offre une méthode qui refuse l'introspection. Au-delà du ressenti individuel, il faut s'intéresser à la structure de l'homme dans ses rapports au monde à travers le sens des phénomènes vécus ;

– une période dans laquelle Heidegger renouvelle la question de l'être dans ses rapports avec le monde. La psychiatrie se trouve alors dotée d'une méthode (Husserl) et d'une nouvelle conception de l'homme toujours en relation avec le monde (Heidegger).

En psychiatrie, Binswanger tentera d'intégrer psychanalyse freudienne, méthode et conception de l'homme. Le processus morbide se trouve extrait d'une psychopathologie objectiviste pour être compris dans une vision plus large débordant psychologie et biologie : vision privilégiant l'existence et la structure de l'être-au-monde. L'école suisse (Binswanger, Kuhn, Boss, Ellenberger) ouvre la voie à un nouveau courant : Minkowski, Lantéri-Laura, Tatossian, Rollo May, Sullivan, De Waelhens, etc.

Phénoménologie et psychologie clinique de la santé

C'est un style phénoménologique commun (Jonkheere, 1989) qui guide ces auteurs et nous conduit à privilégier cette approche en psychologie clinique de la santé :

– primauté de la structure de l'être au monde, fondée sur des *existentiaux* qui sont les caractères constitutifs de l'être homme ;
– analyse des existentiaux : spatialité, temporalité, corporéité, être avec les autres dans un monde commun, historicité, être pour la mort ;
– refus de clivage entre être humain et son être-dans-le-monde, mode de rencontre existentiel, éthique de la liberté.

Parmi ces auteurs, Boss s'intéresse plus spécifiquement au « monde psychosomatique »; pour ce dernier, « c'est mon existence, mon originel être au monde qui me procure ma corporéité. Le corps n'est pas seulement corps vécu : il est une sphère même de l'existence » (Boss, 1979, 35).

La terminologie allemande n'est pas toujours aisée à traduire, « vécu, ressenti, éprouvé » semblent difficiles à distinguer. Toutefois, comme déjà signalé, j'ai retenu le terme « vécu » afin d'insister sur l'impossibilité de cliver transcendance et immanence, corporéité et spiritualité, physique et psychique, être humain et être-dans-le-monde.

Le vécu est un au-delà de l'éprouvé : on éprouve une émotion, un sentiment, mais on peut lui donner une quantité infinie de sens, le vivre de mille manières en fonction de son histoire, du moment et des circonstances dans lesquelles il se produit. A travers sa verbalisation en lien avec un autre, le vécu s'élabore dans une réflexivité intersubjective et se transforme pour dégager les *existentiaux*.

En Europe, du côté de cette psychiatrie dynamique classique des années 30-50, Binswanger, Jaspers, Ey ou Minkowski, puis Tatossian, incarnent ce courant insistant sur le respect primordial de la subjectivité d'autrui et sur l'importance d'étudier toutes les « possibilités humaines ». Ils seront suivis, en partie, par quelques auteurs anglo-saxons (Giorgi, 1986, 1990 ; Strauss, 1997).

L'intérêt des emprunts à la phénoménologie de ce courant de psychiatrie dynamique est d'éviter un certain nombre d'impasses inhérentes au courant philosophique. Dans ce dernier, faute d'une prise en compte des processus inconscients, la question de la maladie somatique est bien souvent référée à celle de la causalité psychique et, dès lors, les réponses se trouvent curieusement atrophiées. Tel serait également le risque d'une approche subjective de la maladie qui n'aurait pas de modèle théorique solide de l'appareil psychique. Aussi semble-t-il nécessaire de chercher par une démarche intégrative à articuler enseignements freudiens (rôle du langage dans la constitution du psychisme (donc de l'interaction et du contexte), prise en compte des formations de l'inconscient, ancrage psyché-soma (par le biais de la sexualité humaine) et expérience phénoménologique.

Une démarche en psychologie clinique de la santé sera donc orientée par ces hypothèses à l'interface du psychique et du social et au cœur de situations complexes loin de la stricte division observateur/objet, mais sans nier les effets opératoires de cette dernière. L'activité de construction du sens demeure son objet de prédilection plutôt que de présupposer une opposition fondamentale entre normal et pathologique. Loin d'être « isolement psychopathologique », cette activité est une tentative d'intégration dans un champ social par lequel le sujet est constitué et auquel il « prête constamment du sens ».

Une telle approche privilégie la parole, son écoute et le sens qui se fait jour dans ce cadre particulier. Elle réfute une norme appartenant au seul observateur et refuse la prégnance du voir dont les limites nous sont enseignées par la psychanalyse, mais aussi par la psychologie cognitive actuelle (Varela *et al.*, 1993 ; Bruner, 1990).

Elle s'ancre sur un constant va-et-vient entre théorie et pratique. L'une modifiant l'autre sans prédominance de l'une sur l'autre : sans théorie pas de pratique, mais sans pratique pas de théorie. En psychologie clinique de la santé, il serait illusoire de penser pratiquer sans aucune théorie, au moins implicite, de l'esprit humain. Mais on serait tout autant dans la méconnaissance intellectualisante en prétendant proposer des théories qui rendent compte d'une réalité concrète complexe sans confronter ces théories au terrain. La psychologie clinique de la santé ne se réfère pas aux dispositifs expérimentaux du laboratoire ; s'ancrant dans les pratiques et la psychologie concrète, elle se refuse à toute simplification du phénomène. Seule la science du terrain peut guider ses travaux à la recherche d'indices susceptibles de rendre compte d'une psychologie concrète dans sa singularité ; aussi, avant de formaliser une méthodologie et des modèles, il est nécessaire de s'arrêter sur les enseignements issus de cette confrontation aux terrains.

Deuxième partie

REPÈRES CLINIQUES ET PRATIQUES D'INTERVENTION

> ... les instruments du naturaliste, ou du scientifique de terrain, lui donnent la possibilité de rassembler des *indices* qui le guideront dans la tentative de reconstituer une situation *concrète*, d'identifier des relations, non de représenter un phénomène comme une fonction munie de ses variables indépendantes. Bien sûr, l'indice, tout comme le témoignage expérimental, ne peut être défini comme neutre, indépendant de l'intérêt de l'auteur et de ses anticipations.
>
> Stengers, 1993.

Préambule

> ... soustraire un monde d'objets physiques et de processus physiologiques à un phénomène social chargé de sens (« la naissance », « la maladie ») a conduit à une forme rationnelle mais totalement dénaturée de la pratique médicale. Pour certains autres états, comme la douleur chronique, le fait de distinguer le monde des objets physiques des états mentaux brouille la compréhension au point de rendre le phénomène presque inintelligible. La douleur chronique remet en cause un dogme essentiel de la bio-médecine — à savoir que la connaissance objective du corps humain et de la maladie est possible hors du vécu subjectif.
>
> Good, 1998.

Les présentations d'interventions qui suivent concernent une diversité de lieux d'application tout en présentant une forte unité :

– unité théorique. Elles ont fait l'objet d'une interprétation principalement phénoménologico-psychanalytique (mais également pour une part psycho-sociologique) ;

– unité méthodologique. Elles illustrent (et ont contribué à produire) la démarche clinique en psychologie de la santé exposée dans cet ouvrage ;

– unité du champ de la recherche. Celui de la prise en compte de la subjectivité dans la maladie chronique et des enjeux de son articulation avec les institutions de soins.

Ces interventions sont présentées dans un ordre éclairant les questions telles qu'elles se posent au regard de la santé et de la maladie. Leurs apports viennent étayer la démonstration de la pertinence de ce type d'approche quel que soit le niveau de l'intervention. C'est-à-dire, pour reprendre la distinction classique de la recherche, que ces apports concernent aussi bien la recherche appliquée en vue de modifier un système que la recherche fondamentale en vue de produire de nouvelles connaissances. D'une manière moins classique sont présentés ici quatre travaux scientifiques de terrain : les résultats de trois d'entre eux ont été exposés aux équipes concernées et donné lieu à des modifications en vue d'améliorer la qualité de la communication et/ou de la prise en charge et/ou du suivi des patients.

Comme ces travaux ont fait l'objet de communications et d'écrits scientifiques, le détail des conditions de recherche de chacun d'entre eux n'est pas développé; le lecteur intéressé peut se référer à la bibliographie, dont les références sont présentées au début de chaque exposé.

Le rapport subjectif à la santé et à la maladie sera en premier éclairé par des paroles recueillies lors d'un travail de prévention auprès d'étudiants. Les travaux conduits dans ce cadre permettront de montrer combien le rapport au «risque» reste du domaine de la définition médicale et se révèle relativement hétérogène par rapport aux préoccupations subjectives des sujets se «sentant en bonne santé».

Dans un second temps, et à partir de deux vignettes cliniques, l'étude de la douleur chronique, hors atteintes physiologiques, met en évidence l'écart entre la maladie du médecin et celle du patient. Celle-ci sera prise comme exemple paradigmatique du lien à la maladie en tant que construction sociale partagée. En effet, l'examen de la constitution de cet objet «douleur chronique» et de ses lieux d'accueil démontre l'interaction constante entre «maladie» du sujet, entourage et institution médicale. S'il réinterroge les liens psyché-soma, il ne se prononce en aucun cas sur les origines causales de la maladie.

L'intervention suivante s'attache à analyser le poids exercé sur les modèles de soins par l'articulation entre contraintes institutionnelles et subjectivités complexes des patients et des soignants, dans un hôpital de jour recevant des patients malades du SIDA.

Enfin, les travaux de recherche fondamentale concernant les Fécondations In Vitro permettent d'examiner comment la demande de prise en charge médicale par les patients peut ou non s'articuler avec les propositions de remédiation socio-médicales et comment les défenses subjectives se trouvent alors mobilisées voire parasitées par leur articulation avec le social. Ces biotechnologies aident à mieux comprendre la contribution intime du psychisme du sujet à la construction de l'espace social.

Chapitre 5
Promouvoir la santé

1. L'INTERVENTION ET SON CONTEXTE

Il sera fait ici état d'une partie de la recherche de terrain conduite dans un Service Universitaire de Promotion de la Santé. Travailler dans ce contexte expose quotidiennement le praticien à la complexité des liens qui unissent «santé», à promouvoir et à sauvegarder, et «maladie» à éviter ou à soigner (Santiago-Fauvin, 1990). L'équipe de la Médecine Préventive Universitaire est composée d'un médecin, d'une infirmière et d'un psychologue. Elle a pour mission d'assurer la visite médicale préventive obligatoire des étudiants ainsi que des visites à leur demande. En outre, elle doit effectuer des campagnes de promotion de la santé, de communication et d'information à destination des étudiants.

Différentes campagnes conduites concernant l'«alimentation», le «tabac», le «sport», le «sommeil», etc., ont mis en évidence l'écart important entre information reçue, information retenue et information intégrée dans les conduites quotidiennes. La phrase revenant le plus souvent étant «je sais (que le tabac est nocif, qu'il faut manger équilibré, etc.), mais je ne peux changer, j'essaye mais...». Devant ces propos, l'équipe constate le manque d'efficacité des différentes campagnes de promotion de la santé et cela malgré les budgets consacrés, l'énergie déployée et... la bonne volonté des «sujets prévenus». La nécessité de réaliser de nouvelles campagnes de promotion de la santé concernant le Sida ont rendu urgent un travail qualitatif concernant les différents aspects de ce décalage entre savoirs et vécus. C'est dans ce contexte qu'il a fallu mettre en place des recherches permettant de comprendre cet écart en vue d'améliorer la qualité de la promotion de la santé.

Alors que plusieurs campagnes ont fait l'objet d'une grande diffusion médiatique et que les jeunes (femmes et hommes) rencontrés en entretien médical et/ou psychologique ont majoritairement intégré les informations de ces campagnes concernant le préservatif, ils n'en font usage qu'épisodiquement. Ils se trouvent même toutes les excuses du monde pour l'éviter. Le clivage entre savoirs « conscientisés, logiques et raisonnables » et le comportement en situation affective concrète est patent.

Force a été de constater que, contrairement à ce qu'affirme le modèle de l'évaluation cognitive, la modification des conduites complexes et impliquant l'affectivité exige davantage que la seule connaissance de l'information et son évaluation rationnelle (Santiago-Delefosse, 2001b).

Seule une recherche qualitative met en évidence les facteurs en jeu qui empêchent de passer de la connaissance de l'information aux modifications des conduites. Aussi, un travail d'entretiens semi-directifs a été mis en place auprès de 50 étudiants, tous informés de la recherche et consentants, âgés de 18 à 25 ans, répartis en 35 femmes et 15 hommes.

C'est ce travail qui a permis le recueil des propos rapportés ici. Les entretiens semi-directifs ont été centrés sur la connaissance de la maladie (SIDA), sur leur vécu des campagnes de promotion, sur leur propre rapport existentiel à la relation amoureuse, au couple, aux relations sexuelles et aux méthodes contraceptives. En outre, il leur a été demandé ce qui serait à leurs yeux une « campagne de promotion de la santé adaptée » et qui les aurait intéressé ainsi que leurs amis. De même, il leur a été demandé s'ils seraient prêts à participer à des groupes afin de préparer une telle campagne. Les entretiens ont duré en moyenne 3/4 d'heure.

Ces entretiens ont fait l'objet d'une analyse de contenu à trois niveaux :
– le premier niveau relevait de l'évaluation des connaissances objectives et conscientes de la maladie, des modes de transmission et des moyens de prévention ;
– le deuxième niveau s'intéressait au vécu existentiel de ces jeunes face aux discours issus des médias et de la médecine préventive ;
– le troisième niveau tentait de rendre compte de l'écart entre le niveau de connaissances objectives (niveau 1) et les conduites en situation vécues et rapportées (niveau 2). Ce troisième niveau a permis d'émettre un certain nombre d'hypothèses psychanalytiques quant aux mécanismes défensifs sollicités.

2. RÉSULTATS ISSUS DU TRAVAIL DE TERRAIN

Connaissances objectives, risques perçus et vécu existentiel

D'une manière générale, les étudiants rejettent les diverses campagnes de prévention qui leur ont été adressées. Ils estiment être l'objet d'une amplification médiatique abusive, et pensent que leur liberté sexuelle se trouve mise en question par des « gens qui en avaient bien profité ».

> Marie, Lettres modernes :
> « je sais, on sait tous comment on l'attrape ! le sang, la sexualité. D'ailleurs ma mère est tout le temps inquiète. Elle, elle ne comprend pas toujours, elle me dit de faire attention à ne pas toucher les barres de métro ».
> Comme l'interviewer l'interroge, elle précise : « ben oui, elle pense que si quelqu'un a une blessure et qu'il a le Sida, s'il met sa main sur une barre et que j'arrive et que j'ai une plaie sur la main, je peux l'attraper... en fait elle est tout le temps inquiète ».
> Plus loin, elle ajoutera : « c'est pas juste, on nous dit ceci ou cela, mais c'est pas juste parce qu'il y a pas si longtemps, on pouvait faire ce qu'on voulait... Moi je pense qu'on exagère beaucoup pour faire peur ».

Par ailleurs, si les modes de prévention, essentiellement le préservatif et l'abstinence, leur sont relativement bien connus et s'ils y adhèrent dans un premier temps, leur conduite réelle face à une situation de rencontre se conclut bien différemment. Les explications qu'ils donnent de ce passage à l'acte lors d'une rencontre restent relativement floues. Bien souvent, ils ne se l'expliquent pas, d'autres fois, les jeunes femmes remarquent qu'il est difficile de passer « des intentions aux actes » lorsqu'on est dans la relation amoureuse, notamment lors d'une première rencontre...

Elevés avec une idéologie de la « libération sexuelle », dont d'ailleurs ils sont loin d'abuser, ils se voient proposer un modèle de fidélité monogamique et de recours au préservatif qui dépasse le seul raisonnement rationnel. Soit parce qu'ils adhèrent à un discours « libératoire », soit, au contraire, parce qu'ils sont bien loin de cette représentation et davantage proches du conte de fées pour ce qui concerne leur propre vie affective !

Leurs propos mettent en évidence le choc de plusieurs discours contradictoires qui s'annulent mutuellement. L'un sexologique et informatif portant sur la chair dépouillée d'investissement affectif, l'autre moralisateur, prônant des valeurs morales qui semblent révolues, même aux yeux des adeptes du grand amour (plus souvent les jeunes filles, mais pas exclusivement).

> Jean, Département d'Etudes théâtrales :
> « oui, bon on commence à savoir, alors il y en a marre. Il faut qu'on nous parle d'autre

chose, qu'on nous laisse vivre, vous vous en avez profité. Nous on nous casse la tête avec, avec... »
En fait, Jean connaît de nombreux amis qui ont été touchés par la maladie et se montre très en colère contre le système et les campagnes : « ne passera pas par moi ! qui a trouvé ce truc ! Nous en théâtre on est... est très touchés, et tout ce qui est dit l'est dit par des adultes, qui pig... comprennent rien ».

Dès lors, la dissonance produite par deux discours présentés par des figures investies d'une égale autorité permet de ne pas prendre parti et de ne croire ni l'une, ni l'autre, en attendant qu'elles se mettent d'accord.

La contradiction entre ces discours semble être vécue de manière exacerbée chez bien des jeunes à la recherche d'une unité et d'un idéal qui leur fait parfois défaut. La proposition « sanitaire » d'un préservatif est rejetée comme ne pouvant être intégrée à un être-dans-le-monde en relation avec un partenaire aimé. Comment mettre à distance quelqu'un à qui l'on se donne par amour (et non par « bestialité »)? Au fur et à mesure de l'installation d'une relation de confiance dans l'entretien, ces jeunes ont fait part de leur incertitude face à une relation amoureuse, comment comprendre qu'on puisse aimer quelqu'un et ne pas le désirer? Comment dire non? etc.

Marc, Département de Linguistique :
« Oh vous ne pouvez pas comprendre, de toutes façons vous êtes trop vieux ».
L'interviewer avait 5/6 ans de plus que Marc. A sa demande, Marc précise : « oui trop vieux, parce que de votre temps vous aviez pas de questions à vous poser »... « les campagnes, oh elles sont faites par des vieux pour eux, plus que pour nous... et surtout sur le sexe et l'amour alors, à notre âge? Pourquoi on nous parle toujours de sexe?... Oui, sinon l'absten... l'abstinence, tu parles d'un choix ! ».

Les campagnes de prévention leur semblent lointaines, mal conçues, et « faites par des adultes » pour des « adultes » (certains préféraient dire des « vieux »). Il faut les modifier et que ce soient des jeunes avec les mêmes préoccupations qui les fassent. D'ailleurs, eux-mêmes n'ont souvent jamais rencontré de malades et ils pensent ne pas être réellement concernés à leur âge. De tels propos viennent mettre à distance le risque et permettent d'atténuer l'inquiétude qui apparaît pourtant dans les demandes de détails informatifs : précisions sur la maladie, vérification des modes de transmission, connaissance des malades, questions sur les enfants atteints, sur la transmission maternelle, etc.

Ce type de résistance aux campagnes de prévention pour un certain nombre de jeunes met en évidence la conjonction de deux facteurs qui contribuent à exacerber l'angoisse existentielle face à l'être-pour-la-mort :

— des discours adultes peu crédibles aux yeux de jeunes découvrant la vie, la sexualité, le corps et la jouissance, dans lesquels l'ambivalence du désir et l'affect sont oubliés et, à l'opposé, des discours moralisateurs, prônant des valeurs dépassées ;

— un mode de protection anxiogène, opposé aux discours, car redoublant la question du désir dans le sexuel : le préservatif.

> Valérie, Département de Communication :
> «En fait c'est difficile, on n'en parle pas tant que ça entre nous. Je crois qu'on sait comment on l'attrape, mais de là à appliquer!...»
> «C'est difficile parce que c'est se méfier de l'autre, comme ça, alors qu'on veut, qu'on peut pas lui dire, moi si lui le propose pas, je ne dirai rien.... (silence) c'est aussi un peu dire qu'on est n'importe qui».
> Valérie s'investira beaucoup dans la réalisation d'une affiche pour la Médecine Préventive. Elle dira aussi hors entretien qu'il lui est arrivé d'avoir des rapports sexuels sans préservatif et qu'ensuite elle en a ressenti une vive culpabilité, mais si la même situation se présentait «je ne pourrai toujours pas l'imposer s'il veut pas ! je le sais».

D'un point de vue phénoménologique, le préservatif semble comporter une double face, d'où l'ambivalence qu'il produit souvent. D'une part, il protège du virus, mais, d'autre part, il ne permet aucune défense contre les inquiétudes existentielles face à la manière de le présenter, à ce qu'il introduit comme modification du rapport à l'autre, etc. Il rappelle l'inquiétante étrangeté de l'autre, mais aussi de soi-même (peut-être déjà contaminé), il ravive cette incertitude fondamentale de ne pas être au centre de soi, d'être autre en soi-même. Il dévoile la liaison entre sexualité et violence.

> François, Département d'Anglais :
> «le préservatif c'est pas évident, vous (la Médecine Préventive) en distribuez dans le Hall, comme si c'était des bonbons. Bon, il faut montrer, mais, moi je suis contre, si on s'aime, on se connaît, on prend du temps. De toutes façons je pourrais pas, je, je, je perdrai mes... moyens. Bon je sais pas, mais...».

En tant que contraceptif, il ne permet pas de distance entre acte sexuel et protection (ce que fait la pilule). Au contraire, il souligne, au moment crucial, le lien entre la possibilité de procréer, de jouir et de donner la mort.

Une majorité de ces jeunes cherchent à ignorer les notions de risque ou d'hygiène préventive dans la sexualité, elles leurs semblent contradictoires avec leur vécu. Certains soulignent leur perte de moyens lors de la pose de celui-ci, remarquant alors que le préservatif ravale l'acte sexuel à la «chair qui pend». D'autres n'ont pas eu de relations sexuelles, mais remarquent : «de toutes façons ce ne sera pas n'importe qui... peut-être qu'il saura, on verra»...

Discours préventif et mécanismes défensifs

L'urgence de l'action préventive, l'angoisse, partagée par tous les acteurs du champ de la prévention ayant côtoyé le réel de la maladie, a conduit les promoteurs de ces campagnes à se centrer sur la transmission de l'information, oubliant que celle-ci est reçue par un sujet qui va se l'approprier en fonction de son vécu et de son histoire.

Lorsqu'on écoute ces jeunes, que disent-ils? Que ces campagnes représentent un retour des impensés de la libération sexuelle et, de ce fait, ne les concernent pas. Que demande-t-on aux jeunes lorsqu'on leur dit de prendre conscience du risque? Soit d'adhérer à une vision du risque au sens médical et statistique, vision inassimilable lorsqu'on se sent en bonne santé. Soit d'être conscients de la liaison entre amour et mort. N'est-ce pas une injonction paradoxale méconnaissant le sujet tant d'un côté que de l'autre? Alors que «dans l'inconscient, chacun de nous est persuadé de son immortalité» (Freud, 1915), comment maîtriser le risque de maladie et de mort par une volonté consciente?

En tant que tel, ce type de discours ne peut aboutir qu'à favoriser une montée d'angoisse chez le sujet, puisqu'il ne prend en compte ni son mode existentiel d'être-dans-le-monde, ni sa constitution psychique de sujet traversé par le désir, ni l'ambivalence et l'incompréhension face à ses propres actes.

Pascal, Département de Cinéma :
«Quand on veut quelqu'un on veut... alors tout le reste on sait plus sur le moment, après... des fois... ça craint, mais après, de toutes façons on peut pas contrôler des choses comme ça... la seule chose c'est peut-être quand on le connaît c'est plus sûr, mais c'est tout».

Marie, Département de Lettres modernes :
«je me vois mal proposer moi-même, parce qu'il va penser que je vais avec tout le monde... après, je ne veux pas y penser».

Certains discours sociaux et préventifs font appel à l'angoisse de mort pour faire admettre la nécessité de se préserver; d'autres font appel à la culpabilité pour inciter à l'abstinence ou à la protection d'autrui via le préservatif, mais tous méconnaissent le fait, qu'en l'état, ils ne sont pas acceptables par le sujet.

La culpabilisation, souvent présente dans les propos, provoque une adhésion de surface : les jeunes pensent «qu'il faut se protéger et protéger l'autre», mais... en situation, quand ils n'ont pas réussi à établir une concordance entre propos et actes, ils se trouvent d'autant plus culpabilisés. L'individu conscient et rationnel approuve une partie des discours préventifs; le sujet inconscient avec sa logique affective met en acte ses désirs.

Dès lors, entre discours préventifs et passages à l'acte personnels, les risques de surgissement de l'angoisse et de la culpabilité se décuplent, fortifiant la mise en place de mécanismes défensifs contre ces discours : évitement des informations, oubli ou refus de celles-ci, etc.

Cette culpabilisation dans les discours, outre qu'elle joue sur l'angoisse, se soutient de l'altruisme et de la méfiance de l'autre, mécanismes de défense projectifs. Or, la méfiance de l'autre incite à la protection du contact intime, du sexuel «empoisonnant». Alors que l'altruisme permet de libérer activité et agressivité tout en prenant part aux satisfactions pulsionnelles interdites (Freud, 1937).

Longtemps, un certain type de discours préventif a soulevé non seulement angoisse et culpabilité mais, de plus, a proposé des modes de faire face sous-tendus par une incitation à la fusion avec l'autre ou par une séparation radicale comme danger pour soi. Mécanismes défensifs qui ne facilitent aucunement la responsabilisation attendue des sujets. Car soit on s'identifie à l'autre et on l'aime : «on le connaît», «on sait qui il est», «il est comme moi», soit c'est un étranger et on le rejette sans chercher à le protéger...

Pascal, Département de Cinéma :
«Le risque? mais on risque toujours dans la vie sinon on vit pas. C'est quoi ça, de la morale? Quand on fait l'amour on est avec ou on n'est pas. Je supporte pas ces discours de c... C'est ça la psycho?»

Ces entretiens avec les étudiants indiquent l'absence de cohérence des discours préventifs et montrent combien santé et maladie constituent des états hétérogènes, s'excluant dans la pensée et difficilement intégrables. L'idée de risque, impliquant une intrusion de la maladie dans l'état de santé, semble unanimement refusée. La maîtrise du corps qu'elle sous-tend ne fait pas partie du monde existentiel du sujet. Le seul savoir informatif et conscient ne peut influer sur des comportements sexuels qui sont à l'interface entre acte psychique social et acte psychique narcissique.

Comme le remarquent les jeunes, le discours préventif, repris par les médias sous forme d'une logique communicative émetteur-récepteur, ne prend en compte la «boîte-noire» du récepteur que lorsque celui-ci semble devenu transgressif et opposant, car il n'a même pas la décence d'être devenu sourd puisqu'il a entendu l'information et qu'il transgresse quand même. Ces discours informatifs, permissifs ou interdicteurs doivent d'autant plus être analysés qu'ils sont repris par les sujets, intégrés dans leur propres mécanismes de défense contre l'angoisse. Ainsi, les mécanismes de défense du moi ne se fondent pas uniquement sur des processus intrapsychiques liés aux conflits infantiles, mais se servent également des données intersubjectives qu'ils transforment pour construire de nouvelles défenses.

Certains étudiants vont se contenter d'insister sur l'incohérence d'apparence entre les deux discours pour dénier tout risque (ou même l'existence) de la maladie. Cette incohérence alimente leur méfiance et peut aller jusqu'à un discours paranoïaque.

> Karim, Marc, Pablo, Aurélie, Isabelle :
> Ils font partie d'un groupe d'étudiants très politisé et ont accepté d'avoir une information sur la promotion de la santé dans l'Université et sur la recherche en cours. Ils se montrent intéressés mais agressifs.
> «Oui et qui te dit que la maladie est pas inventée pour ne pas s'occuper du tiers monde...?»
> «C'est bizarre parce que toutes ces histoires sur l'Afrique, en fait je suis persuadé qu'elle a été introduite en Afrique pour exterminer les Africains et qu'elle ne touche pas les Blancs...»
> «De toutes façons ça doit pas détourner de la lutte politique qui est la seule action, et ça nous concerne pas. Tout ça ce sont des bla-bla...»

Pour d'autres, on assiste à une montée d'une culpabilité de type névrotique en liaison avec la vie sexuelle, qui n'est pas sans rappeler celle des patients de Freud au début du siècle. Le nouveau symptôme sera : la crainte du Sida. La confrontation de l'adolescent avec la sexualité laisse place à une crainte irraisonnée, transformant le discours interdicteur en alibi. Le danger de cette névrotisation de la crainte étant le passage à l'acte : par exemple, un jeune étudiant, Robert, arrive à l'entretien affolé en lançant une carte de groupe sanguin et déclarant «je suis séropositif», en fait il fait partie du groupe sanguin O+. Rongé par la crainte de la maladie, il n'en est pas moins passé à l'acte peu de temps auparavant avec une jeune femme inconnue.

> Robert, Département d'Espagnol :
> «Voilà, rien à dire, voilà... je savais, je savais, et puis au dernier moment, je, je, j'ai couché avec elle, et sans rien... Oui, je sais que le préservatif c'est, c'est efficace... Mais je sais pas ce qui m'a pris...»
> Encouragé à raconter son histoire, il dira : «depuis qu'on en parle ça m'obsède, je savais que j'allais l'attraper (on lui a déjà précisé que le groupe sanguin et la séropositivité n'ont rien à voir). Puis, je l'ai rencontrée et je la connais pas, je sais même pas où elle habite, et j'ai, j'ai pas pu faire autrement».
> A sa demande, Robert sera suivi en psychothérapie à la suite de cet entretien.

Pour d'autres, s'appuyant toujours sur les discours préventifs, SIDA et sexualité se trouveront clivés et, malgré une absence de rapports sexuels, incrimineront mille petites choses pour se penser contaminés, même si consciemment ils connaissent les modes de transmission. Ils mettront alors en place des conduites obsessionnelles avec rituels, voire des phénomènes de conversion (diarrhées, troubles sensitifs, etc.).

> Martine, Département de Psychologie :
> elle ne fait pas partie des étudiants rencontrés en entretien de recherche. Elle consulte spontanément car depuis que les campagnes de promotion ont commencé à la télévision, elle se voit contrainte de se laver les mains et le corps de plus en plus fréquemment.
> « Je sais que ce n'est pas la peine, qu'on l'attrape pas comme ça, mais je n'y peux rien... Au début personne ne le voyait, mais maintenant c'est toutes les cinq minutes que j'ai l'impression de... saleté et que je vais attraper la maladie... Il faut, il faut que je me lave... Au début, c'était les mains, maintenant c'est le corps et le sexe... Je, je viens vous voir parce que j'ai peur, je, je, je crois... »

Ainsi, les discours préventifs des deux types sont bien repris, mais pas intégrés à la notion de risque et de prévention face à une maladie ; au contraire, ils perturbent les processus d'équilibration de « l'état » de santé pour venir fortifier les mécanismes de défense en fonction de la structure du sujet.

Impossibles à assimiler par le sujet, ils en soulèvent d'autant plus d'angoisse et activent en retour des défenses de plus en plus archaïques dans les cas extrêmes. Ce sont ces dernières qui, d'une certaine façon, intègrent une part des discours, mais en les déformant et en les coupant de l'action qui les rendrait objectivement efficaces.

Ainsi se constitue un clivage au sein du moi, isolant informations, préceptes logiques et mécanismes défensifs, niant le danger, projetant sur les autres « étrangers » toute la peur ; ensemble de mécanismes défensifs se mettant au service d'une protection contre l'angoisse, mais n'entraînant aucune modification efficace des conduites.

Hétérogénéité subjective entre santé et maladie

Au point de vue des enseignements plus généraux issus de ces propos, on peut remarquer qu'ils indiquent combien le message peut être perçu et intégré sans produire l'effet attendu sur les conduites subjectives. Ces propos montrent que la perception d'un message « stressant » ne suffit pas à modifier la conduite, ni même à anticiper le risque.

Ils semblent indiquer qu'un message concernant un risque de perte de santé (voire de sa vie), alors que les sujets se trouvent existentiellement en bonne santé (ou du moins pas menacés dans l'existence), arrive comme un corps étranger hétérogène. Alors que suivant la théorie de l'évaluation, la prévision devrait permettre le contrôle et donc atténuer l'angoisse, le message semble, au contraire, aviver un certain type d'angoisses et mobiliser les mécanismes défensifs sans toutefois les rendre protecteurs (au point de vue du risque médical).

Cette observation est compatible avec les hypothèses de la psychologie clinique de la santé concernant l'hétérogénéité entre l'état vécu de santé et l'état vécu de maladie. Au point de vue subjectif, l'un doit forcément exclure l'autre. Les deux mondes ne peuvent coexister pour un sujet sans entraîner un brouillage de l'organisation mentale, spatiale et temporelle de l'être-dans-le-monde. La réaction de rejet de tout discours provoquant un tant soi peu ce brouillage semble à hauteur des angoisses que suscite la confusion entre santé et maladie, entretenue par l'épée de Damoclès du discours préventif : « tout bien portant est un malade qui s'ignore » !

Il existe justement des cas où le type de maladie provoque ce brouillage, dont l'exemple même est la séroconversion sidéenne : le sujet se sent toujours en bonne santé, et on lui annonce qu'il est séropositif, qu'il va voir sa santé se dégrader, etc.

D'autres cas de brouillages du même type sont observables lorsque lors d'une visite médicale banale, il est découvert la présence d'une maladie grave qui évolue à bas bruit, etc.

Ces annonces effractives qui perturbent, voire détruisent le monde d'un sujet, indiquent non pas le poids d'un stress non perçu, mais le bouleversement d'un monde construit sur un certain ordonnancement, par rapport aux autres, mais aussi par rapport à la maladie. Car le sujet construit des explications sur les manières de débuter une maladie, sur les raisons pour lesquelles on est malade, sur les signes qui marquent le fait qu'on est malade et sur les modes de conduite que l'on tient lorsqu'on est malade. Si cette construction n'est pas suivie par « la réalité », si la maladie bouleverse brusquement un ordonnancement du monde, la construction de ce nouveau monde va exiger un temps d'ajustement. Cette représentation ordonnée du sujet dans la maladie (complètement subjective et parfois très étonnante) s'oppose fondamentalement à celle du sujet dans la santé.

La rupture de sens, l'effraction du réel intervient lorsque cet ordonnancement se trouve mis en doute. Le discours du « risque » est un des modes de cette mise en doute qui oblige le sujet à s'arrêter sur son vécu de la santé avec pour conséquence de provoquer chez certains une recherche continuelle de signes.

On peut comprendre que les réactions défensives mises en évidence chez les étudiants face à la volonté du monde médical ont comme intérêt de démontrer combien les défenses du moi réagissent en interaction. D'une certaine façon, elles constituent un discours répondant à celui du social. Ce faisant, les deux discours co-construisent la réalité sociale de la promotion de la santé.

L'analyse des défenses mises en œuvre par les étudiants permet de dévoiler les impensés des discours sociaux préventifs. La santé, comme sa promotion, relèvent des constructions sociales interactives instables, puisque réactives aux discours qui peuvent les perturber. De plus, les défenses du moi ne sauraient plus être seulement analysées comme intrinsèques à l'individu conçu comme une bulle fermée réagissant avec ses seuls antécédents (bio-psycho-sociaux), mais comme un système composé d'un certain nombre d'éléments venus du social et transformés de manière singulière par le système.

Chapitre 6
Comprendre la construction psycho-sociale du rôle de malade

La douleur physique chronique, traitée actuellement dans les Centres de la Douleur, apparaît non seulement comme un symptôme physiologique mais aussi comme un construit social ayant une histoire et un certain nombre d'antécédents qui ont permis cette construction (Santiago-Delefosse, 1996, 1997a, 1999b).

Jusqu'au Siècle des Lumières, la douleur était considérée comme émanant d'une volonté divine. Avec l'apparition d'une pensée humaniste et positiviste, médecins et philosophes sont conduits à s'interroger sur le sens que pourrait prendre la douleur. Ainsi va-t-on progressivement différencier les douleurs inhérentes aux effractions accidentelles et aux maladies organiques des douleurs qui semblent n'être signe d'aucune atteinte reconnue par le médical (Rey 1993). Ces douleurs «qui ne font pas signe» au médecin et qui ne lui dévoilent aucune maladie vont devenir peu à peu une «étrangeté» à refuser. Ce mode de pensée sera formalisé par Leriche dès 1937.

La période entre les deux «grandes» guerres est propice aux débats qui opposeront le courant doloriste, pour lequel la douleur constitue un trait identitaire «positif» et les tenants d'une éradication des douleurs «insensées», pour lesquels la douleur devient également un trait identitaire mais «négatif».

Le tournant hygiéno-pédagogique des années 30 va initialiser le mode actuel de traitement de bien des «maux-humains», qui accèdent ainsi au statut de «maladies» devant être prévenues et soignées.

En quête d'applications concrètes, Bonica fonde en 1961 à Seatle la première Clinique de la Douleur. En 1967, au St Christopher Hospice de Londres, Saunders se propose une étude de la souffrance du malade dans sa totalité.

Les médecines et théories du soin de l'époque sont marquées par ce point de vue holistique dont les idéaux actuels d'un droit au bonheur et à la santé ne sont que la déclinaison. L'aboutissement de ces revendications se retrouve dans le fait de considérer qu'un préjudice personnel physiologique doit ouvrir le droit à une réparation sociale.

La construction sociale de la maladie

Aussi, ce bref rappel historique ne saurait masquer combien l'approche médicale de la douleur à travers le temps se trouve soumise aux idéaux culturels et sociaux : les traitements analgésiques ont dû attendre leur approbation sociale et/ou religieuse ; les classifications des douleurs acceptables ou inacceptables varient avec les époques, etc. (Peter 1988, 1993). Actuellement, les médias, révélateurs de l'imaginaire social, participent à des flambées de revendications et sollicitent les pouvoirs publics pour lutter contre ce fléau ; ces derniers affirment, à leur tour, la nécessité de mieux prendre en charge les douleurs et leur volonté de soutenir les Centres et Services spécialisés de la douleur.

Suivant les époques, la demande de traitement de la douleur se modifie et ces variations culturelles ne sont pas sans influer sur la signification et l'expression de la douleur pour les patients. La demande contemporaine se focalise sur une excision pure, simple et rapide des douleurs humaines, méconnaissant le sens qu'elles peuvent prendre pour le sujet ou, au mieux, ramenant ce sens à une problématique masochiste simplifiée (dans un dévoiement des enseignements psychanalytiques).

Fort médiatisée, cette demande d'excision n'est pas sans lien avec la pression de la recherche pharmaceutique qui incite également les médecins (en particulier les généralistes) à prescrire. Dès lors, cet entretien de la demande favorise une globalisation de tout type de douleurs, celles inhérentes aux atteintes somatiques graves (et que l'on peut atténuer par les opiacés), dont on peut soutenir l'intérêt de soulagement rapide, et celles chroniques et de cause inconnue pour lesquelles on attend la même efficacité médicale, alors qu'il faudrait prendre plus de temps pour l'écoute. Ainsi participe-t-on à un réification de «la» douleur dont on peut se demander si elle ne vient pas s'opposer à une prise en compte des dimensions humaines «des» douleurs en tant que «plainte(s) adressée(s)» s'incluant dans un réseau d'échanges et de représentations.

Qu'il soit clair ici que le propos ne soutient nullement un refus de soulagement de la souffrance des patients; de même, il ne cherche pas à accabler la médecine et sa logique, qu'il faut d'ailleurs toujours différencier des médecins en tant qu'être humains inclus dans le système. Il s'agit bien plus de montrer :
– comment la prise en compte des aspects culturels et sociaux et l'étude de l'intrication de l'expression des douleurs et réseau d'échanges interpersonnels s'effacent devant l'exigence d'éradiquer le mal de manière rapide et parfois au détriment du patient;
– comment la scission entre recherche des laboratoires et applications entraîne une surenchère qui n'est pas toujours favorable à l'expression du sujet;
– comment l'appel à la pluridisciplinarité des équipes exige des conditions (des moyens et du temps) et ne se réduit pas au seul ajout de spécialistes dans un même lieu.

Si l'on suit l'historique de la prise en charge de la douleur, on voit que, pour prendre en compte la douleur, la logique médicale va exiger d'abord de la reconnaître comme maladie, puis, dès lors que cette étrange maladie n'est pas le signe d'une pathologie, d'en ignorer l'éventuel sens. La douleur est alors considérée comme trompeuse. Elle trahit le médecin et ne lui permet plus de s'orienter, aussi est-elle répudiée et rejetée (Besson 1992; Leriche 1937, 1945).

La douleur chronique hors atteinte organique perd ainsi toute possibilité d'être envisagée comme un phénomène qui questionnerait le patient et parlerait malgré lui. Non pas en livrant une signification directe, mais en indiquant un lieu de division subjective, voire une place dans son milieu grâce à cette douleur.

C'est dans ce contexte de résurgence d'une idéologie scientifique teintée d'humanisme et d'une idéologie comptable, issue des années 1980, et qui insiste sur le coût économique de la douleur chronique, que se multiplient les Centres de la douleur. Pourtant, nombre d'études anglo-saxonnes mettent en évidence que dans ce type de pathologie, le suivi psychologique (effectué par une psychologue ou un psychiatre) est bien moins coûteux et plus efficace que le suivi médicamenteux (pour détail sur ces études, cf. Santiago-Delefosse, 2001b). Bien heureusement, cette idéologie anti-douloureuse, traitée par antalgiques et anti-dépresseurs, est loin d'être suivie par les praticiens des Centres. Sans nier l'intérêt de ces médicaments, il faut savoir mesure garder et s'interroger sur la forte consommation des français par rapport aux autres pays Européens (Annuaire des statistiques sanitaires et sociales, 1999; Kervasdoué, 2000). Confrontés à la complexité de la douleur et de la parole humaine, les praticiens de ces Centres se démarquent souvent d'une prise de position éradicatrice et positiviste. Les équipes savent bien combien les douleurs peuvent (parfois) être des modes d'expression à sauvegarder, au moins partiellement.

Néanmoins, l'étude de la bibliographie médicale révèle combien cette ré-interprétation moderne de la douleur est lourde de conséquences (Boureau 1991; Melack & Wall, 1989).

Celles-ci sont de trois ordres :

– d'une part, on assiste à l'accentuation d'une clinique polymorphe présentant des phénomènes particuliers (certains déjà relevés par Leriche, d'autres plus récents) que les théories médicales actuelles ne peuvent expliquer de manière satisfaisante (déplacements, douleurs «fantômes», récidives sur des membres désafférentés, etc.);

– d'autre part, l'approche holistique introduit la parole du sujet au sein du traitement de la douleur (donc le psychique et le social); mais celui-ci restant trop subjectif (manque de précision, manque de comparabilité entre les descriptions de deux individus, etc.) conduit les médecins à construire des questionnaires «standardisant» ces paroles trop subjectives afin de travailler à une généralisation scientifique;

– enfin, la douleur, devenue maladie en tant que telle, se détache peu à peu de la plainte qu'elle comporte, cette dernière se trouvant progressivement exclue de la prise en compte de la médecine physique; dès lors, les psychologues et les psychiatres sont appelés à la rescousse.

1. LA STANDARDISATION DE L'«ÉTAT DE MALADE»

Histoire de monsieur Positif (cas reconstruit à l'aide des étudiants de maîtrise de l'Université de Nantes 1994-1995)

Monsieur Positif, provincial, la cinquantaine passée, consulte pour des douleurs faciales récidivantes. La première manifestation douloureuse date de la fin des années soixante-dix et est apparue dans les deux ans qui ont suivi une extraction dentaire. Le médecin généraliste d'alors diagnostiquera après examen une luxation du mandibule inférieur, indiquant une remise en place et une rééducation. Recommandations que Monsieur Positif s'empresse de suivre.

Un an après apparaissent de nouvelles douleurs, accompagnées cette fois-ci d'une baisse de sensibilité au niveau de l'avant-bras et de la main droite. Monsieur Positif ne peut plus saisir des objets et ses doigts sont rétractés en forme de «griffe». Après avoir rencontré divers médecins, il décide alors de consulter un spécialiste parisien. Ce neurologue envisage la possibilité d'une compression au niveau de la première côte, aussi propose-t-il l'ablation de celle-ci. Monsieur Positif accepte sans broncher les indications et le voici opéré environ quatre ans après la première intervention sur la mâchoire.

Malheureusement, l'intervention se révèle un échec puisque persistera une atteinte du nerf phrénique innervant le diaphragme entraînant une ascension de la coupole diaphragmatique et une amputation de la moitié de la capacité pulmonaire. Un des poumons n'est plus fonctionnel définitivement. Les douleurs de l'avant bras et de la main droite ont quant à elles disparu, ce dont se félicite Monsieur Positif.

Deux ans après surviennent de nouvelles douleurs, cervicales cette fois-ci. Une nouvelle consultation à Paris et examens divers mettent en évidence une malformation du corps vertébral au niveau d'une cervicale. Une nouvelle opération chirurgicale donc, avec amélioration et reprise des activités.

Mais trois à quatre ans après apparaissent de nouvelles douleurs de l'hémiface droit; l'habituelle consultation à Paris recommande une thermocoagulation du trijumeau. Mais Monsieur Positif, chose nouvelle, se montre négatif et refuse.

De retour en province, il consulte divers médecins et on lui propose un bilan de la douleur dans un Centre approprié. Diverses thérapeutiques sont alors mises en œuvre; sans qu'il soit besoin de les détailler, retenons que celles-ci ne donnent que des résultats très moyens et que l'état général du patient se dégrade très rapidement en quelques mois.

Il est hospitalisé et mis sous anti-dépresseur, mais les douleurs sont toujours présentes, «sourdes, persistantes», qui le rendent «comme ivre».

Se retrouvant invalide, il perd son travail.

Après une période d'environ deux ans, Monsieur Positif continue à fréquenter le service hospitalier, il se présente comme handicapé, dans l'impossibilité de «mener une vie normale», ne pouvant pas lire ou penser à autre chose qu'à sa douleur.

Cette dernière demeure la seule compagne qui lui reste et il semble impossible de la lui arracher malgré une médication à base de dérivés de morphine.

Interrogé sur son désir et ses attentes, il confirmera son espoir dans les tentatives du neurochirurgien qui le suit, ce dernier «finira bien par trouver LA solution», dit-il en insistant sur le «la».

Interrogé sur la possibilité de rencontrer un psychologue pour parler de ses douleurs, Monsieur Positif se montre fort opposé à toute démarche. C'est qu'il s'est déjà rendu à une consultation avec un psychiatre : «cela ne sert à rien, car ces gens-là ne questionnent que sur des choses qui n'ont rien à voir avec la douleur». Comme on essaye de lui faire expliciter, il finira par dire de manière véhémente «les choses de la vie, même l'enfance et la sexualité», alors qu'il a commencé à avoir mal à l'âge de 35 ans! «C'est vraiment n'importe quoi, je suis un vrai malade et pas un fou.»

Si la «maladie» douleur met en évidence, d'une manière paradigmatique combien la «maladie» ne prend son existence, sa dénomination et ses caractéristiques qu'à travers le prisme historique, social et culturel, de même l'état de malade ne saurait être conçu comme une donnée indépendante de son contexte. Ainsi, parallèlement à la construction moderne de la maladie douleur, apparaît celle d'un «homme douloureux» qui à son tour facilite la définition de la nouvelle maladie. La co-construction du système ayant conduit à la nécessité sociale et médicale de créer des lieux particuliers pour traiter cette nouvelle spécificité médicale.

Dès lors, les demandes se sont multipliées et de nombreux douloureux qui s'ignoraient, comme « malades spécifiques » (et non pas comme souffrant de douleurs), s'adressent à leurs médecins traitant qui, après nombre de tentatives médicamenteuses, finissent par les renvoyer sur les « Centres adaptés à leur problème ».

Cet « homme douloureux » a comme caractéristique de présenter des signes cliniques hétérogènes ; les cliniciens de ces Centres se sont alors vus contraints à mettre en place un dispositif spécifique d'accueil et de compréhension : pluridisciplinarité et acceptation de la douleur du patient comme une vérité à ne pas remettre en question. Or, pour être efficace, cette prise en compte de la subjectivité doit être réellement intégrée à l'équipe et ne pas la considérer comme un supplément d'âme. Ce qui exige le travail d'intégration des disciplines dans l'équipe, faute de quoi le travail psychologique risque d'être considéré par les patients comme incongru (*cf.* Mr Positif) et venir même soutenir la résistance des sujets.

De plus, l'amplitude et l'hétérogénéité des demandes, le recours au témoignage des patients conduisent les spécialistes à mettre au point des questionnaires d'évaluation de la douleur. Or, malgré leur intérêt, ces outils de standardisation s'opposent à la mise en parole de la plainte, puisque ces questionnaires viennent pallier une diversité subjective des paroles qui s'oppose à l'évaluation et à la comparaison. De plus, ils fournissent un vocabulaire spécifique à un sujet décrit comme ne sachant pas définir sa douleur, ils contribuent ainsi à construire le discours des sujets.

On conçoit comment, d'une part, certains intervenants se spécialisent dans une écoute, là où il y aurait absence de parole et, d'autre part, la création de questionnaires objectifs relatifs aux différentes douleurs doivent contrecarrer l'expression « anarchique » des sujets. Dans les faits, on remarque que suivant les chefs de service, ces Centres sont plus ou moins orientés vers la médecine, vers la psychologie ou vers la psychiatrie. Par exemple, F. Boureau, de la consultation de la douleur de l'hôpital Saint Antoine, privilégie les méthodes comportementales ; son objectif étant de donner au patient les moyens de mieux supporter la douleur plutôt que de l'éradiquer. Empêcher de penser à sa douleur peut parfois être efficace contre cette dernière, comme le signalait déjà S. Freud (1915, 1926), mais cela n'en empêche que rarement les déplacements du symptôme, qui, comme le remarque M.-T. Gatt (Avicenne), ne sont pas une pure hallucination du psychologue clinicien : dans certains cas, l'éradication d'un type de douleur, lorsqu'on y parvient, provoque son déplacement, voire son extension.

Une première conséquence non négligeable de ce retour aux standards objectifs est que tous les patients d'un même Centre ayant subi le même questionnaire vont apprendre à désigner et à parler de leur douleur suivant les mots qu'on leur a proposés, créant, à terme, des malades aux propos «stéréotypés» (qui pourront même leur être reprochés, à l'occasion !). Leur manière de dire leur douleur, de parler d'une détresse qui fixe l'espace temporel en une interminable attention figée par le tempo douloureux, cette chose qui ronge leur être est invitée à venir s'exprimer dans un langage quantifiable.

Une seconde conséquence de ce mouvement «normalisateur» se manifeste par l'apparition dans les écrits d'un «bon» plaignant douloureux ; celui-ci doit se comporter de façon «positive et avec modération» : le patient devient un collaborateur du médecin, positif dans son état mental car celui-ci est «important» pour guérir ou du moins pour «aller mieux» (Besson, 1992).

Le douloureux ne doit pas se montrer trop envahissant par ses plaintes et encore moins par ses dénigrements. Il ne s'adonne pas aux consultations diverses, de même qu'il n'oppose pas les avis différents des confrères. Dans le cas contraire, il passe rapidement du coté des «mauvais» ou, s'il s'agit d'une femme, du côté des «hystériques», bons à adresser au psy du service.

Une troisième conséquence, inhérente à la standardisation de l'expression subjective et de la conduite du patient, apparaît à travers l'exclusion progressive de la plainte. Or, supprimer la douleur et supprimer la plainte sont deux choses bien différentes et qu'il faut prendre en compte.

En effet, qu'elle soit «organique» ou «psychique», la douleur chronique affecte le sujet. Il en cherche une explication, construit un roman, invente un mythe, bref trouve une cause à ce qui le fait souffrir. Sa plainte exprimera sa douleur, mais aussi son besoin de communiquer, son appel au social et son insertion dans le monde des représentations et des mythes humains.

«L'état de malade» ne peut être indépendant du construit «maladie» et des propositions médicales de soins. Le sujet ne «tombe pas» dans cet état, cet état ne «lui arrive pas malgré lui», l'état subjectif de malade exige une activité du sujet participant à des échanges interactifs.

Différencier l'intervention en psychologie clinique de la santé et l'approche bio-médicale

Histoire de Monsieur Médecin

Monsieur Médecin est âgé d'à peine 30 ans lorsqu'il vient consulter un psychologue pour des douleurs chroniques aux membres inférieurs principalement. Ces douleurs ressemblent à des brûlures de la peau et des muscles, au point que les vêtements l'irritent en permanence. Elles se répercutent également dans le dos et empêchent la pratique du sport, ce qui est le « dernier plaisir qu'il lui restait ». Etant médecin de formation, il a déjà consulté toutes les spécialités possiblement concernées par ces douleurs. Aucun examen n'a pu mettre en évidence une atteinte somatique. Si bien qu'un spécialiste, à bout d'arguments, a fini par évoquer une sclérose en plaque à ses débuts, dont les atteintes somatiques ne seraient pas encore décelables. Les douleurs de Monsieur Médecin ont redoublé depuis et les autres consultations n'ont en rien atténué l'effet de ces propos inquiétants. Monsieur Médecin, qui n'a plus foi en la médecine, consulte depuis plus de quatre ans des guérisseurs de tous ordres et constate des améliorations passagères de deux jours à une semaine en fonction des guérisseurs. Ces améliorations ne sont jamais renouvelées avec le même soignant. Monsieur Médecin souffre le martyre au point de ne pouvoir s'asseoir sans avoir mal, ni se tenir debout, seule la position allongée le soulage en partie. Ses douleurs sont apparues quelques mois après le décès accidentel d'une femme qu'il souhaitait épouser. Celle-ci fait l'objet encore d'un amour et d'une idéalisation intenses. Les images qu'il évoque en parlant d'elle sont la beauté et la sensation de vie qu'elle lui avait apportée, puis l'échec de la médecine à la sauver, enfin le cercueil et la mort. Extrêmement sensible et intelligent, il fait le lien entre ses douleurs et son envie de mourir avec celle qu'il a perdue. Mais, au cours du travail psychothérapeutique, d'autres liens à la mort et à l'impossible deuil apparaissent : son père disparu lorsqu'il avait 10 ans et alors qu'il était en colonie de vacances et enterré avant son retour, etc. A chaque fois que des liens signifiants pour le sujet sont établis, les douleurs disparaissent provisoirement pour revenir parfois plus fortes dans les deux-trois jours suivants. Sa douleur est ainsi brandie à la fois auprès de ses pairs médecins qui se voient stigmatisés par leur incapacité, mais aussi auprès de sa famille et de sa mère, avec qui Monsieur Médecin a de très mauvais rapports et à qui il reproche de ne pas être « présentable », « aimante », « attentive », bref « comme une mère doit être ». N'est-ce pas elle qui a caché le décès du père ? Les douleurs de Monsieur Médecin n'ont jamais totalement disparu, elles se sont faites plus alternantes, mais quel sens ont-elles réellement eu ? Elles se présentent comme une sorte de nœud signifiant liant des évènements passés, présents, réels, fantasmatiques et sans lien entre eux, autres que ce nœud de douleurs, cette brûlure perpétuelle des membres qui ont fait de Monsieur Médecin un écorché vif. Le sens qu'elles ont pris est arrivé après coup pour permettre qu'elles soient pensées et articulées au monde du patient.

L'étude des incidences subjectives de la douleur chronique, comme celle des fonctions des divers intervenants auprès des sujets douloureux, est susceptible de nous renseigner sur les interactions entre psychique et social dans la maladie chronique. Par contre, cette étude ne nous permet pas de conclure à une causalité quelconque sur laquelle il est bien difficile de se prononcer si ce n'est à travers une croyance : ou biologique, la causalité serait alors organique sans qu'on ne trouve aucun signe, ou psychologique sans qu'on n'ait également aucune preuve de l'affirmation. C'est pourquoi une psychologie clinique de la santé ne se confond pas avec l'hypothèse psychosomatique et ne se prononce pas quant à la causalité. Considérant que le sujet douloureux n'est pas isolé, mais que sa douleur fait partie du système interactif, l'unité à analyser (et, peut-être, à favoriser) se trouve dans le système «corporéité/sujet/institution médico-sociale». Il ne saurait être question ici de soutenir que la douleur en tant que ressentie est une invention, mais que les manières de présenter et de représenter les douleurs influent sur leur mode d'expression et sur leurs fonctions, c'est-à-dire qu'elles se présentent comme des construits sociaux qui participent à des valeurs et à des discours de leur culture et de leur époque.

Si la présence de la douleur dans la chair de l'humain qui s'en plaint ne saurait être mise en doute, son appréhension scientifique reste énigmatique. La douleur, sans cause et sans sens, constitue un paradigme du rapport corps-psyché qui montre à quel point la corporéité (corps investi par la subjectivité) ne se plie pas aux normes de fonctionnement attendues par la science. Or, la séparation de la douleur d'avec la plainte par une médecine neurochirurgicale ne saurait être réparée par une réunion d'experts autour du lit du malade, sauf à réifier «la» douleur et à réduire le sujet à son modèle standardisé dans les questionnaires. On peut alors se demander à quel point, sous couvert de pluridisciplinarité, on n'en vient pas à s'opposer à une prise en compte des dimensions subjectives «des» douleurs en tant que «plainte(s) adressée(s)» s'incluant dans un réseau d'échanges et de représentations?

Arguant de la limite de leurs possibilités d'intervention, de la nécessaire pluridisciplinarité et surtout des réelles difficultés rencontrées par les médecins, de nombreux services médicaux font appel aux psychologues et cela depuis longtemps. Les Centres de la Douleur en font partie et le travail en collaboration est bien souvent passionnant et, malgré les difficultés, fructueux.

Pourtant, il n'en reste pas moins qu'un travail sérieux, dans une optique qualitative dans le domaine de la santé, exige une définition des limites et des objets de chaque partie intervenant dans le cadre.

Les Centres de la Douleur et leur objet, la «maladie» douleur, permettent de mettre en évidence cette nécessaire différenciation qui repose sur une épistémologie et des référents théoriques hétérogènes à la médecine. C'est d'ailleurs cette hétérogénéité qui fait l'intérêt de la collaboration. Si, pour certains médecins, comme pour la société en général, la fonction de psychologue n'est pas clairement définie, leur demande explicite et implicite s'adresse à un autre interlocuteur qu'à un «pseudo» médecin.

Définir la position des uns et des autres par rapport à une maladie, voire à un modèle de la maladie, c'est contribuer à éclairer les possibilités et les limites de collaborations possibles entre deux disciplines distinctes, c'est effectuer un long et coûteux travail d'équipe.

Préciser les places, fonctions et objectifs de chaque intervenant favorise non seulement une intervention adaptée, mais, de plus, facilite le travail collectif en organisant l'espace et les rôles de chacun. Bien des conflits d'équipes surgissent de cet impensé du travail, de ce grand flou concernant l'objet intéressant chaque intervenant. Nul ne trouve plus alors sa place et chacun lorgne celle du voisin, alors surgit la folie institutionnelle et les manquements à la déontologie (Navelet & Carnelle, 1997).

Une telle approche considère que le psychologue chercheur ou praticien intervient principalement dans des institutions proposant des dispositifs de remédiation et de colmatage des symptômes sociaux et/ou médicaux, et que, de ce fait, il se trouve convoqué au cœur du malaise social et du malaise institutionnel des équipes. Occuper cette place exige une clarification des compétences et de l'éthique de travail de chacun.

Il est évident qu'une psychologie qualitative de la santé ne saurait résoudre l'énigme que la douleur constitue pour l'Homme, puisqu'elle part avant tout de la situation particulière d'un sujet en situation concrète. Le rôle du psychologue n'est pas tant de définir ce que serait la douleur physique à l'aune des données biologiques, neurologiques ou médicales, mais bien de préserver un espace pour qu'une expression singulière puisse se transformer en parole ayant un sens pour le sujet. Le savoir ainsi produit ne sera généralisable que dans un deuxième temps et à travers l'étude croisée de cas.

Cette approche phénoménologique conduit à affirmer que tout douloureux est un sujet pris dans un réseau signifiant, que les particularités de ce réseau peuvent exiger la présence de la douleur et que celle-ci ne concerne pas forcément ce que le patient peut en dire. Dans ce cadre conceptuel, la douleur ne se présente pas comme une structure, mais comme un symptôme à déchiffrer ou comme un affect à reconnaître.

Une psychologie qualitative de la santé va devoir prendre en compte l'ensemble des phénomènes inhérents à ce mode d'être-douloureux-dans-le-monde. Le «refus de guérir», les déplacements singuliers, etc., seront considérés comme expression même de cet être-dans-le-monde conflictuel, ambigu, tenant des discours parallèles à plusieurs interlocuteurs visibles et invisibles. Dans une psychologie qualitative de la santé, le symptôme ne correspond pas à un dysfonctionnement psychique ou somatique, mais se présente comme un compromis entre des exigences subjectives et pulsionnelles qui s'affrontent. Le symptôme ne peut être ravalé à un « en plus » (sur le mode de la tumeur) ou à un « en moins » (sur le mode du handicap), mais appartient au monde du sujet comme chiffrage de ses désirs contradictoires en articulation avec ses appels intersubjectifs.

Comme la « maladie », la douleur apparaît dans un cadre existentiel de la mauvaise rencontre donnant sens, après-coup, à un croisement de l'historisation (dont la corporéité) et de l'événementiel. Le mode d'expression de la douleur, comme celui de la maladie, devient, par cette construction et cette recherche de sens inhérente à l'humain socialisé, l'indice d'un type de rapport au monde.

2. DÉFINIR L'OBJET D'UNE PSYCHOLOGIE SUBJECTIVE ET QUALITATIVE DE LA SANTÉ

Une psychologie concrète s'intéresse aux marges du cadre inhérent aux idéaux sociaux-culturels d'une époque. Plus qu'une neutralité bienveillante, elle fait appel à une empathie interactionnelle (Cosnier, 1998) dans une démarche ethnologique et systémique. S'il est un clinicien de la complexité du terrain, et non pas un chercheur qui se satisfait de la seule passation de questionnaires sur un échantillon représentatif, le chercheur en psychologie se trouve convoqué au cœur du malaise subjectif, mais également social et institutionnel. Sa position comme ses interventions se révèlent complexes puisqu'il doit prévoir à la fois les modifications du cadre que sa présence entraîne, les confrontations institutionnelles avec des collègues de travail (psychologues ou non) et les différents théoriques. Occuper cette place exige une réflexion éthique sur les compétences et les attributions de travail de chaque partenaire.

Dans ce cadre, le savoir produit par le chercheur émerge de la confrontation avec un corps parlé par le sujet et parlant dans le symptôme considéré comme une seule « corporéité ». Parce que le corps est investi par la parole, par le désir du sujet, mais aussi dans et par toute expérience intersubjective, toute séparation arbitraire entre corps et pensée se trouve invalidée par cette approche qualitative concrète.

L'objet d'une approche subjective dans le domaine de la psychologie de la santé reste le domaine du psychique (conscient et inconscient) et c'est dans ce domaine que nous pouvons proposer des interventions et des recherches originales, utiles et de qualité. C'est pourquoi l'examen de la clinique de la «douleur chronique» apparaît comme heuristique. Car cette «maladie» résiste à l'approche bio-médicale classique et agit comme une loupe exagérant les points qui dépassent cette logique (ce qui ne nie en rien l'efficacité du modèle dans bien des cas, mais en précise les limites). D'ailleurs, de nombreux médecins exerçant dans des Centres de la Douleur et s'opposant parfois aux chercheurs se sont interrogés sur leurs modes de prises en charge en souhaitant agir pour une meilleure compréhension de leurs conséquences. Ainsi, ce sont ces derniers qui ont très tôt été surpris par certains phénomènes non rationnels qui semblaient se produire chez un nombre non négligeable de patients (Kissel & Barrucand, 1964; Lemoine, 1996). Ces phénomènes démontrent que les avancées médicales n'empêchent aucunement les manifestations d'une subjectivité qui ne se soumet pas aux canons neurologiques.

C'est en ce sens que les nombreux indices de la subjectivité, qui ne peuvent trouver place dans un modèle bio-médical, nous intéressent. Indices que l'étude de la «maladie» douleur nous permet d'isoler et qui constituent à proprement parler l'objet d'une psychologie qualitative de la santé :

1) les persistances douloureuses après que les nerfs aient été désafférentés, c'est-à-dire sectionnés à la suite d'une intervention chirurgicale visant la suppression de la douleur.

Un tel état de fait, qui défie l'anatomie, démontre que l'interprétation des sensations par les sujets, de même que les «trajets de la douleur» doivent impliquer d'autres mécanismes que ceux mis en évidence jusqu'à ce jour. De tels phénomènes présentent, pour le moins, une analogie avec les observations psychanalytiques concernant aussi bien l'anatomie subjective des hystériques que le fréquent déplacement des symptômes chez les patients.

2) Déjà étudiées par Descartes, les apparitions et réapparitions des douleurs des membres fantômes ne sont toujours pas expliquées (Lemaire, 1998). Elles semblent toutefois compatibles avec les hypothèses psychanalytiques qui postulent que l'investissement libidinal du corps, par la parole et le désir, se distingue des simples contours organiques. Dans cette «hallucination douloureuse» d'un membre amputé, l'organe a disparu, mais pas l'investissement de la représentation psychique.

3) L'importance des réponses à l'effet placebo questionne, elle aussi, la place de la subjectivité dans la maladie douloureuse (Lemoine, 1996).

Au point de vue étymologique, *placebo* signifie à la fois « je plairai » et « courtisan ». Le terme désigne l'efficacité d'une substance dépourvue d'activité, c'est-à-dire qu'il souligne que le fait de « donner » quelque chose peut être porteur de guérison. Ainsi, ce que la psychanalyse avait déjà souligné, c'est-à-dire l'importance de la relation soignant-soigné, a été prouvée expérimentalement : on dit à un soignant qu'un remède est stimulant ou au contraire tranquillisant et, dans les deux cas, on ne lui fournit qu'un placebo, or, l'effet obtenu sur le patient est conforme aux instructions données aux soignants. La croyance du soignant dans l'efficacité d'une thérapeutique est donc plus importante que l'efficacité en elle-même.

Par le biais des expériences sur l'effet placebo, l'efficacité du transfert en tant que thérapeutique est ainsi mise en évidence. Au cœur de la médecine de pointe apparaît donc une maladie qui provoque attrait et répulsion et qui se montre compatible avec bien des hypothèses phénoménologiques et psychopathologiques (Chertok, 1992).

De plus, les nombreuses études conduites par des médecins au sujet du placebo apparaissent comme des confirmations des thèses freudiennes qui refusent de séparer normal et pathologique et qui soutiennent l'idée d'un continuum entre personnalité suggestible et personnalité « normale », placebo-répondante ou non. Ces travaux démontrent qu'on ne peut déceler aucune différence significative entre groupes humains quant à ce qui concerne leur rapport à la suggestibilité. Ce que démontre également un certain nombre d'échelles de suggestibilité utilisés dans les protocoles hypnotiques (Michaux, 1995).

Enfin, ces mêmes études témoignent de la différence des effets étudiés cliniquement et en laboratoire : la réponse au placebo est bien plus importante dans la clinique que dans l'expérimentation. La suppression des variables dites parasites dans ce dernier cas n'est certainement pas neutre. Ne peut-on penser qu'il y a neutralisation des significations affectives personnelles attribuées à une douleur pour un sujet lorsqu'il ne peut l'insérer dans des représentations historisées, puisque provoquées par la situation expérimentale ?

Ces différents résultats indiquent combien la douleur interroge le sujet à la fois dans son affectivité, dans son histoire et dans ses relations interpersonnelles. D'ailleurs, on constate que l'intensité douloureuse rend le placebo d'autant plus efficace ; ce qui, corrélé à la croyance du soignant, démontre l'importance de la fonction de la douleur comme appel subjectif à l'autre.

4) Les résultats de l'hypnose, qu'ils soient expérimentaux ou bien qu'ils concernent la clinique de l'analgésie et de l'anesthésie, reconnus depuis

le XIXe siècle, concourent à fortifier les hypothèses qui précèdent (Chertok, 1992).

L'hypnose interroge le rapport entre psyché et soma et entre soignant et soigné. Son étude approfondie constitue une des voies les plus prometteuses permettant une meilleure compréhension des effets de la parole de l'Autre sur le corps, en dehors de toute participation volontaire du sujet. Ces travaux confirment à la fois les «agissements» de la parole dans des conditions qui restent à étudier et la présence d'un système non conscient «répondant» à la limite du psychique et du somatique. Que l'hypnose confirme des hypothèses freudiennes ne saurait étonner, puisqu'elle a été au point de départ de celles-ci (Chertock, 1989; Michaux, 1998).

5) Enfin, différents travaux des ethnologues et des ethnopsychiatres mettent en évidence que le vécu de la douleur ne peut être pris comme l'expression d'une vérité universelle puisqu'il se modifie en fonction des cultures.

De même, certaines algies qui paraissent à la limite du supportable dans notre société et à notre époque le sont, et l'ont été, dans d'autres conditions. Dans le champ de la douleur et à l'intérieur d'une même culture, les vécus ne sont pas homogènes et les différences individuelles plus importantes que les ressemblances. Seul le seuil de sensation semble être similaire dans une société alors que l'expression et le vécu demeurent fortement dépendants de la subjectivité et de l'intersubjectivité.

La «douleur chronique physique hors lésion somatique» constitue une illustration de l'intime intrication entre construction sociale, maladie et «l'état de malade» au fur et à mesure de la transformation du monde du patient. Même la douleur physique, celle qui serait «bien réelle dans les faits», la douleur ressentie dans sa chair et dont le sujet pâtit, ne peut donner lieu à une généralisation de modes de perception des sensations chez l'être humain. Les praticiens de la douleur ne manquent d'ailleurs pas de souligner l'importance de la disposition émotionnelle et affective dans l'efficacité des traitements. Les enseignements de la psychologie clinique de la santé y ajoutent l'importance de l'investissement libidinal du corps et des processus dynamiques inconscients, mais aussi la place de la conscience intentionnelle qui ne peut percevoir sans conférer un sens et sans ancrer la douleur à une histoire.

C'est pourquoi j'ai souhaité présenter les enseignements de la «maladie» douleur physique chronique comme illustration paradigmatique de ce que serait l'objet d'une psychologie clinique de la santé : traiter des éléments subjectifs concomitants à l'état de malade non assimilables dans le modèle bio-médical.

Chapitre 7
Analyser la place de l'intersubjecvité dans les soins

1. L'INTERVENTION ET SON CONTEXTE

L'objectif de cette recherche de terrain était d'étudier les vécus subjectifs des patients atteints du SIDA traités en ambulatoire dans un Hôpital de Jour provincial (Santiago-Delefosse, 1998d). La représentation des soins, comme celle de la maladie et de ses atteintes, influait-elle sur les manières de suivre ou non les prescriptions médicales? Ce type de recherche, bien que qualitatif, se rapproche des préoccupations médicales concernant la «compliance», c'est-à-dire l'adhésion des patients aux traitements prescrits.

Il apparaît que, tant du côté des soignants que des patients, le discours sur la manière d'être malade se révèle le plus souvent «oppressant» et normatif. Le comportement que l'individu «patient» devrait adopter, comme les modalités de soins données sont donc préétablis socialement. Mais patients et soignants sont des êtres de subjectivité et cette représentation préétablie est une manière de méconnaître l'importance de l'intersubjectivité et des effets empathiques dans ces lieux de soins, autrement dit le fait que tous les acteurs participent à la construction de ce lieu.

Aussi, la représentation de la séropositivité ou de la maladie par les patients ne peut qu'influer sur leur manière de l'exprimer. Cette représentation agissant sur les moments de structuration/destructuration du malade et de l'entourage, les discours, les pratiques et les demandes de soins vont être influencés par un ensemble de représentations des patients, qui peuvent d'ailleurs s'opposer entre elles. A ces représentations s'articulent les représentations des soins des «soignants». Comprendre l'organisation et la vie d'un service, afin d'en améliorer le fonctionnement, exige d'analyser ces interactions et leurs points d'articulation.

Etudier l'interaction des représentations des conduites de soins, tant des «soignés» que des «soignants», dans la prise en charge de la séropositivité et de la maladie exige de prendre en compte deux séries de facteurs :

– les pratiques, discours et représentations du soin véhiculés par le personnel soignant en articulation avec le fonctionnement institutionnel ;

– les pratiques, discours et représentations du soin et des services à travers les comportements et les propos des patients.

Mieux comprendre les implications psychologiques des pratiques, des discours et des représentations issues du fonctionnement hospitalier institutionnel aboutira à une amélioration de la prise en charge afin que des soins, souvent intrusifs, puissent être mieux supportés. De même, le vécu des soignants face aux demandes diverses, l'influence de ce type de soins sur la vie personnelle et sur la vision de la maladie des patients permettra de mieux évaluer l'articulation de la demande avec l'offre de soin.

Le travail de terrain s'est déroulé durant deux ans. Il a fait appel à un travail d'observation ethnométhodologique qui s'est déroulé dans le local d'accueil durant vingt-cinq journées, auquel s'est ajouté un travail d'entretiens qualitatifs semi-directifs et enregistrés avec les patients et avec les soignants.

L'équipe est volontaire et motivée pour travailler dans le service, elle se compose de deux infirmières, une aide-soignante, une secrétaire, une psychologue, un chef de clinique et un chef de service (auxquels il faut ajouter les internes et externes de passage). Elle ne présente pas les indicateurs de burn-out tels que définis habituellement (épuisement émotionnel, dépersonnalisation, perte de sens).

Le matériel recueilli a fait l'objet d'une analyse thématique de contenu à l'aide de référents théoriques de la psychologie dynamique et subjective qui s'intéressent à la fois à une psychopathologie du travail et à la création de formations psychiques dans les lieux institutionnels (Kaes *et al.*, 1987).

De ce travail qualitatif qui a demandé une grande implication, il ne sera fait état ici que des résultats qui intéressent directement la psychologie clinique de la santé. Il faudrait également ajouter combien une recherche de terrain de cet ordre exige une éthique sans concession, ce qui conduit à renoncer, parfois à faire état de certaines données qui supposeraient une levée de l'anonymat, des patients, des soignants ou même des services.

2. LES RÉSULTATS

L'hôpital de jour accueille les patients en semaine, afin de permettre de coordonner les consultations et les examens, évitant ainsi des déplacements ou des hospitalisations. Les patients s'y rendent régulièrement durant plusieurs heures et attendent dans un petit local d'accueil qui est devenu un lieu de vie où l'on partage café, friandises, anniversaires et impressions du jour entre soignants et soignés. Tant soignants que soignés décrivent ce «lieu d'accueil» comme un lieu de vie agréable (ce qu'illustre la venue spontanée de patients lors de crises d'angoisse).

Au premier abord, l'ensemble est chaleureux, vivant, avec peut-être un côté un peu trop idyllique. Mon arrivée, bien accueillie par tous, a pourtant modifié l'équilibre, puisque dès la fin de ma première journée, certains membres de l'équipe se sont confiés sur le manque d'espace pour s'exprimer.

Dans tous les cas, l'investissement existentiel du local d'accueil représente, d'une manière paradigmatique, les formes d'investissement que peuvent prendre les institutions de soins dans le cas de maladies chroniques graves.

Le degré de l'investissement ne saurait étonner puisque les soignants y passent une grande part de leur temps et les soignés espèrent que le temps qu'ils y passent modifiera leur être-malade-dans-le-monde.

Une matinée dans le local d'accueil :

Dès huit heures trente l'équipe est à l'œuvre. Les premiers patients arrivent, l'hôpital de jour en accueillera une vingtaine tout au long de la journée auxquels s'ajouteront certains qui passeront juste pour «parler» ou boire un café avec les patients présents et avec l'équipe.

Le local d'accueil est bien distinct de la salle d'attente. Il s'agit d'une petite pièce avec deux grandes tables, quatre chaises, un point d'eau avec un évier, deux meubles bas et un suspendu, arrangés de telle manière qu'ils donnent un air de buffet de salle à manger à ce matériel fonctionnel et typique des hôpitaux. La pièce est peinte en crème et les murs recouverts de cartes postales envoyées par les patients durant leurs vacances. Sur la table, présents en quasi permanence, des gobelets jetables, une cafetière et du sucre, auxquels s'ajoutent des petits biscuits ou des croissants suivant les initiatives des patients du matin...

Joël arrive en premier. Jeune homme mince d'environ 25/30 ans. Il semble un peu désolé de ne trouver personne d'autre dans le local que le chercheur et la psychologue du service : «toujours là», lance-t-il, «alors ça avance la psychologie?». Il s'installe et accepte un café, puis se détend rapidement. Il explique qu'il aime bien venir le matin pour tous ces «foutus examens, piquouses et tout ça, quoi». Aujourd'hui, il verra aussi le «chef» (le médecin). Arrivent l'infirmière et l'aide-soignante, la conversation s'engage. Sur tout et sur ces petits riens qui font la vie quotidienne, la semaine, le temps, la famille, les anecdotes de l'hôpital...

Puis, l'aide-soignante remarque que le temps passe et qu'il faut aller travailler. Au même moment arrive Noémie, femme de 35/38 ans, assez ronde et respirant la joie de vivre, elle est accompagnée par sa fille d'une dizaine d'années. Noémie embrasse tout le monde, invite sa fille à en faire autant et nous explique qu'elle vient voir son mari, hospitalisé au premier. Joël pâlit un peu et dit qu'il faut maintenant aller faire ses «piquouses», il entraîne l'aide-soignante dans la salle de soins.

Noémie remarque que Joël supporte mal qu'on parle de Paul, son époux, car ce dernier ne va vraiment «pas bien». Elle va voir si elle trouve une chaise roulante ce qui lui permettra de passer faire un petit «coucou à tous ses camarades».

Après le départ de Noémie, la psychologue du service, l'infirmière et l'interne qui viennent d'arriver discutent du cas de Paul, de son amaigrissement progressif et des infections que les soins n'arrivent plus à stopper. Arrivent alors Monsieur Denis, la soixantaine un peu ronde, avec son fils, Alain, dont l'amaigrissement massif empêche de donner un âge. Ce matin, le chercheur a rendez-vous avec Monsieur Denis qui a accepté un entretien pour témoigner a-t-il dit.

Dès dix heures, le service et le local bruissent de paroles, de rires auxquels se mêlent les bruits de la cafetière et... les bruits du matériel hospitalier. Le local est plein à craquer fait remarquer Paul en arrivant dans sa chaise roulante avec sa perfusion, poussé par sa femme Noémie et suivis par leur fille. Les conversations entre les 5 patients présents dans le local s'arrêtent pour laisser un silence qui ne durera qu'un instant, mais leurs regards exprimeront ce qui ne peut être dit. Tout le monde se reprend, embrasse Paul, plaisante comme si la chaise roulante, la maigreur, la perfusion, les yeux exangues et la peau cireuse et tirée n'existaient pas ou plus.

Lorsque Paul repartira avec sa femme et sa fille, Jeanne dira «on ne le reverra plus», et elle ne se trompe pas. Jeanne, en particulier, est très affectée par cette image, plus que les autres qui s'empressent de bavarder et de remplir le vide, en attendant leurs soins. Jeanne, elle, s'assied à côté du chercheur et de la psychologue du service et dit : «je veux qu'on me promette de m'aider à en finir, quand ça arrivera». Les autres n'ont pas pu ne pas entendre, étant donné l'exiguïté du local; ils continuent, laissant alors l'espace pour ce moment «privé» entre Jeanne et les psychologues. Moment interrompu brusquement et brutalement par l'arrivée de l'aide-soignante, toujours gaie presque comme dans une comédie musicale! «Allez», dit-elle, sans trop se soucier de la situation qu'elle n'a pas perçue, «qui reste déjeuner aujourd'hui?» «Ah, pas moi», annonce une voix masculine, «j'ai un rendez-vous». «Coquin?», demande une autre voix masculine, «va savoir». Bon, combien exactement interroge l'aide-soignante? Et vous les psy vous restez? «Oh, oui», dit Joël qui sort de ses soins, «je veux la psy élue la plus bandante de l'hôpital!» «En voilà des manières de parler», répond une des deux infirmières, Claudine. Celle-ci, comme souvent, semble moins gaie que les autres et plus ferme dans les règles à respecter. Elle s'adresse au chercheur et à Monsieur Denis : « Bon un bureau est libre si vous voulez le prendre pour l'entretien... ».

Le corps, qu'on le considère uniquement dans son lien à une logique raisonnée consciente ou bien qu'on le suppose traversé par la logique de l'inconscient, n'en reste pas moins dépendant des enjeux interactionnels et sociaux. Sa dépendance foncière à ces effets de discours demeure pourtant largement méconnue, comme si les dits et les dires pouvaient ne pas agir sur les représentations des sujets, alors que ces mêmes dits et dires sont censés influencer les aspects préventifs des individus conscients.

Dès les premiers jours d'observation, certains propos tenus dans ce « lieu d'accueil » ont laissé transparaître, parfois derrière l'humour ou l'apparente indifférence, la souffrance tant de la part des soignés que de celle des soignants soumis à des demandes de toutes sortes.

Peu à peu, derrière une ambiance toujours présentée comme « familiale », se révèlent diverses tensions chez les membres de l'équipe, manifestées par des rares problèmes somatiques, mais le plus souvent par leurs difficultés familiales. Le seul indicateur d'un malaise en lien direct avec le travail étant la désignation d'un des membres comme « ayant des difficultés relationnelles avec les autres ». Ce membre, longtemps porteur d'un idéal partagé avec le seul chef de service, a dû laisser une place aux autres et, dans le même temps, a commencé à prendre des distances avec les patients, refusant toute familiarité, contrairement aux autres. Cette modification de ses comportements a été ressentie par les patients, et certains l'ont abordée en entretien. Par ailleurs, au bout de deux ans et demi de fonctionnement, il est question d'agrandir le service, ce qui suppose une réorganisation et un déménagement. La sécurité de l'équipe se trouve donc en équilibre instable et les propos, parfois humoristiques, dévoilent une ambivalence et une crainte de perdre cet « accord familial ».

Ainsi, les quelques patients qui n'adhèrent pas à ce discours sont rejetés, ou plus souvent ignorés ; ils se retrouvent seuls dans le local et subissent des remarques ironiques. De même, les collègues qui s'excluent de cet idéal deviennent des bouc-émissaires.

Claudine, l'infirmière qui a perdu l'idéal.

Claudine a cinquante ans. Elle est partante pour le travail de recherche dès sa présentation. Elle estime qu'il faut réfléchir à ce qui se passe. A la fin de la première journée d'observation, elle exprimera le vœu d'avoir un entretien avec le chercheur.

Cet entretien enregistré durera une heure trois quart durant laquelle Claudine tiendra un long monologue. Elle explique être à l'origine du service avec le Professeur qui le dirige. Durant un an, elle était la seule permanente de l'équipe et l'année suivante sont arrivées l'autre infirmière et l'aide-soignante, puis la psychologue. Elle semble vivre difficilement cette modification de sa place. Mais, en même temps, elle explique qu'en un an, elle a fait des erreurs et s'en est aperçue, avant elle «était comme les autres maintenant», elle embrassait les patients, elle les tutoyait, elle supportait des propos parfois déplacés ou en tous cas trop proches dans une relation soignant-soigné. Elle en a vu les conséquences, lors du premier décès de patient qu'elle a dû accompagner. Ce décès, qui est arrivé au moment où elle avait d'importants problèmes familiaux avec son fils, l'a fait beaucoup réfléchir et entreprendre un travail personnel. C'est depuis, il y a donc environ un an, qu'elle a décidé de modifier ses relations aux patients.

Elle est inquiète pour ses collègues, mais en même temps elle sait que ces dernières ne l'apprécient pas et pensent qu'elle est malade. Elle est persuadée que ces dernières «cancanent derrière son dos avec les patients». Mais elle tient à son travail et à sa place, elle n'est pas la mère des patients, elle ne veut pas servir de famille de substitution et ne veut pas confondre les niveaux. Elle ne veut pas «se tromper de famille». Elle est engagée syndicalement et trouve anormal le paternalisme qui règne dans le service, sous couvert de bonne ambiance. Tout cela sera payé cher, prophétise-t-elle, d'ailleurs tout le monde est en train de perdre sa famille. «Elles (les femmes du service) sont toutes divorcées ou en train de divorcer (ce qui sera confirmé par ces dernières, mais jamais rattaché aux problèmes du travail) et même le Professeur...» (on n'en saura pas plus).

Elle critiquera également la familiarité des collègues avec les patients, remarquant que cette dernière pose des problèmes de travail. En effet, lorsque les patients vont très mal, lorsqu'ils sont hospitalisés au premier étage, alors elles ne peuvent plus les voir, «ça leur fait trop mal, alors le travail n'est pas réellement fait». Par exemple, quand il faut annoncer qu'un des patients est décédé quand les autres demandent de ses nouvelles, alors «il n'y a plus personne, on envoie Claudine» parce qu'elle a de la «distance». Mais elle n'en peut plus de ce rôle.

Intersubjectivité et soins, du côté des soignants

Du côté des soignants, on peut insister sur trois résultats qui mettent en évidence l'intime articulation entre subjectivité, mécanismes de défense du moi et nécessité de faire face aux contraintes et exigences institutionnelles.

Premièrement, au long des différents entretiens, comme dans les propos tenus dans le local, les représentations subjectives du soin et de la maladie renvoient à un signifiant clef : la famille. Signifiant qui favorise un consensus grâce à sa polysémie et à son absence d'explicitation. Il entre en résonance positive avec la demande institutionnelle hospitalière et le discours social actuel. Cet idéal de chacun et de tous se présente comme un lien puissant dialectisant désirs et dénis. Ni bénéfique, ni maléfique en soi, un tel idéal favorise certaines prises en charge au détriment d'autres (puisque sa face méconnue entretient les dénis et la souffrance au travail).

Mireille aide soignante, respirant la joie de vivre.

Celle-ci est toujours gaie. Elle semble à l'aise dans le service et appelle tous les patients par leur prénom. Elle très fière de cette proximité et apprécie beaucoup son travail : on lui donne des responsabilités qu'elle n'avait pas ailleurs. Ici, elle est utile et elle fait un réel travail de soins, c'est-à-dire qu'elle «ne se contente pas de poser des pansements», mais qu'elle a du temps pour écouter, ce qui permet aux patients de se confier. Durant le temps des examens, elle peut ainsi les accompagner et soulager «réellement leurs souffrances». Laissons lui la parole.

«Cette maladie est tellement dure, en fait ici, c'est drôle à dire, je l'avais jamais pensé comme ça mais, ici, c'est le lieu de la vraie vie... du coup, c'est vrai, je suis plus dure avec mes enfants. L'autre soir, mon fils est arrivé en pleurant parce qu'il était tombé, c'est bizarre, mais ça ne m'a rien fait. Je lui ai dit d'arrêter de pleurer et qu'il devrait avoir honte, parce qu'il y a des gens qui ont autrement mal, et... qui... qui... s'en sortiront jamais... (...) Alors ça oui, je crois que je suis mieux à l'hôpital, parce que la famille, elle peut pas comprendre ce que c'est. Il faut travailler ici à longueur de journée pour comprendre. (...) Mon mari, des fois est jaloux, (...) bon maintenant ça ne va pas bien, on va, on va se séparer. (...) Il me disait que j'aimais mieux mes patients que lui. Mais lui, il écoute pas, ça a rien à voir (...) Une fois, Le Professeur a organisé un repas dans le service où il a invité les conjoints, ben, ça n'allait déjà pas fort, et comme les autres c'est pareil, il n'y avait presque personne (...) mais nous on était toutes là, enfin pas Claudine. Mais Claudine, elle est syndicaliste et un peu bizarre, elle considère ça comme des heures supplémentaires. Et puis, elle déprime et elle supporte plus les patients, d'ailleurs, elle leur parle mal. (...) Certains vivent ça très mal, parce que nous on leur fait la bise et tout et si Claudine est là, c'est tout juste si elle leur serre la main. Enfin, ils s'y sont fait, mais nous ça nous fait drôle. Il faudrait qu'elle parte ailleurs, parce qu'elle est plus faite pour ce type de service.»

Deuxièmement, on peut également noter que le «local d'accueil» se présente comme un espace ambigu, comme un «espace-interstice», où ce qui est dit peut être ou non entendu, mis en réserve, ou déposé comme secret. L'«espace-interstice» désigne un lieu de passage et de rencontre, dans un temps situé entre deux activités institutionnelles définies (Roussillon, 1987). Le statut de ce local, à la fois interne et externe au soin, technique et officiel proprement dit, fait qu'il appartient à tous et qu'il permet des fonctionnements psychiques particuliers, se transformant souvent en un lieu qui concentre et favorise les fantasmatiques des uns et des autres. Ne disposant pas d'organisation structurée interne, il ne favorise pas l'élaboration, et, à l'occasion, il peut prendre la fonction de lieu-dépôt où les paroles sont encryptées sans possibilité de reprise.

Le partage mensuel du repas

S'il est courant que les patients prennent leur repas sur place en fonction des heures de rendez-vous, des types d'examen et... de l'envie qu'ils ont de rester, il s'agit généralement d'un repas pris entre patients et éventuellement une ou deux personnes du service.

Mensuellement, un repas est officiellement organisé dans le local et réservé à tous les membres de l'équipe (principalement féminine) autour de Monsieur le Professeur chef du service. Dès onze heures, les membres de l'équipe s'affairent. Elles rappellent aux patients qu'il s'agit du «repas avec le Professeur» et donc qu'ils peuvent s'installer à côté dans ce qui est un grand couloir servant de salle d'attente. Le local donne sur ce couloir. Or, le local est trop petit pour permettre le repas en fermant la porte, si bien que les tables mises bout à bout dépassent dans le couloir-salle d'attente. Celles-ci sont recouvertes de grandes nappes blanches et de la «vraie» vaisselle est mise. Assez souvent, c'est l'occasion de fêter en même temps l'anniversaire ou la fête de l'un ou l'autre membre du service.

Lorsque le Professeur est libéré de ses obligations (et il est réellement débordé car il s'implique très fortement auprès de ses patients), alors on passe à table. La psychologue le met en boîte sur ses retards, les autres enchaînent sur le temps qu'il doit consacrer à sa femme, ce qui jette un froid, et... on passe vite à autre chose, car les patients qui attendent dans le couloir-salle d'attente ou qui passent voir s'il y a l'une ou l'autre de leur connaissance se mêlent à la conversation. Ils sont parfois (mais rarement) invités à s'asseoir; dans ce cas, ils refusent «ah, non c'est la grande messe, aujourd'hui, bon on repasse pour le dessert», etc.

Lors de ce repas, rien n'est dit sur le service, le fonctionnement ou l'implication des soignants. Les propos échangés sont anodins et semblent surtout viser la cohésion du groupe et, pour cela, il faut éviter de parler des choses qui pourraient diviser.

Claudine est mal à l'aise, elle dira en entretien combien, elle est opposée à ce type d'activité, car «tout est non dit». Lorsqu'elle est en congé, elle ne vient pas au repas, contrairement aux autres. Les autres remarquent qu'elle tente souvent de prendre son congé ce jour-là. Le Professeur plaisante souvent avec la psychologue et remarque qu'elle plait beaucoup aux patients. En fait, tout le monde sait qu'elle est en train de divorcer et cela semble être une manière de lui remonter le moral, mais toujours sans rien dire directement. Le chercheur est interrogé sur le déroulement de son travail, sur les contacts pris, en particulier avec l'équipe du «premier».

«Le premier» est un mot perturbateur en ce sens qu'il rappelle que les patients dont l'état se dégrade sont hospitalisés aux premier étage, dont le Professeur est également responsable. En fait, les deux équipes ne s'apprécient guère. Celles de l'hôpital de jour (rez-de-chaussée) reprochant à celles du premier de ne pas «aimer les patients», les autres répondant «qu'elles n'ont que très peu de temps et de "vrais soins" à faire, elles». Le Professeur est au-dessus de ces contingences.

Ce jour-là, il fera l'éloge de ce partage mensuel et de l'ambiance qui règne dans l'équipe. Les patients qui entendront renchériront en disant combien ils sont attachés à ce lieu de soins et à la convivialité qui y règne. Pour certains, c'est un lieu où ils peuvent venir dès qu'ils «ont le spleen».

Le troisième enseignement de ce lieu de soin, dont personne ne se plaint et que tous, soignés y compris, décrivent comme «convivial, familial» («proche de gens, où l'on peut exister, où l'on vous remonte le moral», etc.), se révèle être une présence massive des idéalisations et des mécanismes de défense de type dénis et dénégations.

Ces mécanismes questionnent autant les problématiques psychiques individuelles que les idéaux présidant à la constitution du service et qui n'ont jamais été analysés au sein du groupe.

Ce non-dit institutionnel, cette fuite dans l'idéal d'un « soin qui n'est plus seulement technique mais qui donne enfin une place à l'aide que l'on peut apporter aux autres », vont constituer un appel aux impensés des problématiques psychiques propres à chacune des soignantes.

Une bonne formation (que les soignantes ont reçue) alliée à une motivation (consciente) ne suffit pas à combattre les émotions provoquées par les décès répétés d'êtres humains que l'on a soignés, ni les émotions sollicitées journalièrement par les demandes de chaque patient. Rien ne peut (et cela ne serait même pas souhaitable) venir colmater les pertes et effractions émotionnelles.

Les formes de contrôle par des rites cognitifs ou des apprentissages relationnels ne sauraient que masquer, grâce à la maîtrise imaginaire, l'intensité de la souffrance institutionnelle. Si la formation et la motivation sont nécessaires, elles ne peuvent être suffisantes et, surtout, elles ne doivent pas devenir l'occasion de trop accroître l'idéalisation de l'équipe, au risque de précipiter certains membres (qui n'adhéreraient pas à cet idéal) dans des atteintes somatiques, ou dans des désorganisations de leur vie familiale et personnelle.

Le « stress » arrivant de l'extérieur sur un individu « fragilisé » est loin d'expliquer les mécanismes collectifs de défense mis en place par ces soignants. Ainsi, Claudine, l'infirmière exclue, se trouve aller de plus en plus mal subjectivement, mais non pas en raison d'un trop plein de « stresseurs », mais en raison de l'exclusion du système du fait de sa prise de distance avec les idéaux protecteurs du groupe. Elle devient dangereuse pour le groupe qui l'écarte d'un système auquel elle n'arrive plus à participer de la même manière. A remarquer toutefois son utilité pour le maintien du système. Le *burn-out* est une notion bio-psycho-sociale qui a comme inconvénient de reporter sur le sujet la cause de son « stress ». Or, il apparaît ici que la prise en charge des soins relève davantage du système collectif de travail. Le *burn-out* serait alors un indicateur d'une perturbation dans le système collectif de travail : l'idéalisation commune n'est plus assez protectrice du groupe et se retourne contre un individu.

Vu sous l'angle du collectif, le « local d'accueil », lieu du soin essentiel pour le personnel, se présente comme un lieu privilégié entre espace public et espace privé où s'expriment des logiques hétérogènes, issues des idéaux personnels et collectifs et de leurs ajustements aux règlements institutionnels. La subjectivité de chaque membre de l'équipe participe à créer la tonalité de l'intersubjectivité institutionnelle sans que cette dernière ne se réduise jamais à la subjectivité d'un des participants. Aussi, ce lieu « convivial » ne manque pas de participer à l'exclusion de ceux qui ne se plient pas aux non-dits communs. C'est le cas de Claudine, mais aussi celui de certains patients, assez rares, il est vrai.

Monsieur Léon, «l'aristocrate anarchiste».

Celui-ci est un peu plus âgé que la moyenne des patients du service, il a environ 45/50 ans. Il est très poli, mais également distant et incisif. Il révèle, par un humour noir, un certain nombre d'impensés du service. Il n'est guère apprécié du personnel et en particulier de Mireille, l'aide soignante, qui l'évite dès qu'elle peut.

Un matin celui-ci se présente pour ses examens.

Grand, bien fait, portant la moustache aristocratique, tout comme la canne au pommeau d'argent et le chapeau, il détonne avec les deux autres patients qui sont déjà installés autour du café. Mireille dit bonjour, sans faire la bise, ni tendre la main et s'en va, laissant le chercheur seul avec les patients. Monsieur Léon ne le connaît pas : il se présente fort courtoisement. Echange de politesse de part et d'autre et présentation de la recherche avec demande à Monsieur Léon si il accepte que le chercheur reste dans le local. Les deux autres patients gloussent et plaisantent, «non, non, tu restes pas, on va t'enfermer dans le placard, mais t'entendras tout»...

Arrive la deuxième infirmière, Cécile, calme, posée et très concrète, elle fait la bise aux deux patients et serre la main au troisième. Elle annonce l'organisation de la matinée, qui fait quoi et le timing. Visiblement, elle a été prévenue par Mireille de l'arrivée de Monsieur Léon. Celui-ci commence à râler, dit qu'il aimerait que cela aille plus vite, car il ne va pas passer sa vie dans le service (propos quasi extraterrestres dans le local). Les autres le taquinent en lui demandant s'il n'aime pas leur compagnie. Lui se radoucit avec eux, mais guère avec le personnel. On lui propose encore du café, un biscuit. Et il entame la conversation avec le chercheur... Quelles sont ses questions ? etc.

A propos de ses rendez-vous et ses examens quasi mensuels, il dira (devant les deux autres patients) : «Elles (les soignantes du service) sont gentilles, mais un peu collantes. On est bien accueilli, mais enfin on n'a pas à se faire la bise, elles font leur boulot un point c'est tout... (...), peut-être les plus jeunes apprécient plus (coup d'œil aux autres). Moi, je ne veux ni aide, ni morale, je sais où trouver ce qu'il me faut. Je viens pour faire des examens un point c'est tout. Bon, parfois, ça ferait du bien de dire le ras le bol, mais ici on reçoit que des conseils comme si on était des enfants. Le café c'est sympa, mais pas plus... (...), je crois qu'elles ne m'aiment pas beaucoup, mais j'en ai rien à faire, j'ai pas besoin, pas besoin... d'une famille, il y a longtemps que j'ai fait une croix dessus.»

Après sont départ, Mireille réapparaîtra et dira combien ce patient la met mal à l'aise car il ne veut rien, pas parler, rien. Elle ne comprend pas le refus du soutien, c'est «un anarchiste», et puis il étale son milieu, son ironie et ses amitiés «pour ce que cela lui a apporté». Comme le chercheur l'interroge sur ces derniers propos, elle bat en retraite et dit : «on ne parle pas de ça» (c'est-à-dire des fréquentations susceptibles d'avoir entraîné la contamination).

Le «secret de sa souffrance intime» n'est pas avouable, cette «souffrance subjective n'a pas le droit d'exister» dira Monsieur Léon, alors que le «ras le bol» des soins, les douleurs corporelles sont aisément évoqués. On assiste à un rejet massif de vécus douloureux, de puissants affects négatifs, de voix intérieures qui déjà énonçaient la punition de «n'être pas comme les autres» dans la famille. Car ces patients ont tous cette sensation de trahison des leurs. Aussi, ceux qui expriment carrément leur doute en l'idéal des soignantes sont-ils rejetés par elles sous des prétextes variés.

Le lieu des soins n'échappe donc ni aux poids existentiels individuels de chaque membre, ni aux exigences institutionnelles, ni aux représentations sociales du soin. Tout comme la maladie et «l'état» de malade, le lieu de soins participe d'une co-construction subjective et intersubjective socialisée. Les mécanismes de défense des uns et des autres qui s'expriment en ce lieu ne sauraient être compris sans prendre en compte cette co-construction.

Intersubjectivité et soins, du côté des patients

Du côté des patients, si la place de l'intersubjectivité et des représentations sociales semble également avoir une importance, la situation n'est pas symétrique en ce qui concerne leur relation aux soins.

Les représentations du soin restent ici plus diffuses, plus individuelles, les patients ne forment pas de «groupe», car le regroupement artificiel se fonde sur le mode existentiel du «secret respecté» de chacun et, dans ce sens, il n'y a pas de partage subjectif possible. Les groupes restreints (2/3 patients) se forment parfois, dans une sorte de défi de la puissance médicale, manière de répondre à l'omnipotence du Professeur. Mais, d'une manière générale, ce dernier reste très investi et il s'agit plus de tester les effets sur l'entourage et les spectateurs du local.

> Trois patients «non compliants»
>
> Cet après-midi-là, il fait un temps de chien. Les patients arrivent les uns après les autres trempés et de mauvaise humeur. On se retrouve dans le local à quatre : Fabienne, jeune femme de 26 ans, Jacques, 30 ans, Jean-Paul, 38 ans, et le chercheur. Tout est prêt pour une mise en scène dans laquelle la présence du chercheur en tant que spectateur a une place importante. Durant tout l'échange, aucun propos ne lui sera adressé, aucun regard ne se tournera vers lui. Le café est sur la table, les biscuits apportés par Fabienne aussi. Elle est arrivée accompagnée par sa mère, dame d'un âge certain, un peu ronde et très anxieuse. Fabienne l'envoie chercher à boire, sur un ton extrêmement tyrannique. Dès son départ, elle plaisante autour de «la vieille», qui est gentille, mais ne lui «lâche pas les baskets». Si elle la laissait, elle contrôlerait chaque médicament, chaque pas qu'elle fait dans la rue.
>
> Jean-Paul, un peu gêné, change de conversation : «Et alors comment va, ça fait longtemps qu'on ne t'a pas vue.»
>
> Fabienne : «Ouais, ça va, ça va même mieux!»
>
> Jacques : «T'en as de la chance, moi ces saloperies que l'autre (le Professeur) nous donne me rendent malade comme un chien.»
>
> Fabienne : «Ben, faut pas les prendre. De toutes façons, ils le savent pas. Le mois dernier, j'en avais marre, j'ai rien pris pour ainsi dire. Eh ben à l'examen, ils m'ont trouvé mieux, les T4 ça avait remonté et tout... (...) Le Professeur, il était content, il a dit c'est le nouveau traitement, ça m'a fait rigoler mais j'ai rien dit.»

Jean-Paul : « C'est vrai qu'il faut aussi s'arranger, voir ce qui est bien, ils peuvent pas savoir pour chacun. Moi, j'ai vu qu'en arrêtant de temps en temps, ça va mieux et ça bousille moins. »

Jacques : « C'est ce que je vais faire. Ils nous emm... aussi. On va pas toujours faire ce qu'on nous dit... comme si on pensait pas. »

Fabienne : « On n'est pas des chiens... bon ça va être à moi. Peut-être que je vais lui dire pour l'autre fois... »

Pour les patients, le local d'accueil se présente davantage comme un lieu à conquérir, il est investi peu à peu au fur et à mesure de l'avance de la maladie, et il va faire l'objet de tentatives d'utilisation afin de reconstruire les différentes Enveloppes protectrices du moi (corporelle, subjective, familiale, sociale).

Au niveau de l'hôpital de jour, on peut principalement constater que l'illusion partagée avec les soignants renvoie davantage à des valeurs d'acceptation et d'absence de jugement, qu'à des représentations de soins particulières. C'est-à-dire à des valeurs qui ont à voir (en creux) avec la faute, la culpabilité, le procès, tout en n'étant jamais formulables puisque le « secret » est tu : jamais il n'est fait directement ou indirectement allusion aux modes de contamination.

Monsieur Denis, le secret bien gardé.

C'est le père d'Alain, jeune homme de 30 ans, qui décèdera du Sida peu de temps après cet entretien. Monsieur Denis a souhaité témoigner pour la recherche. Il veut être d'une aide quelconque pour qu'on comprenne la cruauté de la vie des patients et de leur famille et pour qu'on améliore les services de soins. Monsieur Denis me dira beaucoup de bien de l'équipe qu'il comparera à d'autre lieux où son fils a été hospitalisé. Il dira combien les familles souffrent de voir « leurs enfants traités comme des pestiférés, mis sur des draps en papier qu'on jette tous les jours... et qui font atrocement souffrir des patients très dénutris ». Il parlera de la vie au jour le jour. Des contraintes tyranniques de son fils, de ses sautes d'humeur, de ses exigences et du fait qu'il lui passe tout, car il ne lui reste plus rien à lui et à sa femme.

Il racontera l'histoire telle qu'il la vécue, telle qu'il la connaît, ou plutôt qu'il veut la connaître. Son fils, engagé dans l'armée et parti au loin, « pour sa patrie », son fils entraîné par les autres dans des lieux mal famés, comme c'est normal pour un homme jeune fort et vigoureux de chercher à conquérir des femmes et de... finir par « mal tomber ». Car son fils est cet homme fort dont il est fier, dont il veut être fier jusqu'au bout. Monsieur Denis dira aussi ce qu'il attend de l'hôpital et des autorités. Mais, ce qui est le plus frappant dans son discours, c'est la reconstruction de l'origine de la maladie : toute l'équipe semble savoir que c'est faux, ce que le chercheur découvrira après l'entretien...

Toute l'équipe participe donc du secret d'Alain et participera au-delà de son décès à la préservation de celui-ci. Alain, homme fort, engagé dans l'Armée oui, parti au loin oui, mais... pour cacher son homosexualité à sa famille. Alain le tyrannique qui voudrait que ses parents payent ce qu'il considère comme leur faute : cette obligation de départ au loin. Toute l'équipe tentera donc régulièrement de colmater les failles du discours d'Alain pour réconcilier le père et le fils, pour (re)constituer dans et à travers la maladie une enveloppe familiale qui doit protéger l'unité.

Mais ce secret tu a-t-il aidé à la vérité du sujet ? On n'en saura rien, aurait-il fallu aider Alain à dire ou non ? Qui le sait ? Comment Monsieur Denis pourrait-il comprendre les mouvements chaotiques d'humeur de son fils ? Cela restera une question jusqu'au bout. Après le décès d'Alain, Monsieur Denis a demandé s'il était possible d'avoir un double de la cassette de cet entretien, pour «écouter, pour comprendre», a-t-il dit ; saura-t-il jamais ce qu'il n'a pas voulu savoir ?

Les propos partagés entre soignés et soignants montre que l'idéal «familialiste» des unes s'articule avec le besoin des autres de conserver voire de restaurer «la crypte familiale». Car bouger celle-ci serait faire voler en éclat le refoulement originaire constitutif de la famille (qui présente souvent une position ambivalente) et cela au moment où ces sujets se sentent vulnérables et sans protection.

Leur appel au local, en dehors des besoins de soins, témoigne à la fois du pouvoir enveloppant du lieu de soins et de l'impossible de leur être-dans-le-monde en dehors de la maladie. Car ces patients ne se sentent plus comme les personnes en bonne santé et ne peuvent accepter leur difficile position face à l'être-pour-la-mort. Il leur faut donc pouvoir maintenir ce qu'ils pensent être leur ultime protection. Les demandes, défis et réclamations faites aux soignants révèlent cette ambivalence accrue des défenses. Ces défenses constituent des manières également de maîtriser encore leur existence tout en intégrant l'espace social : défier en adaptant les traitements, défier en provoquant le doute sur la sexualité, etc.

Le défi des soignantes et le sexe

Un matin, en arrivant, on entend de grands rires qui fusent du local d'accueil. Mireille, l'aide-soignante, se trouve là avec la psychologue du service et deux patients. Marc, environ 35 ans, grand, fort, agréable physiquement et tout habillé en cuir noir moulant, et Albert, la trentaine en jean et col roulé. Les deux s'amusent beaucoup, Marc s'adresse à Mireille : «Et ton mari qu'est-ce que tu en sais de ce qu'il faisait, quand il n'était pas à la maison, beaucoup d'hommes sont bi-sexuels». Mireille, légèrement mal à l'aise, rit et répond : «Ben, oui, qui sait, peut-être qu'il cachait un fouet sous le matelas».

L'arrivée du chercheur et le rituel des salutations matinales mettent une fin provisoire à l'échange. Puis, Albert reprend : «D'ailleurs, vous aussi entre filles... même comme ça on peut l'attraper».

Il s'agit d'une des rares fois où la question de la contamination est évoquée dans le local. Pour ce faire, il faut l'aborder par la provocation et le défi. En fait, derrière ces mécanismes se profile une grande angoisse de la part de Marc, qui se montre soit séducteur, soit agressif envers le personnel soignant. Mais ce sera alors la psychologue qui reprendra la balle au bond pour évoquer la question de la sexualité, des incertitudes et des inquiétudes qu'elle provoque. Mireille part aussitôt.

Le local d'accueil, en tant qu'espace intermédiaire co-construit, permet donc à certains, ceux qui adhérent aux idéaux du groupe soignant, de maintenir un lieu social d'investissement qui constitue une métaphore de la famille idéalisée en tant qu'enveloppe soutenante de la corporéité. Ici encore, les enseignements de la recherche incitent à ne pas attribuer l'expression défensive des patients (propos crus, non-compliance, etc.) à la seule responsabilité d'une personnalité opposante, ou dépressive (ou autre qualificatif psychopathologique).

Prendre en compte les mouvements psychiques complexes et inconscients qui constituent le soubassement des représentations de la maladie dans son rapport à son corps, à son soi et aux autres, permettrait d'éviter des comportements positivistes du soin. Ainsi, le refus (ou manipulation) des médicaments, la difficulté à faire face à un pronostic plus favorable, l'oubli des consultations, et tant d'autres comportements qui, du point de vue rationnel, semblent étranges, prennent un autre sens lorsqu'on les insère dans leur contexte intersubjectif existentiel et intrasubjectif psychique.

Cette formation idéale «familialiste» se présente comme un organisateur nécessaire pour que les deux groupes puissent maintenir l'illusion de communication et ainsi favoriser la tâche primaire du soin. La force de cet organisateur tiendrait au fait qu'on peut le considérer comme une création intersubjective de mythe partagée, c'est-à-dire un interface entre conscient et inconscient, à la création duquel participent collectivement les sujets. Elle a l'intérêt d'attirer l'attention sur les «créations intersubjectives de mythes partagés dans le soin», tout en paraissant, dans son contenu du moins, spécifique à ce lieu de travail.

3. SUBJECTIVITÉ DES SOIGNANTS ET TRAVAIL INSTITUTIONNEL

Plus prosaïque, mais non moins intéressant, ce travail a permis également de tirer quelques enseignements pratiques susceptibles de permettre une approche subjective et intersubjective de la souffrance au travail (Dejours, 1994). Il a proposé une restructuration du Service favorisée par le déménagement dans de nouveaux locaux. Considérant qu'une équipe de travail doit être appréhendée comme un système, une restructuration devait s'articuler autour de deux points essentiels :

1) Il est important de ne pas confondre «se faire du bien en parlant» et formaliser des pratiques de travail; comprendre «ce que parler veut dire» dans un contexte de travail est différent d'entreprendre une théra-

pie personnelle. Du fait de l'intime articulation entre subjectivité, attentes institutionnelles et représentations sociales, des groupes de parole destinés aux soignants qui psychologiseraient les pratiques seraient inefficaces voire néfastes pour tous.

Les pratiques du travail de soin sollicitent profondément la subjectivité, mais elles ne sont jamais coupées des problématiques socio-institutionnelles et, de ce fait, seule une démarche systémique et collective peut permettre de ne pas sombrer dans une « folie subjectivante » ou dans une « revendication sociale mal adressée ».

2) La place du lieu d'accueil indique l'importance intersubjective et humanisante des lieux de « passage », des lieux « entre-deux ». C'est dire combien ces « lieux de vie » méritent un travail institutionnel approfondi, mais à condition que les intervenants-animateurs de cette réflexion soient extérieurs à la co-construction du service.

Rester attentif à cet « ordre », à cette « organisation du monde », de manière à moins « brouiller » les places et les lieux de chacun, c'est aussi préserver les règles d'humanisation des hommes en société. Le psychologue du service se trouve recevoir à la fois les patients, la famille, les plaintes de l'équipe soignante et les états d'âme du chef de service, mais il ne peut prétendre tout analyser et prendre qui en thérapie, qui en analyse du groupe de travail.

Ainsi, dans une approche en psychologie clinique de la santé, le psychologue peut effectuer des interventions diverses (thérapie, supervision, groupe d'analyse des pratiques, etc.), mais à condition que celles-ci se déroulent dans des lieux et/ou des cadres différents. Cette nécessaire distinction est la conséquence directe de la prise en compte de la co-construction de l'espace de soins. Dans un système, on ne peut être et à l'intérieur et à l'extérieur. Si la prise en compte de l'intersubjectivité n'est ni un vain mot, ni simple confusion avec l'ajout de deux subjectivités, alors, un modèle en psychologie qualitative de la santé doit intégrer dans son analyse l'émergence des créations intersubjectives singulières à chaque situation de soins.

Importance de la co-construction du cadre de soins

Loin de mésestimer ou de méconnaître les efforts de chacun, patients, médecins, équipe soignante, il s'agit ici d'aider à la réflexion sur la participation de chacun à un tout qui, dès lors, ne se réduit plus jamais aux parties.

Cette complexité s'oppose à une approche réductrice de la maladie au seul sujet qui s'en défend tant bien que mal.

A un moment où une maladie comme le Sida mine le consensus de la «révolution sexuelle» (qui n'a jamais existé...), à un moment où un certain nombre des bases de notre civilisation, sans s'effondrer, semblent se déliter, il est de bon ton «psycho-socio-médico-médiatico-politique» de faire appel aux deux piliers supposés solides : celui de la religion et celui de la famille. Les restaurer permettrait de retrouver une Civilisation idéale (comme celle du XIXe siècle?). Il ne m'apparaît donc pas anodin qu'au niveau de la psychologie de la santé, certains travaux du courant dominant présentent des recherches qui vont dans ce sens. Rappelons que le support social (le plus souvent familial) semble influer positivement sur la santé, voire sur la mortalité puisque les célibataires décèdent en moyenne plus tôt que les personnes mariées (Rhodes, 1997). De même, la pratique religieuse protégerait de certaines maladies somatiques. Les psychologues américains n'hésitent d'ailleurs pas à encourager la ferveur religieuse comme mode de coping efficace (Potts, 1997).

Dès lors, on peut s'interroger sur les conséquences de l'intégration du «social» dans le modèle bio-psycho-social. Quelles valeurs défend-il? Comment un seul facteur peut-il déterminer son rapport à la maladie. Ne faut-il pas bien plus interroger le système dans lequel tel individu (veuf, célibataire, marié) s'est inséré et comment il vit ce système?

Pour ce qui concerne le support social familial, la recherche en psychologie clinique de la santé penche davantage en faveur de liens ambivalents et complexes, que d'une relation univoque positive. Il était singulier que tous les patients rencontrés se soient retrouvés dans leur famille. Certains étaient mariés et leur épouse (voire leurs enfants) les accompagnait. D'autres étaient retournés dans la famille lors de l'apparition de la maladie. Tous entretenaient une relation difficile tout en se montrant très dépendants. De leur côté, leurs proches vivaient également dans une grande souffrance ambivalencielle. Les brèches familiales semblaient autant à l'origine de rechutes que d'autres événements, du moins du point de vue du sens qu'en donnaient les patients.

La recherche montre comment l'idéal «familialiste» s'insinue dans le soin, à la demande même des patients. Et comment, chez des patients touchés par une maladie dont les médias et la prévention soulignent toujours le lien avec le sexe, la drogue et le sang, il va y avoir au moment de son dévoilement un appel à la reconnaissance familiale. Mais que se joue-t-il dans cet appel? Au moment où on estime que «la mort est annoncée», quels comptes règle-t-on avec ceux qui ont donné la vie?

Quelles dettes réapparaissent vis-à-vis de ce groupe familial qui a constitué le soubassement de l'expression de son identité sexuée ? Qu'est-ce qui sera exigé des soins, lorsque l'impuissance semble gagner l'ensemble du médical ?

On peut remarquer également que l'absence de questionnement sur la singulière proximité entre l'idéal d'une «relation familialiste réparatrice» et les situations familiales réelles des uns et des autres entraîne :
– des risques du fait de l'absence de prise en compte de la prévention et de la sexualité dans la vie personnelle des soignants ;
– de la souffrance au travail ;
– une dépense psychique importante inhérente à la constante nécessité de maintenir des dénis (des questions primordiales sur la mort et la sexualité).

Dans une démarche en psychologie clinique de la santé, le fait de prendre en compte l'importance de l'intersubjectivité, celle de l'action située dans un contexte socio-culturel, ainsi que les modes de co-construction des systèmes de remédiation et de soins, n'implique aucune prise de position sur les valeurs positives (ou non) de l'échange intersubjectif humain.

Il s'agit d'une position concrète : l'homme est un être social et culturel, c'est un être mortel, et son rapport au corps et à la maladie ne peut être coupé de son contexte social et culturel. Cette position, qui prend en compte l'histoire du sujet avec sa structuration intime et inconsciente du rapport aux autres, ne peut, au vu de la clinique, affirmer que support social (perçu ou non), croyance religieuse ou autre «tampon», puissent être considérés dans un lien de causalité (positive ou négative) avec la santé et le bien-être du sujet.

L'importance de l'articulation entre facteurs psychiques et sociaux dans la prise en charge des soins met en évidence le rôle des «créations intersubjectives de mythes partagés dans le soin», mais ce rôle se révèle tout autant faste que néfaste en fonction de la subjectivité des patients conduits à entrer dans la construction commune.

Chapitre 8
Accompagner la temporalité du patient

Les recherches de terrain conduites durant huit ans dans un grand Hôpital Parisien concernant la Procréation Médicalement Assistée (PMA) ont connu une évolution dans le temps tant dans leur référents théoriques que dans les objectifs (pour détails exhaustifs, *cf.* Santiago-Delefosse, 1995; pour des aspects plus limités, *cf.* Santiago-Delefosse, 1993, 1997c, 2000b).

Toutefois, m'intéressant, dès le départ, tant aux aspects du malaise dans la civilisation qu'à une psychologie des foules, la méthodologie relevait déjà des approches qualitatives, comportant en particulier une observation phénoménologique et une analyse du contexte.

A l'origine, la recherche s'articule principalement autour des questions suivantes :

– pourquoi ces femmes se soumettent-elles à ces traitements de façon répétée, n'aboutissant à aucun résultat ? Si, depuis, les techniques se sont améliorées, le taux de réussite reste très modeste au regard de la subjectivité qui espère... Celui-ci dépend à la fois de l'âge de la patiente et de caractéristiques biologiques (en moyenne 20 % de résultats positifs); mais il reste que, bien souvent, les spécificités de chacune défient les statistiques des probabilités;

– quels bénéfices y trouvent-elles, pour ce qui concerne leur structure psychique ?

– sur quels points leur problématique personnelle s'articule-t-elle avec la proposition sociale médicale ?

– comment cette articulation entretient-elle un système de maîtrise sur le corps ?

– comment la proposition médicale peut-elle maintenir, voire provoquer cette « sujétion » ?

La rencontre d'un certain nombre d'entre elles, la participation aux staffs médicaux, le rôle méconnu des époux, mettront en évidence l'importance des interactions entre subjectivité intime et enjeux médico-sociaux ainsi que les limites d'une seule analyse de type psychanalytique.

1. L'INTERVENTION ET SON CONTEXTE

Pourquoi des femmes se soumettent-elles à des techniques de procréation médicalement assistée, et plus particulièrement de Fécondation In Vitro (FIV), techniques coûteuses psychiquement et physiquement ?

« Je veux un enfant », répondent-elles.

Plutôt que de questionner cette déclaration sur le mode du doute ou d'une spécificité psychopathologique, plutôt que de découvrir « des femmes sous influence » médiatique et/ou médicale, j'ai privilégié une position phénoménologique qui considère en premier la vérité des propos assumés par le sujet.

L'écoute de ces demandes de fécondation *in vitro* a donc cherché à dégager en quoi ces discours peuvent mettre en évidence une vérité du sujet, qui se révèle au cours des entretiens, tout en leur restant profondément méconnue. J'ai voulu également comprendre la « rencontre », le moment précis où le « Vouloir-mère » et les promesses médicales semblent communiquer et aller dans la même direction. Conjonction enfin réussie qui se transforme bien souvent en douloureux échec et en récriminations réciproques.

Comment intervient alors la rupture de cette rencontre, au prix de quelle réorganisation subjective et intersubjective ? Comment l'accompagner et aider à sa mise en sens ?

Le discours médical suppose chez ces femmes un désir de « guérir », et c'est leur appel et leur souffrance qui encourageraient ces pratiques : « Nous n'allons chercher personne », affirmait un médecin. La parole individuelle, prise au pied de la lettre médicale, n'est alors pas incluse dans un contexte humain et social. La construction d'une médecine du désir qui soigne un « irrésistible désir d'enfant » (Frydman, 1986) équivaut alors à une tentative d'effacement des enjeux sociaux-culturels, voire religieux, propres au discours médical et favorise la disparition de toute interrogation sur les problèmes économiques, politiques et éthiques issus de ces pratiques.

Entre répétitions insistantes des tentatives, conçues comme expression d'un vouloir qui échappe au sujet, et une proposition médicale conçue comme soin social, quelle place occupe la demande d'enfant ? Quelle expression prend ce mode de l'être-au-monde se voulant-mère ? Comment se transforme-t-il dans la rencontre avec cette proposition de « soin » singulière, puisqu'elle ne soigne rien : ces femmes resteront infertiles ?

Le temps de la rencontre

Un travail d'entretien conduit auprès de trois groupes de femmes durant six ans a mis en évidence que la poursuite des demandes de FIV se caractérise par un type de discours singulier définissant la place de l'objet enfant. Ce travail concerne un groupe de femmes poursuivant les FIV, un groupe de femmes les ayant interrompues volontairement et un groupe de femme les ayant interrompues et reprises dans un autre service.

La poursuite des FIV dans le même service correspond au temps de la rencontre avec un lien médical qui se fait dans la demande. En effet, dans le groupe de femmes poursuivant les FIV, les propos sont marqués par une absence de représentations de l'enfant tant souhaité et par un surinvestissement de la demande. Les paroles banalisent tant la situation que l'enfant, elles paraissent plaquées et apprises. Tout est justifié :

> « C'est naturel, il n'y a rien à dire », « C'est de la technique pure, c'est comme un garagiste en quelque sorte... on répare la machine ». Le mot enfant semble souvent évité, « un tout petit bébé », « il sera tout pour moi et je serai tout pour lui », « il apportera tout, on lui donnera tout, tout quoi ».

Alors que l'enfant est investi comme objet merveilleux ouvrant sur une vie sans manque, aucune activité précise ne peut être évoquée, ni spatiale (la chambre), ni temporelle (les jeux, l'école), ni affective (le mode de vie). Les femmes qui poursuivent les FIV éprouvent de grandes difficultés à associer des représentations au mot « enfant ». La répétition, la monotonie, le sens commun, l'invocation du normal et du naturel viennent combler ce vide du discours, ce qui a permis d'évoquer une structuration psychosomatique.

Par comparaison, le discours du groupe de femmes ayant interrompu les FIV présente une mobilité psychique qui leur permet de se questionner et de douter sans être immédiatement envahies par l'angoisse :

> « Cette fragilisation, cette souffrance (la stérilité), vous croyez qu'elle va partir, si on adopte un enfant peut-elle partir? ou bien il y aura toujours un manque? ». De nouvelles interrogations peuvent être formulées : « Peut-être que le désir de maternité n'est jamais comblé avec un enfant ? »

Adopter un enfant ou faire d'autres projets devient réalisable. D'ailleurs, ces femmes remarquent d'elles-mêmes la présence de pensées qu'elles avaient l'impression de ne jamais avoir eues. Or, ces nouvelles associations d'idées concernent toujours la mise en doute de la complétude apportée par l'enfant. Si la souffrance face à l'infertilité demeure, la possibilité de voir le monde autrement devient possible et, en se démarquant du besoin d'enfant, apparaît le désir de vivre et de donner.

Le groupe de femmes ayant interrompu les FIV et les poursuivant dans un autre Centre présente, quant à lui, un discours oscillant entre les deux extrêmes, mais auquel s'ajoutent des revendications agressives et dirigées contre l'équipe, voire contre l'époux. La colère s'exprime de manière non déguisée, pour ensuite laisser place à des excuses. Ces femmes semblent doublement blessées, par le fait de n'avoir toujours pas d'enfant et par le fait que les médecins du premier Centre n'auraient pas fait assez pour elles. Pour ce qui concerne les représentations de l'enfant souhaité, elles restent proches du mode d'expression du groupe qui poursuit les tentatives.

Le groupe des femmes poursuivant les tentatives de FIV, au-delà de trois fois, présente une particularité dans son rapport à la temporalité. Celle-ci paraît sous l'emprise de ces tentatives qui rythment l'espace et le temps : dès l'échec de l'une se présente l'urgente nécessité d'en entreprendre une autre. Dès lors que les tentatives s'enchaînent, ces femmes s'investissent dans une lutte contre elles-mêmes, contre le temps, contre leur corps qui s'incarne dans une affirmation existentielle unique : vouloir être Mère. Ce « Vouloir-mère » devient leur mode d'être au monde durant les tentatives et c'est de celui-ci qu'elles peuvent parler.

> « ... et puis c'est tellement dans la tête... au bout d'un moment, on... la moindre réaction devient excessive. Moi ce que je veux c'est avoir un bébé... quand on veut ça on est capable de tout supporter... je ne veux pas tomber... devenir gâteuse d'un enfant qui ne m'appartiendrait pas... pour l'adoption... nous ne voulons pas, ce sont des enfants étrangers... donc ne correspond pas à ce que vous êtes l'un et l'autre (ton de mépris)... Trouvez-moi quelque chose pour que ça marche... Un enfant qui aurait besoin de nous... il nous apporterait tout... ».

Mode d'être au monde à différencier du terme galvaudé de «désir d'enfant». Le «Vouloir-mère» ne porte pas sur l'objet, mais consiste en une affirmation existentielle, une identité pour soi et en soi, se voulant de l'essence des Mères. Ainsi, rapidement, lors des tentatives, ce qui est demandé et qui apparaît bien dans leur difficulté à évoquer des représentations de l'enfant est bien plus qu'un enfant, c'est être de l'essence idéalisée des mères : entière et non manquante. Image fascinante d'une mère comblée avec son enfant qui devient la référence de l'être. La notion de Vouloir-mère insiste sur cet être-dans-le-monde d'un vouloir qui ne se laisse pas recouvrir par le désir.

Face à la résistance du corps, redoublée significativement (pour elles) par les techniques qui échouent, l'être-dans-le-monde semble se transformer, devenir de plus en plus pénible, et le poids du vide existentiel s'incarne progressivement dans sa totalité sous la forme de ce manque d'enfant. Seule une gestalt unifiante et totalisante «d'une mère comblée avec son enfant», telle que représentée dans «l'Anna Metterza» de Léonard de Vinci, pourrait alors le combler.

Or, le Vouloir-mère, en tant que mode d'être existentiel, présente le bénéfice d'éviter provisoirement le conflit oedipien, c'est-à-dire la question sexuelle. Il permet d'afficher une volonté de duplication des mères, sur le mode de la parthénogenèse, la sexualité des femmes restant tue. Le Vouloir-mère existentiel est un mode d'expression d'une passion unifiante du moi qui évite tout questionnement de la différence sexuée. De plus, défendant leur être-dans-le-monde, cette passion les fait exister au risque de perdre la souplesse des modes changeants d'être-dans-le-monde.

> «On essaye de pas y penser... ça nous apporterait tout... même à lui... je suis sûre qu'il nous rendrait heureux... enfin... tout... si la science peut... il faut... Enfin ma mère comprendrait pas que ça fait un problème... je veux pas être une bête de foire. Pour le moment, on est pas des parents. On est rien du tout.»

Le droit à l'enfant devient un droit à l'identité d'une femme. Car sans lui, disent ces femmes, elles ne sont rien, sans lui, le vide existentiel est toujours là. L'enfant sera le seul capable de restaurer cette intégrité perdue, et il faut que cet enfant soit bien à elles, bon objet interne :

> «Trouvez-moi quelque chose, je veux bien servir de cobaye... On ne peut pas vivre sans enfant, sans enfant à soi, non je ne veux pas adopter», «je ne veux pas d'un autre qui n'ait rien de nous deux».

Les femmes qui peuvent avoir des enfants deviennent des ennemies, tout comme leur mère est soupçonnée de ne pas pouvoir comprendre puisqu'elle, elle a eu des enfants.

C'est dans ce contexte intime, existentiel et passionnel que se déroule le drame de ces femmes peu à peu prises dans des répétitions des FIV épuisantes psychiquement et physiquement. Répétitions qu'elles ne peuvent interrompre sous peine de devoir affronter le regard des autres qui reflète pour elles leur vide existentiel et leur être pour la mort dans une relation de rivalité imaginaire à l'autre femme qui a pu avoir des enfants : leur mère. Dès lors, le temps va être rythmé par les examens et protocoles répétées et elle vont se trouver dans un temps chronique car « quand on a le désir d'enfant, on ferait n'importe quoi ».

Le temps chronique de l'attachement

Pour que les femmes poursuivent les FIV dans le service, il faut que le temps de la rencontre se fige dans la répétition des FIV introduisant à une temporalité répétitive. D'un déroulement temporel chronologique, ces femmes vont passer au monde chronique de l'attachement tant aux techniques qu'aux médecins, qui vont être vus comme « une personne qui peut apporter la chose... à qui... on se donne complètement ».

Les femmes qui poursuivent les FIV prennent appui sur le médical et sur son idéal de guérison à tout prix pour conforter leurs demandes. Les médecins rencontrés deviennent le support d'investissements affectifs importants :

> « Les médecins sont formidables, ils font tout », « il est convivial, chaleureux, il s'occupe de nous toutes », « vous êtes un peu comme, je dirais pas des Dieux, mais vous faites beaucoup pour nous ».

La temporalité figée des tentatives semble porteuse d'une identité possible, malgré ses rythmes entre rêve et déception :

> « On m'avait fait un nouveau traitement, et cette fois l'ovulation a bien été obligée de se faire, mais ça n'a pas marché, je recommence, je suis prête à tout », « je recommencerai tant que j'aurai une chance ».

Le lieu hospitalier est investi comme le seul lieu où elles se sentent en sécurité psychique, reconnues et entendues entre elles : « Ici, on se connaît toutes, on a les mêmes problèmes, on se comprend ». Par contre, la grossesse des unes lorsqu'elle arrive convoque l'ambivalence et à nouveau ce sentiment d'injustice d'être privé de l'objet qui rend femme, c'est-à-dire mère :

> « Ma mère elle nous avait nous, ses enfants ; mes frères ils avaient tous les droits, c'étaient des garçons ; et moi je n'ai toujours rien ».

L'inscription sociale permise par la médecine se révèle porteuse d'une « identité », elle permet que l'être-dans-le-monde de ces femmes ne soit plus confondu avec un vide existentiel « puisqu'elles font quelque chose ». Ainsi, l'offre de remédiation médico-sociale produit des bénéfices secondaires non négligeables.

Les contacts et regroupements avec d'autres femmes dans la même situation offrent à la fois un support social et identificatoire ; elles ne sont plus seules dans le malheur, d'autres ont le même idéal et idéalisent les mêmes médecins. Une communauté des « sœurs » demandeuses permet alors l'instauration d'un idéal du moi contre les angoisses individuelles et commun pour toutes. La formation de foule, créée avec un meneur médical, loin de se réduire à une « influence médiatique et/ou médicale », fait partie d'un système complexe auquel participent les différents acteurs.

Cet appel au médical fait également partie d'une stratégie de faire face de type « résolution de problème ». On peut donc le considérer comme une recherche d'équilibre qui semble s'adresser à un père pouvant les faire sortir de la rivalité imaginaire à l'autre femme qui a pu avoir des enfants :

> « Quand même, les médecins sont formidables, Monsieur X et les autres... ils m'ont dit qu'il y avait beaucoup de choses qui se font. On (!) avait fait déjà beaucoup de choses, mais euh j'avais pas de prise de sang, d'examens réguliers comme ça, pas pareil qu'ici, c'était pas assez pour que ça marche (...) ici c'est convivial, on sait tout les unes des autres, les examens, les taux, les prochaines tentatives, on forme un petit club (rires)... Enfin, il faudrait penser à faire un lieu pour nous, hein... parce que... parce que on nous met avec tout le monde.... (-?-) enfin avec celles qui peuvent avoir des enfants, parfois trop, elles peuvent pas comprendre... ».

Cette constitution d'un groupe unit, réunit imaginairement toutes les femmes qui ne peuvent pas en avoir un, et exclut les autres, les mères (pour lesquelles ces femmes peuvent avoir des propos très durs). Cette formation groupale et sociale protège des angoisses individuelles, elle permet une structuration, tout en restant un support (social ?) fragile. Elle procède par exclusion de ceux qui sont ressentis comme « différents ». Grâce au médical, on pourrait échapper au vide existentiel sans avoir à affronter le conflit rival avec l'autre, la mère.

Ce support comporte donc des aspects positifs pour la vie de ces femmes, il allège le poids de la souffrance existentielle, par contre, il comporte également des aspects destructeurs, au point de vue psychique (il les soumet au pouvoir du médical, capable de féconder toutes les femmes) et au point de vue intersubjectif (il réduit l'époux sexué au niveau de la tendresse fraternelle).

Ainsi, la tentative de résolution du conflit, qui avait constitué le point de départ de l'appel à la remédiation sociale et le bénéfice de support apporté par le partage des mêmes idéaux porte le germe d'une possible aliénation au pouvoir médical. Car les propositions médicales, tout en colmatant partiellement les questions existentielles, les entretiennent dans une « mise en suspension » de la temporalité du conflit. La rencontre du médical met en suspens le choix existentiel sans jamais le résoudre.

Lorsque les démarches et les tentatives de FIV se multiplient, le temps devient figé dans un commencement qui n'en finit plus, se transformant en une interminable grossesse.

Le temps critique du désamour

Certaines (très nettement minoritaires dans la recherche) interrompent volontairement les fécondations, le plus souvent sans donner suite dans le Service, comme s'il fallait couper tous les ponts pour être assurées de ne plus « être tentées ». Comment arrivent-elles à sortir du système auquel elles participent ?

L'arrêt de cette « auto-reproduction » du système semble intervenir après une défaillance de celui qui est investi du pouvoir phallique, à la suite d'un événement vécu comme une faute médicale, c'est alors le temps critique du désamour.

Alors que durant les tentatives, les femmes n'osent guère critiquer le médical et qu'elles relatent leur vie dans une sorte de temps gelé et répétitif, lors des arrêts va reparaître une chronologie et une temporalité en rapport avec l'insatisfaction et le reproche adressé au médical. Retrouvant une temporalité dans leur vie, la lourdeur des interventions devient subitement insupportable dans ses aspects répétitifs et douloureux. De même, le jugement du médical, suspendu dans le temps chronique, peut retrouver sa place et c'est alors que les incompétences des médecins apparaissent au grand jour.

Faut-il y voir des réalités subies et tues jusque-là ou une réaction à cette temporalité figée et subie ? S'il est difficile de répondre à cette question, ce qui est évident, c'est que la position idéalisante et figée à l'extrême des femmes qui poursuivent les FIV n'est pas plus proche de la réalité que les récriminations qui apparaissent après coup. On sait, par ailleurs, que l'idéalisation conduit souvent au rejet à un moment ou à un autre :

« J'ai eu dix anesthésies générales et les examens avec... j'y pensais toute la journée et toute la nuit... et rien », « la dernière tentative s'est mal passée, il a fallu tout enlever, plus les trompes, là ça a débordé », « les médecins on les idéalise, on croit en eux, on met tous nos espoirs entre leurs mains, et... Ce sont des humains comme nous, ils redescendent dans notre estime ».

Dans le groupe de femmes rencontrées ayant interrompu les FIV, toutes s'interrogent sur le fait d'avoir supporté ces épreuves médicales durant si longtemps. Certaines regrettent le temps perdu :

« Si on ne les avait pas écouté, si on avait adopté avant, maintenant il aurait six ou sept ans, et pendant ce temps il aurait grandi et on aurait profité de lui et lui de nous... ».

Il semble donc que les modifications des attentes face au médical s'effectuent dans la douleur et la déception. La déception, en relation avec une désidéalisation des médecins, des femmes qui ont interrompu semble inversement proportionnelle aux investissements et attentes vis-à-vis du médical des femmes du groupe qui poursuit.

Toutes disent avoir été fortement déçues par les réponses médicales ; elles font état d'erreurs médicales les ayant mises en danger (sans que nous ayons pu en retrouver de trace dans les dossiers).

Ce n'est qu'à partir de cette mise en doute ébranlant le support médical par la certitude d'avoir subi un préjudice physique grave, voire d'avoir frôlé la mort, que ces femmes arrivent à arrêter les tentatives. Alors seulement elles vont s'interroger. Une patiente à la limite de l'arrêt dira : « Moi, il faudrait qu'un jour quelqu'un me dise : bon, ben maintenant ça suffit ».

La réapparition soudaine de l'être pour la mort s'oppose au vide existentiel impossible à vivre, dès lors le choix existentiel se présente comme une exigence pour le sujet. Pourtant, cela ne suffira pas à entraîner un arrêt définitif, car certaines femmes vont alors consulter ailleurs, reconstruire un autre support à leur idéal dans un service « où les médecins seront plus compétents ».

Pour que les tentatives arrêtent, il faut que le mari énonce clairement qu'il « faut que cela cesse ». C'est dans la nécessité de cette intervention intersubjective qu'apparaît le plus explicitement le fait que les FIV, loin de n'être qu'une affaire d'une médecine « suggestive », ou qu'une affaire des femmes « stériles et/ou névrosées », sont avant tout le montage construit d'un système constitué des interrelations de tous les membres.

« Enfin le principal c'est déjà le désir d'enfant... après si on peut avoir un enfant à nous, c'est très bien... le principal c'est l'enfant et ce qu'on peut lui apporter... Le cap est passé... le manque d'enfant c'est pas pareil que le manque de maternité... ça a rien à voir avec être un homme ou une femme. Faut voir où qu'est-ce qui est important dans la procréation. »

Articuler subjectivité et proposition de remédiation médico-sociale exige de se détacher des anamnèses et des explications de l'origine des failles narcissiques qui favorisent ces mouvements structurels régressifs au point de vue psychique individuel.

Ce travail révèle les impasses de l'appel aux remédiations sociales lorsqu'il s'agit de régler des problématiques individuelles. Il ne se situe pas dans une position manichéenne pour ou contre la technique, mais cherche à démontrer la complexité des enjeux pour chacun des acteurs. Ainsi les fécondations *in vitro* peuvent constituer, au départ, une tentative de résolution d'un conflit psychique, bientôt limitée non par les médecins, en tant que personnes, mais par les caractéristiques du système médical.

2. MOUVEMENTS D'ORGANISATION/DÉSORGANISATION DES MÉCANISMES DE DÉFENSE

Le fait que certaines femmes interrompent les tentatives, même si elles restent minoritaires, tend à montrer que les mécanismes de défense peuvent se transformer, ou bien connaître un mode de transformation, en mécanismes de dégagement.

Articulation des modes défensifs de différents niveaux

Ce travail de dégagement, bien que faisant partie de la lignée des mécanismes de défense (Lagache, 1956), se distingue structurellement des autres défenses utilisées jusque-là : du coping par résolution de problème qui a donné lieu à l'appel au médical, comme des défenses ritualisées lors des traitement, comme de celles, inconscientes, issues de la régression/fixation du moi et présentes dans la répétition obligée des tentatives.

Coûteuse du point de vue psychique, cette défense qui exigeait la répétition sans fin va faire place à un choix existentiel questionnant les relations entre soi et le monde. Le conflit est alors affronté avec un extérieur qui ne semble plus mériter amour et confiance. Il supporte une externalisation imaginaire qui présente l'intérêt de ne plus le méconnaître, même s'il est déplacé. Son acceptation ouvre sur de possibles résolutions.

> «C'est pas toujours bien à 100 %. On a des questions : est-ce que je vais être satisfaite ? Est-ce que le manque va être comblé... Avant dans le métro je voyais une femme enceinte dans le métro et c'était terrible... une jalousie... maintenant on l'a assimilé. C'est aussi par rapport à l'enfant (adopté) qu'on se pose des questions.»

La déception face à «l'incapacité» médicale, «eux non plus n'y peuvent rien, ils ne sont que des hommes (et non des Dieux)», les laisse démunies : tous les bénéfices défensifs issus de la participation au système s'effondrent, exigeant une reconstruction du monde.

Pour certaines, cette brèche dans la confiance et le doute qui s'insinue, ne sont pas suffisants pour que les répétitions cessent. Ils deviennent le support du défi ou des transgressions auprès d'autres équipes. Ils introduisent bien une modification du monde, mais le choix existentiel les conduit à défier les autres, plutôt qu'à interroger leur position.

> «Les attentes, les examens, les relevés de température... A chaque fois rien. Les jours de cycle à compter, les prises de sang... Ne plus pouvoir faire d'activité, ou programmer quelque chose pour nous... l'attente... Mais dans le nouveau service, j'ai confiance, ils sont plus attentifs, et on verra bien, j'ai confiance dans le Pr. X, il m'a semblé très calme, très posé, très bien... Bon, je dis pas que j'en ferai autant... je sais pas...»

L'angoisse de mort, la déception et la présence du doute n'empêchent nullement d'espérer l'existence d'un qui ne manquerait pas, ailleurs, tout en le mettant au défi de le prouver. Pour ce dernier groupe de femmes, la vie semblait être un enfer de revendication, d'agressivité et de défi contre tous : les autres femmes, les médecins et soignants, leur époux, leur famille... et, en fin de compte, elles-mêmes. Les défenses reconstruites ne les protégent plus que très partiellement et on peut craindre pour leur santé physique et/ou mentale.

Désorganisation et dégagement défensif

Une parole particulière des époux apparaît comme l'ultime condition, nécessaire et coexistante pour que les dégagements des FIV soient à l'origine d'une modification du vécu du monde par ces femmes et, de ce fait, semble bénéfique à leur équilibre psychique.

Les époux dont les femmes poursuivent les répétitions possèdent une caractéristique commune : leur ambivalence par rapport à la demande d'enfant, aux modifications relationnelles qu'entraînerait sa venue et aux techniques médicales. Ils ne se prononcent pas positivement d'une façon aussi ostensible que leurs épouses, mais ils ne mettent jamais ces dernières face à un choix clair, entre ces démarches, leur désir et leur couple, par exemple.

D'ailleurs, les femmes qui poursuivent les tentatives dans d'autres services ne font pas état d'une intervention déterminée de la part de leur époux. Si celui-ci pense parfois qu'il faudrait qu'elles interrompent, il les laisse libres de décider et elles en déduisent qu'il souhaite lui aussi poursuivre, sous entendu qu'il «les veut différentes».

Or, l'analyse des processus à l'œuvre dans l'interruption des démarches indique combien leur parole se révèle primordiale, comme si elle venait en lieu et place de celle laissée vide par le médical. Soit que ce vide leur permette enfin de s'affirmer, soit qu'il permette que leur présence soit entendue.

Dans tous ces cas, l'époux prend clairement et fermement position pour un arrêt définitif. Ils déclarent :

> «que tout cela suffit», «qu'elles vont finir par perdre la santé... et peut-être même la vie», «qu'il faut savoir un jour arrêter. Toutes ces opérations pour rien, tout ce temps perdu. Il faut passer à autre chose. De toutes façons, la santé est plus importante».

Si elles veulent continuer, cela se fera sans leur concours... Lorsqu'elles relatent ces propos, les femmes le font avec une certaine fierté et se montrent heureuses de pouvoir en faire part. Elles y voient une démonstration que leur mari les aime, les accepte, les reconnaît comme elles sont et... «comme c'est lui qui insiste pour bloquer les démarches, alors...».

Leur mari prend en charge la culpabilité inhérente à un possible arrêt et met un terme à ces jeux de miroir entre mère et fille en limitant le déchaînement de la relation identificatoire et en coupant court à cette recherche de reproduction du même. Cette prise de parole bouleverse les femmes. Le soutien est un au-delà d'un support social, il s'agit d'une attestation de reconnaissance. Une femme «peut compter» sans être mère alors elle doit également pouvoir assumer son authenticité à travers le choix existentiel.

Le féminin singulier doit être nommé par l'homme, contrairement à la maternité de l'ordre de l'universel phallique qui peut tout aussi bien se passer du désir de l'homme et de la nomination. La preuve d'amour recherchée chez cet enfant qui ne vient pas, dans cette volonté d'incarnation relevant du forçage de la démonstration, pourrait se retrouver métaphoriquement dans cette parole du mari, comme preuve de reconnaissance, grâce à la parole.

Ce mouvement pour se dégager des mécanismes de défense passionnels comme de ceux proposés par le social n'est pas linéaire. Toutefois, il apparaît bien comme mode d'ajustement défensif à une situation nouvelle. Dégagement défensif ancré sur un vécu existentiel nouveau, soutenant l'engagement dans un mode de vie, parfois difficile, puisque sans enfant, mais dont l'être tire fierté du fait de son vécu comme engagement authentique.

Les mouvements d'organisation/désorganisation défensifs sont simultanés et en prise directe avec les mouvements existentiels. Bien qu'issus de niveaux différents (cognitif, phénoménologique, moïque), ils œuvrent non pas en « réponse à », mais en « ajustement avec » le vécu des sujets aux prises avec le monde.

3. PLACE DE L'ENTOURAGE ET DU CONTEXTE DANS L'ESPACE MÉDICAL

L'étude phénoménologique des Fécondations In Vitro soulève un certain nombre de questions concernant les fonctions du mari dans cette clinique : comment les hommes peuvent-ils s'y retrouver ? Quelle est leur place durant les tentatives face aux échecs ou à la réussite ?

Comme ces techniques ont la particularité de présenter des effets de fascination donc d'aveuglement ne facilitant pas le recul, on court rapidement le risque de glisser vers des lieux communs rapides concernant une possible « carence du père », ou les risques d'une « absence du père », voire ceux d'une « dégradation de la civilisation ».

Or, loin de nier cette fonction dans sa totalité, l'idéalisation des Mères ne peut que soutenir de fait la promotion d'une sorte de père : celui qui peut leur faire face, mais qui pour être particulier n'en reste pas moins le porteur phallique que toutes convoitent, reconnaissant ainsi leur manque.

Mais davantage que les aspects imaginaires mis en évidence par l'analyse phénoménologique, qu'en est-il du père dans sa fonction symbolique ?

Une psychologie clinique de la santé n'a pas à se contenter d'analyses environnementalistes, « trop ou pas assez » de père, mais à tenir compte de la clinique qui met en évidence qu'il peut y avoir un Oedipe constitué en l'absence de père ou malgré sa psychopathologie propre. La question du père normal (sa pathologie) est une question, la question de sa position normale dans la famille en est une autre. Il est donc différent d'évoquer sa carence dans la famille (présence ou absence dans la réalité) et sa carence dans le complexe (place dans le désir de la mère), ce qui introduit une autre dimension autre que réaliste (cognitive) et qu'imaginaire (phénoménologique).

Ces divers registres se présentent différemment pour les femmes et pour les hommes, et nous en avons ici une illustration.

Pour ces femmes, ceux qui semblent «avoir» ne peuvent être que de l'espèce des Mères (avoir des enfants), soit leur pendant, déplacé, donc déjà dans l'ordre d'une fonction tierce : les médecins (pouvoir faire avoir des enfants). Bien que ceux qui «ont» ne soient pas forcément les époux, elles se considèrent manquantes et s'affirment, par leur revendication à un enfant, comme désirantes. La fonction normativante Oedipienne semble le plus souvent en place, avec une configuration particulière qui ne pourra être sans incidence, tout en ne remettant pas en question totalement son rôle. Ce qu'elles disent, c'est bien plus leur vide existentiel, leur impossibilité de vivre sans agir et sans avoir au moins l'impression de faire quelque chose, que leur absence de manque. L'appel au tiers est toujours présent dans les paroles de ces femmes : «que quelqu'un fasse quelque chose».

Alors que du côté des hommes, la situation dans les FIV semble beaucoup plus difficile. Que la technique aboutisse ou pas à la mise au monde d'un enfant, le rapport des hommes au médical se présente comme foncièrement différent, d'où certainement leur distance : ils ne reviennent dans les services que peu fréquemment, sauf «s'il y a besoin d'eux» (recueil de sperme), donc lorsqu'ils peuvent encore faire preuve qu'ils sont porteurs de quelque chose. Ils sauvent ainsi un «avoir» quelque chose face à la rivalité introduite par les femmes vis-à-vis des médecins.

Dans les FIV, il est difficile de dire ce que sera la fonction du père tant que l'enfant ne viendra pas occuper une place pour la mère, qui aura alors à ménager (ou pas) un espace pour la parole du père. Les propos prédicteurs me semblent de peu d'intérêt tellement les aménagements dans la nomination de l'ensemble de la constellation familiale vont se modifier par rapport au couple et à la venue de l'enfant (tout comme lorsque l'enfant est conçu par un acte sexuel). Bien entendu, on peut faire état de cas cliniques destructeurs, mais ces cas se retrouvent aussi en dehors des Procréations Médicalement Assistées (PMA).

S'il est vrai que, dans les PMA, la parole des maris (pas encore pères) semble de peu de poids, il n'en reste pas moins que leurs actes indiquent une participation aux démarches. Or, personne dans les services ne semble s'occuper de ces sujets en errance, sauf au moment du recueil de sperme.

Pourtant, outre le poids de leur parole lors des arrêts des tentatives de FIV, ce sont eux qui, lors des premières demandes, osent poser la question des « risques » médicaux, qui s'inquiètent de la santé de leurs épouses. Il est vrai qu'ils restent toujours très « objectivistes » et qu'ils ne posent jamais la question des difficultés psychologiques, mais ils interrogent le savoir médical dès le départ.

Leur position tout au long des tentatives gagnerait à être mieux connue, de même qu'il serait important de leur proposer des lieux de parole. Il n'est pas rare que les infirmières remarquent combien certains « vont mal », semblent en souffrance et surtout considèrent que la « maternité » n'est pas un lieu de parole pour eux.

Ici encore, on peut s'interroger sur les origines de cette organisation des rôles dans les FIV. Les médecins affirment que les hommes se font rapidement absents, car les examens et visites perturberaient leur travail ; les femmes acquiescent, tout en le déplorant. Mais dans une optique interactionniste, on peut s'interroger sur la nécessité de cette mise à l'écart, quelle est la fonction de cette absence-présence, leur parole ambivalente lors des poursuites des tentatives pourrait-elle avoir un lien avec cette fonction ? Qu'est-ce alors qui leur permet une prise de position ferme en faveur de l'arrêt ?

Un tel questionnement exige la poursuite des travaux (en cours), mais également une attention accrue des services à l'accueil de ces hommes, et surtout à la prise en compte de la dynamique du couple dans ces tentatives.

Ainsi, le passage d'un monde hors hopital, hors maladie à un monde hospitalier de la maladie ne devrait pas faire oublier l'importance de l'entourage du patient et sa place dans le processus non seulement en tant que support social, mais vraiment comme partie prenante de la construction de l'état de « malade » en soi.

Accompagner les arrêts : donner sens au désamour ?

Qu'ils soient librement choisis ou bien imposés (lorsque le nombre de tentatives ayant échoué indique le peu de chance de réussite des techniques), ces arrêts de FIV sont toujours vécus douloureusement.

Les femmes se retrouvent face aux problématiques qui les ont conduites jusque dans les services. Après plusieurs années d'investissement quasi constant des procédures, des professionnels et des lieux d'accueil, les voici à nouveau face à elles-mêmes. Après plusieurs années de traitements et d'interventions chirurgicales, les voici «plus vieilles» et faisant le constat d'une «perte de temps, d'argent... de vie».

Certaines parmi celles qui n'osaient envisager l'idée d'adopter se tournent alors quand même vers les demandes d'adoption qui peuvent souvent leur être refusées. Au point que les médecins d'un des derniers staffs auxquels j'assistais se sont recommandés de conseiller à ces femmes de ne pas parler des tentatives de FIV effectuées afin d'accroître leur chance d'adopter!

Il est vrai que l'examen psychiatrique des candidats à l'adoption détecte rapidement cette tentative de la «dernière chance» qui, arrivant sur le tard, n'a pas pris le temps d'être travaillée. Le discours de ces couples est alors aisément repérable, de même que leur ressentiment et leur choix de «pis aller».

Pour ce qui concerne les autres, celles qui renoncent ou bien celles qui adoptent avec bonheur, une récente recherche (Bourguignon, Navelet & Fourcault, 1998) met en évidence la présence massive de mécanismes de défense archaïques, destructeurs du moi dès que les FIV et l'absence d'enfant «à soi» est évoquée, comme si ces tentatives, ces échecs, ces souffrances, jamais parlées par la suite, venaient s'encrypter dans le moi et précipiter clivage et dénis. C'est pourquoi il semble nécessaire d'accompagner les démarches de FIV dans toute leur temporalité, du départ jusqu'aux arrêts sans ou même avec «résultats».

Psychologie clinique de la santé et prise en compte du contexte

Les propos banalisants, la parole sans association, le monde désincarné que présentent les patientes en cours de tentatives de FIV étonnent l'interlocuteur et le lassent rapidement. Aussi, si celui-ci ne cherche pas à comprendre le vécu de ces femmes et leur mode de présence au monde, il aura rapidement recours à une facile catégorisation psychopathologique.

Or, si ces femmes peuvent être «étudiées» comme des «cas» en fonction de leur structuration psychique, comme chacun d'entre nous, et si certaines présentent des signes évidents d'altérations psychopathologiques, il n'en reste pas moins que ces signes ne sont pas les facteurs communs qui réunissent ces femmes.

Ecouter comment elles sont prises dans le drame que constitue une vie marquée par une temporalité figée et une lutte permanente contre le vide existentiel qui envahit permet de prendre en compte des modes d'appréhension subjective qui, bien que singuliers, présentent des points communs : temporalité figée, représentations concernant l'objet demandé inhibées, fixations sur un Vouloir-mère, idéalisation du médical, etc.

Or, ces points communs relèvent pourtant de la subjectivité d'un monde vécu individuellement ; le fait qu'ils soient communs indique justement qu'il s'agit de modes existentiels intimes modifiés par interaction avec le contexte.

Dès lors, la parole de ces femmes doit être entendue également en tant qu'effet du contexte intégré aux mécanismes défensifs du moi afin de faire face à la souffrance.

Le manque douloureusement ressenti les a conduites, souvent après des années d'examens et d'interventions, à supporter subrepticement toutes ces souffrances psychiques et les douleurs physiques qui les accompagnent. Durant les tentatives, les patientes se montrent stoïques, osant à peine se plaindre de crainte de paraître « trop peu impliquées » et d'être rayées des protocoles. Menace dont elles ne témoignent que bien après la fin des épreuves.

Le début des tentatives marque une captation progressive. Les investissements exigés par les protocoles enlisent dans l'attente. Le temps dès lors se réduit à une circularité. L'écoute des descriptions diverses et spontanées du dossier médical (qui peut être fort conséquent) évoque une monotonie, une temporalité vide, une sorte de congélation du désir, comme s'il s'agissait d'une interminable grossesse, sans cesse à remettre en route et à investir à nouveau. Mais cette monotonie n'est que le miroir de la monotonie imposée par le rythme hospitalier des examens et des consultations. La suspension des investissements extérieurs est également en partie liée à la dépendance des dates fixes pour faire les injections, pour vérifier les analyses, etc.

C'est pourquoi la recherche qualitative en psychologie de la santé doit se garder des conclusions psychopathologiques hâtives qui négligent, bien souvent, le poids du contexte. La parole adressée à un représentant du corps médical auquel le chercheur se trouve rapidement assimilé lui indique en premier ce qu'il est supposé vouloir savoir : les aspects médicaux. Au chercheur de faire connaître sa place, au chercheur de savoir travailler en interaction avec un sujet, faute de quoi il sera assimilé au contexte médical et devra se contenter de la parole adressée à un de ses représentants ; car le patient, après des années de consultation, sera fort à l'aise dans son rôle de patient, rôle qu'il ne faut pas confondre avec une structure de la personnalité et encore moins avec le vécu du sujet.

Troisième partie

REPÈRES MÉTHODOLOGIQUES ET MODÈLES

La complexité apparaît certes là où la pensée simplifiante défaille, mais elle intègre en elle tout ce qui met de l'ordre, de la clarté, de la distinction, de la précision dans la connaissance. Alors que la pensée simplifiante désintègre la complexité du réel, la pensée complexe intègre le plus possible les modes simplifiants de penser, mais refuse les conséquences mutilantes, réductrices, unidimensionnalisantes et finalement aveuglantes d'une simplification qui se prend pour le reflet de ce qu'il y a de réel dans la réalité.

Morin, 1990.

Chapitre 9
Intervention qualitative et complexité du drame humain

> L'homme, comme nous l'avons déjà relevé, n'est pas seulement nécessité mécanique et organisation, pas même monde seulement, et non plus seulement dans le monde, son être-présent ne peut absolument être compris que comme être-dans-le-monde, comme projet et éclosion de monde, comme Heidegger l'a irréfutablement montré. Et, dans cette mesure, son être-présent est aussi déjà le principe d'une possibilité de séparation entre nécessité et liberté, entre forme « close » et changement « ouvert », entre unité de structure, abandon de structure et changement en une structure nouvelle.
>
> Binswanger, 1936.

Pour correspondre aux objectifs d'une démarche clinique en psychologie de la santé, les cadres de référence retenus doivent rendre compte de l'expression de la subjectivité dans un domaine où les construits sociaux influencent et modifient cette subjectivité. De plus, une telle démarche ne renonce pas à tirer des enseignements généraux sur les modalités subjectives de prise en compte de la maladie (et/ou des discours préventifs et/ou médicaux).

La revue de la littérature a mis en évidence trois cadres de référence qui s'ignorent ou s'opposent : un cadre de référence cognitivo-comportemental classique, quantitatif, objectiviste qui est le plus proche du modèle classique de la psychologie de la santé; un cadre de référence phénoménologique et interactionniste; un cadre de référence de tendance psychanalytique.

Au point de vue d'une clinique s'intéressant au sujet en situation, les débats entre une psychologie concrète de l'action, une psychologie phénoménologique et une psychologie clinique qui ne refuse pas les enseignements psychanalytiques conduisent à repenser l'articulation possible de niveaux différents dans la prise en compte du drame humain. Niveaux qu'on ne peut juxtaposer car ils ne peuvent être conçus comme classés linéairement les uns par rapport aux autres. Niveaux qu'il faut considérer bien plus comme des éléments hétérogènes d'un système en constante interaction et fonctionnant avec des moteurs de conception différente.

L'expérience de plus de quinze ans du milieu médical rejoint l'analyse de la littérature et conduit à postuler qu'il est plus heuristique, tant au point de vue pratique que de la recherche, de tenter de dégager les zones d'intersection de ces trois cadres plutôt que de les opposer (plus heuristique et proche d'une réalité concrète dont on souhaite rendre compte). Ces niveaux apparaissent intimement articulés chez l'être humain, aussi leur dissociation factice conduit non seulement aux travers réductionnistes, mais également à l'apparition d'un homme «monstrueux», sorte de créature de Frankenstein constituée de morceaux préalablement découpés par les différentes méthodologies et théorisations psychologiques. C'est pourquoi il est nécessaire de s'attacher à des modélisations qui prennent en compte la complexité.

1. RENDRE COMPTE DU DRAME HUMAIN : MODÉLISER LA COMPLEXITÉ

Prendre en compte les processus d'ajustement et non plus des «états» ou des traits de personnalité exige de construire des modèles complexes intégrant la relation au monde comme la temporalité. Suivant la définition donnée par Edgar Morin, la complexité est, au premier abord, un tissage de «constituants hétérogènes inséparablement associés : elle pose le paradoxe de l'un et du multiple. Au second abord, la complexité est effectivement le tissu d'événements, actions, interactions, rétroactions, déterminations, aléas, qui constituent notre monde phénoménal» (Morin, 1990, 21).

Aussi, le modèle qui va être soumis, comme les réflexions épistémo-méthodologiques qui vont le précéder, doivent-ils beaucoup aux travaux de référence constructiviste et systémique qui, depuis un certain temps déjà, proposent des méthodes de modélisation des systèmes complexes.

Dans les modèles classiques, la modélisation cherche à réduire des phénomènes compliqués qui sont décomposés en éléments simples, descriptibles et prévisibles. La réduction du tout à ses différentes parties permet ainsi de produire des modèles causalistes plus ou moins simplifiés. Il arrive que ces modèles intègrent l'idée d'interaction et de rétroaction et donnent l'impression de se trouver dans un cadre systémique, mais, pour ce qui concerne des phénomènes humains, un ajout ne suffit pas à égaler une intégration et ces modèles se trouvent alors relativement coupés du monde réel pour des besoins de simplification.

Toutefois, comme le remarque Le Moigne (1990), changer de cadre dans la modélisation ne signifie pas renoncer aux autres modèles qui ont précédé. Ainsi, les modélisations que nous proposons ne s'opposent pas directement aux autres, mais s'attachent à les intégrer de manière à prendre en compte la complexité (*cf.* tableau 5 ci-dessous).

Tableau 5 — Caractéristiques des deux registres de la modélisation
(adapté de Le Moigne, 1990).

	Modélisation analytique classique Phénomène modélisé <u>compliqué</u> mais réductible à un modèle fermé	*Modélisation systémique constructiviste* Phénomène modélisé <u>complexe</u> intelligible par un modèle ouvert
La recherche vise :	Etat ou objet	Projet ou processus
La décomposition se fait en :	Elément	Unité active
L'ajout de plusieurs éléments devient un :	Ensemble	Système
L'analyse procède par :	Disjonction (ou découpe)	Conjonction ou articulation
La modélisation cherche à expliquer :	Structure	Organisation
La validité se mesure à :	Efficacité	Effectivité
Les résultats sont de type :	Explication causale	Compréhension téléologique

La modélisation analytique classique permet la mise en évidence du fonctionnement de systèmes fermés, alors que la modélisation constructiviste et systémique s'intéresse davantage à des systèmes ouverts ou en partie ouverts. C'est pourquoi cette dernière apparaît la plus heuristique pour une modélisation qui tienne compte de l'ouverture et de la profonde interdépendance entre sujet et monde dans son rapport à la santé et à la maladie. Car il s'agit ici de décrire un cadre ouvert dont :

– on n'est pas certain de pouvoir ne rien oublier;

– les évidences objectives ne sont évidentes que dans une idéologie donnée;

– les effets ne s'expliquent pas régulièrement par des causes clairement identifiables.

De l'«état» au «processus» dans une modélisation en psychologie clinique de la santé

Les quatre concepts fondamentaux de la modélisation systémique (interaction, globalité, organisation et complexité) rendent bien compte du fonctionnement d'un système humain, subjectif et intersubjectif. Une analyse structurelle de ce système doit mettre en évidence la frontière plus ou moins perméable qui le sépare de l'environnement, les éléments hétérogènes qui le composent, le réseau de relation et enfin les réservoirs d'information/communication qui lui permettent d'adapter son fonctionnement (Durand, 1979).

Cette modélisation systémique sur le mode de la logique conjonctive doit pouvoir prendre en compte à la fois l'intentionnalité intelligible du sujet (synchronicité), l'irréversibilité temporelle d'un processus de transformation (diachronicité) et, enfin, l'inséparabilité de la conjonction entre sujet et objet, entre intériorité et extériorité. Alors que la logique disjonctive justifie la dissection, la logique conjonctive s'avère nécessaire lorsqu'il s'agit de comprendre un fonctionnement global intégratif. Par la prise en compte de l'intentionnalité, c'est-à-dire de la finalité, la phénoménologie attribue au sujet connaissant un rôle décisif dans la construction de la connaissance.

Dans ce cadre, le «processus» vient prendre la place des «états», il s'agit d'un complexe d'actions multiples, enchevêtrées, que l'on perçoit par l'action résultante toujours située dans un référentiel espace/temporalité.

La modélisation systémique et constructiviste récuse la disjonction entre objet et sujet, de même qu'elle postule que l'action de modéliser (qu'elle vienne du système sujet/monde ou du système chercheur/sujet) n'est pas neutre et que la représentation du phénomène n'est pas disjoignable de l'action du modélisateur.

Ainsi, la recherche d'objectivité ne se trouve plus au centre de la modélisation. Ce qui se trouve au centre de la modélisation humaine sera l'intentionnalité, la finalisation que le sujet donne à son projet. La projectivité se réfère à la capacité du modélisateur à expliciter ses « projets de modélisation ». Autrement dit, tout sujet modélise son monde en relation et donne à ses actions une finalité en fonction de ce monde : la conscience est bien intentionnelle. Cette organisation du système dépend de la conjonction des informations et des décisions d'actions. La régularité du monde du sujet apparaît seulement dans la conjonction entre organisation des projets d'action (intentionnels, c'est-à-dire ayant un sens, mais pas forcément conscients) ET mémoire d'action (activité du sujet dans sa participation à l'intentionnalité). L'intentionnalité de la conscience regroupe le produit de l'information-mémoire qui la commande et le produit de l'information-mémoire qui la représente (Le Moigne, 1995a, 1995b).

Dans ce contexte référentiel, l'adaptation, la régulation devient un processus endogène (tel que le style de coping) par lequel une organisation modifie son comportement à chaque instant par régulation synchronique (intentionnalité) et transforme sa morphologie en diachronie afin d'établir une équilibration entre comportement effectif et comportement projeté.

Le processus de modélisation s'avère plus important que le modèle qui sera établi, car celui-ci est conduit à évoluer et ne propose aucune solution (ou vision) radicale. L'apprentissage comme émergence de solutions imaginatives, l'ingénium, est privilégié au détriment de réponses fixes et linéaires, d'où une moindre capacité de prédictivité de la modélisation, puisqu'il s'agit d'un modèle de procédure et non pas de l'explication d'un « état ».

Modélisation des trois niveaux à intégrer dans une démarche qualitative

Si toute recherche n'est pas forcément tenue à analyser les trois niveaux qui sont proposés, une démarche clinique et intégrative devrait, pour le moins, situer les travaux conduits par rapport à ces trois niveaux.

1. Les résultats et travaux issus du modèle bio-psycho-social classique de la psychologie de la santé peuvent intéresser une démarche clinique à plus d'un titre.

On peut retenir l'intérêt du questionnement sur le « support social » et sur ses interférences (fastes ou néfastes) avec le vécu de la santé et/ou de la maladie. Dans les illustrations de la partie II, on observe comment les personnes atteintes du SIDA se tournent vers leur famille avec des effets plus ou moins positifs.

De même, les recherches concernant les différents modes de coping semblent assez proches des questionnements sur les modes de défense pour que des points de discussion, si ce n'est de convergence, soient possibles (Spacapan, Oskamp, 1988 ; Ionescu *et al.*, 1997).

2. Au regard d'une approche subjective, la pertinence de l'approche phénoménologique n'est plus à démontrer. En particulier, une approche de phénoménologie psychologique qui rend compte de l'expérience subjective de l'être-dans-le-monde et de ses modalités de transformations, et qui, de ce fait, se différencie d'une approche solipsiste du sujet. Le sens de l'activité du sujet en situation (modifications perpétuelles de l'activité de représentation par l'interaction) ne peut être appréhendé que par ses paroles. Ces dernières ne sont pas prises pour argent comptant, mais comme production de l'histoire, de la situation contextuelle et de l'interaction. Cependant, si l'approche phénoménologique nous facilite ce recueil, en particulier pour ce qui concerne des catégories du traitement de l'espace, du temps, de l'importance de la rencontre médicale et de l'être-dans-le-monde, elle ne nous fournit guère de modèle articulé du psychisme humain. En effet, l'approche phénoménologique nous permet de comprendre comment l'être humain est un être-dans-le-monde irrationnel, et d'expliquer pourquoi l'être humain réduit aux seules conduites logiques et évaluatrices de certains courants cognitifs est une illusion. De même nous permet-elle de comprendre que ces conduites irrationnelles au regard de l'observateur (qui peut être d'ailleurs le sujet lui-même, dépassé par ses propres actions) se situent dans un courant de signification. Mais elle ne nous permet pas d'aller plus loin et d'expliquer comment se structurent les niveaux psychiques : conscient, inconscient, irrationnel-sensé et rationnel-insensé.

3. C'est pourquoi je me refuse à jeter le « vieux bébé psychanalysé » avec l'eau du bain à laquelle nous ont habitué certaines extrapolations psychanalytiques. Ainsi, je soutiens que la théorisation psychanalytique n'est pas forcément solipsiste et que toute psychologie individuelle est une psychologie sociale à proprement parler. « Dans la vie psychique de l'individu pris isolément, l'Autre intervient très régulièrement en tant que modèle, soutien et adversaire et, de ce fait, la psychologie individuelle est aussi, <u>d'emblée et simultanément</u>, une psychologie sociale, en

ce sens élargi, mais parfaitement justifié» (souligné par moi); propos qui, parmi bien d'autres, montre combien pour S. Freud, il existe une interaction et non pas une juxtaposition temporelle (Freud, 1921, 123). La théorie psychanalytique doit rendre compte du vécu existentiel et phénoménologique, de même que des aspects interactionnels dans le transfert et le contre-transfert. De plus, elle peut nous renseigner sur les articulations du psychique et du social dans les mouvements de masse et cela non seulement par la question de l'identification, mais également par celle de la construction de théories sexuelles partagées (Santiago Delefosse, 1995). De même, elle nous rappelle l'importance d'un démontage des constructions sociales et des discours sociaux dans l'analyse du malaise dans la civilisation. Et, enfin, si mécanismes de défense tels que définis par les diverses écoles d'orientation psychanalytique et modes de coping ne sauraient se confondre, il n'en reste pas moins des points d'intersection que l'on retrouve dans la pratique quotidienne. Points d'intersection entre tentatives conscientes de résoudre des difficultés par essais et erreurs et possibilités ou impossibilités ayant leur racine dans des processus inconscients s'opposant à la maîtrise (*cf.* chapitre 11, ci-après).

D'une manière générale, ce cadre méthodologique reste psychodynamique et défend l'intérêt d'une recherche en psychologie clinique de la santé qui prend en compte les approches subjectives et qualitatives (phénoménologie, interactionnisme, psychanalyse), tout en n'ignorant pas les apports (et les limites) des approches cognitives et objectives.

2. UNE GRILLE MÉTHODOLOGIQUE POUR L'INTERVENTION ET LA RECHERCHE QUALITATIVE

Ce positionnement épistémologique et théorique conduit à la définition d'un cadre méthodologique qualitatif multi-référencé dans une démarche clinique en psychologie de la santé.

Une recherche qui suivrait cette méthodologie pourrait rendre compte de trois niveaux d'expérience humaine, qui s'articulent et s'influencent sans cesse. A ces trois niveaux correspondent des types de démarches méthodologiques adaptées ainsi que des outils de recueil et d'analyse adéquats.

A remarquer toutefois que les trois niveaux ne sont pas toujours d'un accès facile dans une étude conduite par une seule orientation de recherche. D'où l'intérêt pour de telles études multi-référencées d'une collaboration pluridisciplinaire.

Le tableau 6 ci-après expose une formalisation de ces trois niveaux en précisant les systèmes topiques principalement concernés par les phénomènes décrits. Les propositions de la première topique freudienne, différenciant l'appareil psychique en systèmes doués de caractères ou de fonctions différentes et disposés dans un certain ordre les uns par rapport aux autres, paraissent les plus construites et les plus aptes à rendre compte de ces trois niveaux.

Rappelons que ces propositions topiques de Freud ont pris naissance dans un contexte neurologique et psychophysiologique expérimental. Si l'organisation en «couches» de l'appareil psychique ne rend pas compte du modèle auquel je tends, modèle systémique, il permet de représenter sous forme de tableau les spécificités des noyaux auxquels on s'adresse en fonction des outils méthodologiques et des objectifs de la recherche qualitative en psychologie de la santé. Ce faisant, s'agit-il d'une ignorance pure et simple de la deuxième topique freudienne? Celle qui pourtant introduit les questions du «refus de guérir» (pulsion de mort, pulsion d'emprise, masochisme, etc.), des formations moïques et surmoïques, des identifications, etc. Au contraire, c'est parce que nous prenons au sérieux ces enseignements et mesurons les risques de leur affadissement que nous soutenons que la technique et la clinique psychanalytiques sont à différencier de la clinique psychologique. Si, pour la psychanalyse, la deuxième topique reste une référence de base, pour la psychologie clinique hors travail thérapeutique, elle semble davantage source d'erreurs et de placages que de gain conceptuel. Dans le tableau 6 ci-dessous, cette deuxième topique pourrait prendre place au niveau 3 afin de spécifier les caractéristiques de la «logique de l'inconscient». Ce n'est pas l'objet de cet ouvrage qui s'intéresse davantage aux nouages entre les trois niveaux et aux limites de l'intervention ou de la recherche en psychologie clinique de la santé. A remarquer, enfin, que ces trois niveaux interagissent et s'auto-entretiennent; comme dans tout système, il est alors difficile de dire où se trouve la séquence (le niveau) de démarrage.

S'intéresser au drame humain dans sa complexité, en particulier dans la relation à la maladie, à la santé, au corps, et donc aux systèmes institutionnels et sociaux, ne peut se faire sans une approche systémique qui prenne en compte cette complexité. D'une certaine manière, les différents auteurs qui s'y sont attachés ont tous perçu cette complexité et tenté d'y remédier. Aussi bien ceux qui défendent le modèle bio-psycho-

INTERVENTION QUALITATIVE ET COMPLEXITÉ DU DRAME HUMAIN

	NIVEAU 1 EXPRESSION MANIFESTE ET COMPORTEMENTS OBSERVABLES	NIVEAU 2 EXPRESSION PHÉNOMÉNOLOGIQUE DU VÉCU	NIVEAU 3 STRUCTURATION DYNAMIQUE DES PROCESSUS PSYCHIQUES
MODELISATION FREUDIENNE Systèmes psychiques	Perception Conscience Conscient	Conscient Préconscient	Préconscient Inconscient
MODELISATION DES COURANTS CONTEMPORAINS	Approche bio-psycho-sociale	Approche phénoménologico-intersubjective	Approche psychanalytique

ACTIVITE DU SUJET
donner du SENS

TYPE DE LOGIQUE REGISSANT LES SYSTEMES	**LOGIQUE FORMELLE** **Rationalité organisationnelle** -doute -temps horaire - non contradiction	**LOGIQUE AFFECTIVE** Logique relationnelle du lien humain **Rationalité pathique** -doute affectif - angoisse existentielle - temporalité psychique - rencontres, liens - sens moral	**LOGIQUE DE L'INCONSCIENT** **Rationalité symbolique** - absence du principe de non contradiction - pas de temporalité - pas de négation - pas de mort
	Jugement, raisonnement, action contrôlée intentionnalité de la conscience Volonté ⟵⟶ Liaison de la pensée Processus au service du Moi		Fort Investissement énergétique Déplacement/condensation des investissements sans liaison des éléments

OBJETS VISES PAR LA RECHERCHE Etude de ⇒	**PERCU** **Réception excitations** modes de coping modes de contrôle interactions observables support social comportements	**SENS-VECU** **Mémoire accessible** subjectivité modalités de l'être-dans-le-monde vécu des interactions	**NON-SENS APPARENT** mémoire Ics mécanismes de défense type de relation d'objet modes identificatoires formations de l'incons.
FINALITES DE LA RECHERCHE	-expliquer la situation observable -expliquer les comportements	-comprendre le vécu des sujets -comprendre comment ils expliquent ce qu'ils font	-expliquer pourquoi ils ne peuvent vivre leur monde autrement -expliquer les liens entre situation et vécu
OUTILS de RECUEIL et d'ANALYSE des DONNEES	-observation naturaliste située spacialement et temporellement -grilles objectives -entretiens structures	-récit de vie phénoménologique -entretiens non directifs -confrontation des catégories avec le sujet (éventuellement)	-récit de vie -entretiens non directifs + -confrontation des résultats de niveau 1 et 2, de leurs similitudes et de leurs écarts

Tableau 6 — Trois niveaux logiques à intégrer dans le domaine de la santé.

social que ceux qui proposent une approche constructivo-phénoménologique. En effet, le modèle bio-psycho-social, nous l'avons vu, s'est enrichi par l'expérience et la confrontation scientifique de notions qui lui étaient étrangères; de bio-médical, il est devenu bio-psychologique, puis bio-psycho-social.

La psychologie clinique de la santé n'entre pas dans le cadre objectiviste et quantitatif, il n'en faut pas moins reconnaître les mérites des recherches d'orientation différente. Et surtout, il faut bien constater que les deux trajets méthodologiques, du moins dans le champ de la psychologie de la santé, semblent œuvrer vers une communauté d'objectifs.

C'est pourquoi, s'il apparaît indispensable, dans une approche clinique, de s'intéresser aux niveaux subjectifs phénoménologiques de l'intentionnalité de la conscience et aux phénomènes indicateurs des effets d'un soubassement inconscient, il serait idéologique et contraire à l'observation de nier un troisième niveau des processus psychiques humains : celui du discours manifeste, des conduites observables et de la logique rationnelle. Si l'homme est souvent irrationnel, il lui arrive également de faire preuve d'une grande rationalité; là encore, la prise en compte des sujets un par un met en évidence les grands écarts des modes d'être au monde.

D'ailleurs, les chercheurs de la deuxième révolution cognitive sont nombreux à noter que les erreurs fréquentes sur les schémas d'inférence mettent en question la rationalité du sujet humain. Certains s'orientent vers une analyse de ces «biais» de raisonnement comme inhérente à deux modes de rationalité humaine. En effet, le raisonnement déductif, auquel correspondent les processus analytiques, n'est que très peu utilisé en situation courante (fonctionnement de l'ordinateur et du stade formel de Piaget). Le raisonnement quotidien met en œuvre des processus heuristiques, difficilement codifiables et relativement individualisés. Pour ce courant cognitif aussi, l'enjeu des recherches actuelles est de rendre compte du polymorphisme du raisonnement humain et de comprendre comment il se construit (Houdé *et al.*, 1998).

On voit que si la logique formelle, comme science du raisonnement, se confond communément avec la rationalité du type résolution de problème, il existe d'autres types de «logiques», c'est-à-dire des ensembles cohérents de raisonnements fondés sur des rationalités d'un autre ordre. Ainsi, une psychologie clinique de la santé cherche à prendre en compte le lien entre les différents types de logiques. Ceux-ci impliquent des rationalités différentes : instrumentale et organisationnelle (se confondant avec la pensée formelle), pathique (correspondant à un symbolisme des structures humaines du lien social), symbolique (organisant les processus inconscients dans lequel les liens se font par une organisation «logique» de type similitude et contiguïté très différente de la logique du raisonnement formel conscient). Les différents modes d'être au monde renvoient à ces modes d'être toujours entre deux, entre ordre et désordre (Morin, 1990).

Le tableau 6 présente un modèle en développement qui cherche à expliciter l'intégration de ces niveaux pour permettre de tenir compte de l'activité constante du sujet (représentée par les flèches). Activité de sélection des informations au Niveau 1 qui arrivent du monde extérieur par le biais des filtres de l'intentionnalité de la conscience. Mais les expériences conduites depuis quelques années sur l'hypnose indiquent à quel point un sujet peut percevoir une quantité d'informations et, soit les traiter, soit les isoler, sans qu'elles prennent sens et donc sans qu'elles n'atteignent le Niveau 2 de la conscience de soi.

De plus, ces informations peuvent parfois atteindre, en court-circuitant le Niveau 2 de la conscience de soi, les systèmes inconscients de Niveau 3. A ce niveau, il y a également une constante activité de sélection, mais cette fois des informations arrivant du monde interne, afin d'en repousser certaines (flèche en pointillé) et de transformer (lier) les autres, c'est-à-dire de leur permettre d'atteindre le Niveau 2 qui va leur attribuer un sens. Le travail de la conscience intentionnelle (Niveau 2) en tant que système intégrant l'état de conscience, mais aussi un travail non conscient en partie cognitif, s'avère considérable tout en étant fort mal connu (c'est une des raisons pour lesquelles nous orientons nos nouvelles recherches vers l'étude du phénomène hypnotique en rapport avec la corporéité).

La méthodologie proposée permet de mieux connaître chaque niveau du système pour un sujet donné. De plus, elle intègre les différents mécanismes d'ajustement (mécanismes de défense du moi, mécanismes de coping, etc.) comme indicateurs de chaque niveau.

Niveau 1 : expression manifeste du discours et conduites observables

Ce niveau est à situer dans le mode freudien de perception-conscience qui se rattache au système préconscient-conscient. Il est à la périphérie de l'appareil psychique et reçoit des informations de l'extérieur et de l'intérieur. Il dispose d'une énergie mobile susceptible de surinvestir tel ou tel élément (l'attention par exemple). La conscience joue un rôle important dans la dynamique du conflit, elle régule la perception, évite les perceptions désagréables et limite la prise de conscience du déplaisir.

Ce niveau peut être saisi à travers les entretiens structurés, mais aussi à travers des grilles de coping et/ou l'observation en situation. Toutefois, l'outil qui nous paraît approprié reste l'observation du cadre et des interlocuteurs, l'analyse de la place des échanges et l'analyse des stratégies des uns et des autres dans la communication, permettant, dans un second temps, une déconstruction des idéologies qui se fondent dans le cadre.

Ce niveau nous informe sur les stratégies conscientes et préconscientes d'ajustement face à la souffrance physique ou psychique de tous les acteurs du cadre; préconscient voulant dire que le sujet ne les a pas toujours en mémoire ou précisément à la conscience, mais que l'on peut, à l'aide d'un entretien ou d'une grille, l'aider à les préciser (Brewin, 1988).

Sa prise en compte permet de comprendre comment des processus interactifs, y compris au niveau inconscient, peuvent se mettre en place entre plusieurs sujets : le patient et un soignant, le patient et un service, etc. En mettant à plat tant la logique institutionnelle que celle des acteurs, on peut alors s'intéresser à un sujet toujours en situation.

Du point de vue du sujet, ce niveau n'est pas sans plonger dans des mécanismes non conscients et il nous informe comment sa perception se trouve limitée par des conflits. Ainsi rejoint-il les préoccupations du courant bio-psycho-social concernant les champs du perçu et du contrôle (stress, support social, coping, etc.).

Les outils quantitatifs, comme les grilles et les échelles de divers ordres, peuvent également être utilisés de manière qualitative (tout comme les tests). Leur objectif alors se modifie, puisqu'un tel usage cherche à favoriser le discours des sujets, il est d'autant plus précieux que tous les sujets ne sont pas nécessairement à l'aise dans la description langagière de leur monde. De tels outils permettent d'ouvrir un dialogue, de focaliser au départ le questionnement afin de l'orienter vers le monde intime du sujet. Prendre en compte ce niveau de manière qualitative est un préalable à toute recherche subjective qui veut comprendre : comment les sujets aux prises avec une situation concrète et comportant sa propre logique interne font face à cette situation ? Comment cherchent-ils à résoudre le problème qui leur est posé, avec quel type de logique (formelle ou émotionnelle) ? Jusqu'où cette logique consciente et préconsciente est-elle efficace ? Comment vont-ils faire face à ce que cette logique n'arrive pas à gérer ?

Par exemple, au cours des recherches sur les Fécondation In Vitro, nous avons pu mettre en évidence que la demande de FIV apparaît comme une tentative de résoudre le problème de l'infertilité (de manière formelle) pour bien des femmes. Mais les FIV ont également une fonction de résolution d'un problème médical (de logique formelle en apparence, mais lors de staffs de prise de décision, on observe que bien souvent la logique émotionnelle se trouve également mobilisée). La médiatisation des FIV et la volonté de médicaliser la fertilité n'est pas sans effet sur la manière dont ces femmes vont elles-mêmes tenter de résoudre leurs angoisses internes (fortement liées à l'image d'elles-mêmes mais aussi à une place «de mère» qu'elles n'arrivent pas à occuper auprès de leur famille). Or, à partir du moment où les tentatives ne donnent pas les résultats attendus, l'angoisse devant l'infertilité réapparaît, d'où une impossibilité d'arrêt des tentatives, sauf pour celles qui arrivent à passer à un autre type de coping (logique émotionnelle). Ce passage ne se fait pas simplement, il exige un travail de remaniement interne préconscient et inconscient qui apparaît avec des outils méthodologiques autres que la seule observation et/ou analyse de la logique de la situation et/ou passation de grilles de coping mettant en évidence le type de coping. De plus, une modification du type de coping ne s'effectue qu'à la condition que d'autres mouvements subjectifs aient eu lieu. Il est d'autant plus compréhensible que le passage d'un type de coping à un autre ne se fasse pas par simple apprentissage, si l'on prend en compte l'ensemble des autres facteurs interactifs cités ci-dessus.

Niveau 2 : expression phénoménologique du vécu

Ce niveau exige un travail approfondi d'entretiens cliniques focalisés sur les points essentiels de l'histoire de vie tels que mis en évidence par divers auteurs (Binswanger, 1928; Radley, 1993; Smith *et al.*, 1995). Ici, l'expression du vécu (en constante élaboration) nous informe (et informe le sujet) sur le sens intime de l'articulation des différentes conduites. Nous recueillons un discours sur le sujet et par le sujet qui nous renseigne sur la cohérence qu'il donne à ses actes au fur et à mesure qu'il les élabore dans la parole. Ce niveau nous semble indispensable dans tout travail de psychologie clinique de la santé, car la phénoménologie propose un ensemble de catégories qui sont particulièrement mobilisées dans les modifications d'appréhension de la santé (temporalité, espace, choix existentiel, kaïros, rencontre, être-dans-le-monde, être-pour-la-mort).

Ce niveau se trouve à l'interface préconscient/inconscient dans le sens où les contenus de la vie ainsi que la méthode d'élaboration proposée provoquent davantage la recherche d'un récit de vie lié et cohérent que l'association d'idées. En effet, si les contenus ne sont pas présents au champ actuel de la conscience, ils n'en restent pas moins accessibles dans la remémoration et dans l'élaboration du discours.

C'est également ce système qui inclut le mode perception-conscience du niveau 1. Il est régi par des processus secondaires, donc répondant à la logique formelle consciente auxquels s'ajoute la logique émotionnelle fondant les accordages humains.

Mais ce récit n'est jamais stabilisé et fait surgir des doutes, des retours et des réinterprétations de leur vie par les sujets-mêmes. En dehors des catégories que le chercheur met en œuvre pour dégager la structure du récit, le sujet prend part au récit dans un mouvement narratif qui le transforme.

Ce niveau permet la mise en sens de l'histoire du sujet ainsi que son choix existentiel. Le modèle bio-psycho-social semble loin de rendre compte de ce temps vécu et c'est pourquoi le chapitre suivant proposera une modélisation des modifications existentielles au cours de la maladie chronique.

Par exemple, on comprend mieux le manque de «compliance» de certains sujets malades du SIDA lorsqu'ils nous font comprendre que résister parfois aux médecins, c'est aussi affirmer qu'ils sont encore maîtres de leur vie et que cette position existentielle leur est indispensable pour leur équilibre psychique (même si médicalement, elle peut les mettre en danger...).

Niveau 3 : structure et dynamique des processus intra-psychiques

Ce niveau reste le plus difficile à appréhender dans la recherche concrète en psychologie clinique de la santé. Tout comme l'inconscient est une hypothèse, les propositions théoriques qui en découlent doivent demeurer des constructions hypothétiques. Elles gagnent d'ailleurs à éviter les analyses intra-subjectives, c'est-à-dire les placages de notions psychanalytiques sur un récit de vie obtenu hors d'un cadre psychanalytique (qui, rappelons-le, est une situation expérimentale, isolant le sujet d'un certain nombre de variables et favorisant ainsi la libre association et l'interprétation du transfert). L'expression verbale obtenue dans le cadre du récit phénoménologique (à objectif de recherche) informe, comme tout discours, sur des éléments de structure intra-psychiques de type affectif et cognitif (dont le style de coping en est un). Mais ce cadre ne permet pas la validité de la construction telle que l'exige la psychanalyse.

Le niveau des processus inconscients (intégrant le ça, une partie du moi et du surmoi) n'étant appréhendable qu'à travers un travail psychanalytique respectant le cadre ; il ne s'agit pas ici de prétendre y parvenir dans le travail de recherche.

Dans un cadre de recherche qualitative, ce niveau correspond à une étude de la dynamique entre les deux niveaux précédents et à une analyse des «scories» du discours non assimilables dans les deux autres. Il permet d'émettre des hypothèses sur la dynamique psychique d'ensemble et d'intégrer les éléments «non liés» du discours, tels que les lapsus, les «erreurs», les répétitions, les tâtonnements, les arrêts, etc.

De plus, issus de l'analyse des mécanismes de défense et de celle des relations au monde (type de lien identificatoire, type d'investissement de la relation d'objet), les résultats peuvent mieux préciser la structure de la relation au monde phénoménologique des sujets. De même, ils permettent de comprendre sur quelles bases défensives inconscientes se fondent les mécanismes de coping préférentiels de chaque sujet. Enfin, ils ouvrent sur des hypothèses heuristiques quant à l'articulation du psychique et du social à ce niveau inconscient, ce qui démontre l'intérêt d'une formation du chercheur de terrain rigoureuse non seulement en psychologie mais aussi en psychanalyse (le chapitre 11 ci-après propose une modélisation des différents modes d'ajustement au monde vécu).

Par exemple, la prise en compte de ce troisième niveau a permis de comprendre comment phénoménologie des femmes demandeuses de FIV et proposition de Procréation Médicalement Assistée peuvent se rencontrer, malgré les difficultés et les souffrances endurées par ces femmes. Les seules explications réductionnistes des uns et des autres ne suffisant pas. Rappelons que les psychanalystes tendaient vers une psychopathologisation des femmes effectuant des FIV (de même, d'ailleurs que la médecine), alors que les sociologues et féministes arguaient de l'influence médiatique et médicale pour expliquer la soumission passive des femmes au médical.

Or, l'observation naturaliste du cadre, les participations aux réunions de l'équipe, les propos des uns et des autres, comme la relation interactive entre femmes et médecins mettait (niveau d'analyse 1) en évidence que les choses étaient bien plus complexes. Et que ces femmes, en moyenne ni plus ni moins pathologiques que le reste de la population de la maternité, n'étaient ni plus ni moins sous influence médiatique. Si elles admiraient les médecins et leurs prouesses, cela semblait surtout un effet du vécu existentiel d'être enfin comprises (niveau d'analyse 2). Par contre, à partir des éléments de niveau 1 et de niveau 2, le chercheur a pu mettre en évidence une discordance entre cette impression d'être comprise et les propos tenus dans le cadre médical strict. Pour que la souffrance issue de ces PMA (du côté des femmes certes, mais il sera peut-être un jour utile de parler de celle des médecins) puisse être contenue, il faut faire l'hypothèse que ces PMA fonctionnent sur une méprise de compréhension mutuelle, entre femmes et médecins. L'articulation entre les objectifs poursuivis par chaque groupe doit alors reposer sur un des fondements du lien humain : la sexualité dans ses avatars socialisés (Santiago-Delefosse, 1995).

Aussi, malgré les critiques que la psychologie adresse à cette approche psychanalytique, parfois à juste titre (du point de vue de la psychologie) lorsqu'elle est confondue avec la dissertation philosophico-littéraire, elle nous paraît indispensable pour dépasser la seule analyse des deux premiers niveaux décrits ci-dessus. En effet, si l'éclairage de l'observateur et celui du sujet par lui-même sont indispensables, ils ne fournissent jamais des données qui rendent compte de l'organisation dynamique psychique qui sous-tend les conduites et le besoin de sens de l'être humain.

3. LA TEMPORALITÉ DANS LA RECHERCHE DE TERRAIN

> Le temps de la preuve qui, au laboratoire, appartenait à la seule temporalité scientifique, est en effet associé ici au temps même des processus diagnostiqués, au temps qui, éventuellement, transformera un indice incertain en processus quantifiable, mais peut-être irréversible. En ce sens, les scientifiques de terrain sont bien plus des trouble-fête que des alliés intéressants pour le pouvoir car ils s'intéressent précisément à ce que le pouvoir, lorsqu'il s'adresse aux sciences théorico-expérimentales, fait oublier «au nom de la science».
>
> Stengers, 1993.

La confrontation à des lieux de recherche institutionnels intégrant de nombreuses variables, y compris sociales et médiatiques, montre combien l'intervention de terrain doit tenir compte de la temporalité dans une démarche clinique en psychologie de la santé.

En effet, contrairement aux recherches objectivistes, pour lesquelles le travail de sélection des échantillons, de mise en place des protocoles se fait dans un premier temps, simplifiant ainsi le travail du recueil des données (passation de questionnaires de divers types par exemple), la recherche qualitative exige un temps d'élaboration en cours de recueil des données. Celui-ci peut être plus ou moins long en fonction du chercheur et du thème. Toutefois, si le chercheur n'y prend pas garde, il risque de se trouver submergé par ses données (Favret-Saada, 1977). Il apparaît donc essentiel de structurer sa recherche temporellement et méthodologiquement. Trois temps rythment le travail de recherche et ces trois temps peuvent tout à fait correspondre aux trois niveaux d'approche méthodologique.

Lorsque l'on prend en compte l'activité du chercheur dans la recherche, celui-ci doit en premier situer son cadre d'action. Cette connaissance s'inscrit dans la durée exigée par la prise de contact et la mise en place d'une relation de confiance minimale entre équipe de soins qui accueille et chercheur. Souvent la difficulté d'une écoute du sujet dans ces lieux surgit à partir du moment où cette parole interfère avec l'objectif médical. Par exemple, dans les cas de refus de suivre un régime chez un diabétique insulino-dépendant, ou bien lors d'absences de visites des parents pour leur enfant hospitalisé, ou encore lorsqu'un patient copte refuse les prises de sang nécessaires aux examens médicaux ou bien lors de passages à l'acte suicidaire, etc.

L'irruption de la division du sujet provoque et défie l'objectif médical qui prône le Bien dans la Santé. La formation d'équipes soignantes par l'animation de groupes Balint confirme cette observation d'un rejet de la part du «corps médical et paramédical» du mauvais patient. Celui qui vient dévoiler l'inadéquation entre demande et offre de soins occupe alors cette place.

Dans la plupart des services, la prégnance du discours médical dans sa force et dans son emprise logique et bien-pensante se fonde sur le message : guérir et sauver. Comment s'opposer à cet altruisme de bon aloi? N'est-ce pas une position anti-progressiste? Faut-il d'ailleurs s'y opposer? N'est-ce pas le désir de tout un chacun d'être guéri et sauvé de sa condition humaine?

Dès lors, comment le chercheur peut-il «résister» à cette idéologie afin de pouvoir entendre quelque chose du sujet pris dans ces mêmes rets ? Car la prise en compte de la subjectivité va rapidement mettre en évidence que quelque chose vient parfois du sujet s'opposer à cette bonne volonté. Au cœur même du « vouloir guérir et se soumettre au traitement » apparaît une rupture entre ce que veut et ce que désire le sujet. Les médecins d'ailleurs ne sont pas dupes lorsqu'ils se plaignent du peu de compliance des patients ou encore de leurs demandes impossibles...

La démarche clinique conduit à éviter tout positionnement du côté des soins médicaux pour s'intéresser à ce qui résiste tant du côté du sujet que du côté du soignant. Le psychologue clinicien de la santé, comme le chercheur, ne sont pas là pour faire accepter l'ordonnance médicale, comme le voudraient certaines interventions sur la non-compliance du malade ; ils sont là pour aider le patient à comprendre le sens de ce qui le divise malgré sa volonté et ses capacités cognitives et, ce faisant, sa position par rapport à la maladie se trouve transformée, sans forçage aucun de sa liberté de sujet.

Pour conduire à bien un tel travail, la position naturaliste d'observateur prenant connaissance (s'imprégnant) du terrain et du contexte est primordiale.

Le milieu médical est un milieu de travail complexe (comme tout milieu de travail). Penser que le chercheur peut arriver, observer, puis faire passer des questionnaires divers et variés, et appréhender ainsi une vérité quelconque de ce qui se trame pour les uns et pour les autres paraît singulièrement idéaliste ! L'ambiance, l'accueil, la manière dont les personnes se saluent ou s'évitent, les types de visite du service, les personnages et leurs rôles : tout nous informe d'un cadre contextuel que l'arrivée de la recherche va de surcroît perturber. D'ailleurs, pourquoi la recherche a-t-elle été acceptée ou demandée ? Comment a-t-elle été financée ? Par qui et comment a-t-elle été présentée ?

On est loin d'une approche qui réduit le chercheur à un appareil de recueil de données dans une salle d'attente, comme cela s'est vu. Approche qui est d'ailleurs tout aussi solipsiste lorsqu'elle se réduit à analyser les seuls entretiens cliniques recueillis dans un cadre d'intervention et/ou de recherche. Dans ce dernier cas, le chercheur et le sujet se trouvent prisonniers du même espace, les paroles seront entendues et interprétées comme la cause du monde interne fantasmatique du patient et coupées tant de la vie sociale et du contexte dans lequel se trouve le patient que de celui qui permet le recueil des données. Sur ce point, il n'y a pas lieu d'opposer travaux qualitatifs et quantitatifs : les deux peuvent se montrer aussi réducteurs.

S'initier au contexte

Le contexte situationnel est la première composante d'une recherche clinique. Sa description relève de l'ethnologie. Cette description doit rendre compte des modes d'arrivée dans le milieu de la recherche, de l'exploration de ce milieu et de la place objective et subjective du chercheur dans ce milieu. Elle doit donc relier et confronter des niveaux d'observation divers, envisager «les vérités» des différents sujets en interaction : vérité des médecins, vérité des patients, vérité du personnel soignant, vérité de la famille, etc. Le savoir de l'un ne dit rien sur la vérité des autres; cependant, tous les acteurs se retrouvent sur une même scène et chacun joue sa partition intime tout en restant relié à celle des autres. Au chercheur de rendre compte de ce «terrain d'entente expérientiel», de ses intersections, de ses non-dits et de ses impasses. Comment chaque sujet pense-t-il pouvoir saisir l'autre là où il ne se trouve pas? Comment les défenses intimes participent-elles à la construction commune?

Cet instant du voir est souvent précoce et fugace. Il disparaît ensuite, pour laisser place au temps de l'initiation, temps d'emprise qui indique que la scène a intégré une nouvelle «partition intime» : celle du chercheur. Celui-ci ne retrouvera donc jamais cet instantané, cet «avant» qu'il soit là. Dans une démarche en psychologie clinique de la santé, la méthodologie devra prendre en compte que ce qui est dit l'est parce qu'une oreille de chercheur s'est proposée à l'entendre. L'observation, l'enregistrement des entretiens, la prise de note de toute situation qui paraît «étrange» et/ou décalée (acte, parole, etc.) permettra lors de la sortie du temps initiatique d'apporter un éclairage nouveau à la situation de recherche.

Le temps de l'écoute

Le temps nécessaire à l'écoute s'inscrit dans une démarche phénoménologique qui s'intéresse à l'observation des conduites et des paroles, mais aussi à la manière dont les sujets s'appréhendent et relatent leur vécu. Ces éléments phénoménologiques se présentent comme médiateurs entre clinique et théorie.

Une parole est produite en fonction de l'interlocuteur, de la question posée et du contexte situationnel; parler à un psychologue qui précise son positionnement qualitatif en psychologie de la santé (différent de répondre) induit un type de parole particulier que ce dernier, de sa place, peut entendre comme distinct de ce qui est dit. Au-delà des défenses/protections subjectives, ce dire s'adresse à cet autre qui est déjà supposé savoir de par son écoute. Une attention particulière sera apportée à ce que les linguistes pragmaticiens ont désigné comme «actes de langage indirects» (Delefosse, 1998a).

Cette parole se situe d'emblée à l'interface du psychique et du social; le niveau dit «intrapsychique» est présent dans tout discours, car l'inconscient parle avec le sujet, mais ce que l'on pourra appréhender (ici en dehors du transfert et de la libre association) sera la tension entre intention de dire et dit, entre l'exprimable dans le lieu médical et l'exprimé au chercheur (Blanchet, 1985).

Dans un entretien, le désir supposé à l'interlocuteur fonde les phénomènes transférentiels, mais aussi contre-transférentiels, caractérisant un certain type de prise de parole qui, sans être du semblant, doit être distinguée de la parole lors de la cure. Ici, le surgissement de l'imprévu inconscient est entravé par le cadre et se prête donc moins à interprétation (si ce n'est sauvage).

Les entretiens approfondis, la manière de privilégier le vécu de situations concrètes, puis dans d'autres travaux l'intérêt pour des manières de se situer dans des moments-clefs de sa vie, favorisent la compréhension des choix existentiels, des modes d'être au monde, des rencontres (bonnes et mauvaises) et leur conséquences subjectives.

L'articulation pratique et théorie

Le travail interprétatif, à proprement parler, apparaît dans un troisième temps qui se fonde sur les deux premiers. Moment où le chercheur construit un modèle théorique afin de rendre compte des articulations sous-jacentes aux observations du manifeste et au sens du phénoménologique.

Dans le cadre de cette méthodologie de recherche qui se fonde sur un entretien (ou plusieurs), il est nécessaire de privilégier les théorisations qui peuvent rendre compte des phénomènes inter et intra-subjectifs communs aux sujets rencontrés. Car avancer des interprétations individuelles comporte toujours le risque de construire des théorisations sur des vignettes anecdotiques, rabattues à une illustration magique de la théorie et se voulant faire office de preuve. De tels travers tiennent le plus souvent d'une psychologisation qui masque la croyance d'un sens linéaire à déchiffrer entre une histoire de vie et ce qui serait déclaré comme un symptôme par le médical. Un tel placage indique encore une emprise du modèle causaliste et positiviste impliquant qu'une cause produise le même effet. Que cette cause soit psychologique ou environnementale ne change rien au modèle.

Un processus transversal : intentionnalité du chercheur vs interaction

«L'intentionnalité du chercheur» va au-delà de la question de «l'implication du chercheur» (Revault d'Allonnes *et al.*, 1989) et finalement ressort de la question de l'angoisse liée à la méthode (Devereux, 1980).

L'analyse de l'implication renvoie bien souvent à une position d'autoanalyse solipsiste du chercheur. Son histoire personnelle, ses fantasmes, etc., ne sont pourtant pas les seuls en jeu dans la situation de recherche dans laquelle il s'est placé ! Une analyse de «l'implication du chercheur» doit donc tenir compte de ces trois niveaux articulés qui font que «l'implication» n'est jamais totalement «personnelle» et «individuelle», ni jamais totalement sous «influence» externe.

Si ses pulsions épistémophiliques plus ou moins fortes, ses intérêts professionnels et statutaires se révèlent non négligeables, l'intrusion dans un milieu (de recherche) modifie l'ensemble de sa vision du monde (et je dirai qu'on peut l'espérer s'il veut en tirer des enseignements nouveaux). L'intentionnalité du chercheur en tant que mouvement orienté «recherche de» (et jamais recherche tout court) peut s'analyser au niveau des trois approches décrites ci-dessus. Elle est soumise à une mobilisation des processus cognitifs, à une expérience personnelle interactive et phénoménologique et enfin à ses propres choix idéologiques issus de positions inconscientes identificatoires (à ses enseignants, à sa famille, à certains membres d'une société, etc.).

Or, les effets de cette intentionnalité dans la recherche peuvent venir accentuer les contraintes du contexte et s'ajouter aux impensés de celui-ci. En milieu médical, toute personne «experte» devient rapidement «paramédicale». Ainsi, l'intentionnalité même du chercheur peut participer (ou non) aux effets pervers du contexte. On ne saura être étonné que les réponses produites aux questionnaires et/ou les propos tenus dans les entretiens mettent en évidence une certaine position énonciative chez les sujets rencontrés qui semblent parfois attendre que l'expert «les parle» en conformité avec l'image hospitalière. De même qu'il ne faudrait pas méconnaître les différences d'appréciation socioculturelles du rôle du patient (pour preuve, le médecin malade se révèle un des patients des plus difficiles pour les services hospitaliers).

La place de chercheur, nommée comme telle, protège en partie de cet écueil car, par définition, le chercheur ne sait pas encore. D'une certaine façon, cette place ouvre sur un espace de parole rendant, si telle est l'intentionnalité du chercheur, l'expertise de l'existence au sujet.

L'analyse de l'intentionnalité du chercheur comme de son implication peut être un moteur de la création théorique avec ses ratés et ses emballements. Néanmoins, cette analyse paraît difficilement réalisable par le seul chercheur. Elle nécessite la confrontation à un groupe de recherche. Ainsi devrait-on envisager de mettre en place des groupes d'Analyses des Pratiques de Recherche, tout comme il existe des groupes d'Analyses des Pratiques Professionnelles (chez les formateurs et ailleurs). Car si l'implication apparaît comme une donnée intime et possible à appréhender par introspection ou par une pratique thérapeutique personnelle, l'ensemble des facteurs que recouvre l'intentionnalité du chercheur ne peut surgir que par une élaboration de ses propres pratiques de chercheur.

De tels groupes permettraient aux chercheurs (débutants ou non) s'orientant sur des démarches qualitatives de pouvoir dépasser l'impression de faute professionnelle dont est entachée l'implication. Doit-on être totalement neutre, libre de ses mouvements internes d'amour ou de haine dans la recherche ? Est-ce la question ? Est-ce seulement possible ? Le transfert comme le contre-transfert, les intérêts sociaux et personnels comme les moules culturels dans lesquels chacun se trouve situé dés sa naissance ne constituent-ils que des poids « morts » opposés à la rigueur méthodologique ?

Une démarche clinique et concrète ne pose pas les questions de cette manière. Pragmatique, elle prend en compte que l'humain, chercheur ou non, est lesté par son histoire, sa vie et ses propres enjeux sociaux. Elle se sert de ceux-ci dans l'appréhension de la subjectivité des sujets avec lesquels elle co-construit un travail. Or, pour se servir de ce lestage légué par notre présence au monde, il n'y a qu'un moyen de recherche, c'est de pouvoir élaborer les effets de ce lestage dans l'activité de recherche au sein d'un collectif de travail de recherche.

L'entretien et ses niveaux d'analyse : implication et/ou intentionnalité ?

La démarche clinique en psychologie de la santé considère l'entretien comme un outil privilégié. Mais ce dernier ne peut se contenter d'une non-directivité, il doit être centré et conduit par un guide d'entretien permettant d'éviter des généralités banalisantes, pour privilégier l'explicitation de l'activité du sujet (Vermersch, 1996) et se focaliser sur leur vécu. Conduit dans un cadre contractuel, avec suspension du jugement de vérité et avec l'objectif d'un recueil du vécu humain dans sa complexité, l'entretien demeure un outil nécessaire bien que non suffisant pour rendre compte de la contextualisation. Le récit de vie est particulièrement indiqué puisqu'il suppose l'intérêt pour une singularité du vécu du sujet interviewé (concernant les qualités et modalités de l'entretien qualitatif, voir Kvale, 1996).

Cet entretien fera l'objet de différents types de traitement suivant les grilles de référence théoriques présentées au tableau 6 ci-dessus : une grille des catégories existentielles phénoménologiques et une grille des mécanismes de défense, relations d'objet et modes identificatoires, issue de la théorisation psychanalytique.

Ainsi, par exemple, au cours d'un récit de vie concernant la découverte de la séropositivité, on constate l'apparition d'éléments des trois niveaux :

– *du niveau 1*, tentatives conscientes et préconscientes de rendre compte d'une logique cognitive réduisant la dissonance (entre ce qui est su et ce qui est fait) ; ces tentatives permettent d'ailleurs au chercheur de préciser les modes préférentiels de coping dans une situation donnée sans faire appel à une grille. De même que les manières de faire appel au contrôle sont aisément reconnaissables (locus de contrôle interne/externe).

Mais grâce à l'entretien, ce niveau 1 perceptif et informatif n'en reste pas aux données que produiraient une passation de grille standardisée. On obtient, de surcroît, la position du sujet : sa manière d'incarner, d'occuper ces modes de coping et/ou de contrôle et ce qu'il en fait. Ainsi voit-on que des sujets atteints d'une maladie chronique, perçue comme réduisant la temporalité de vie, ne construisent pas forcément le même monde et le même rapport à la maladie et aux autres, même s'ils ont le même type de coping, le même type de contrôle et le même support social.

– *du niveau 2*, c'est à partir de ce recueil du récit focalisé sur l'expérience des sujets qu'on peut parvenir à une élucidation à la fois de ce qui apparaît et de la manière dont cette émergence phénoménale se manifeste. On peut alors procéder par réduction phénoménale à une description détaillée du contenu et de la structure des objets de conscience, afin de saisir la diversité qualitative des expériences et à en expliquer le sens profond (Moustakas, 1994). C'est ainsi une première façon de dépasser le sens immédiat, de manière à rendre visible une partie invisible des structures régissant le vécu des sujets. L'entretien qualitatif de recherche est l'outil optimal afin d'obtenir un accès au vécu et à la description de l'expérience quotidienne. Les catégories phénoménales de l'expérience s'y dévoilent par excellence, permettant de comprendre les nuances subjectives dans le vécu d'une même situation : le temps vécu, l'importance de la rencontre, le choix existentiel, le bon moment, etc. Une telle approche montre combien toute prédictivité sur l'impact des « stresseurs » est aléatoire, puisque dépendante des vécus singuliers (avec leurs bagages défensifs différenciés) et des rencontres événementielles.

C'est au niveau phénoménologique, à partir des éléments concrets du discours, qu'apparaissent les effets protecteurs des mécanismes de défense du moi, mais aussi les types de relation d'objets privilégiés, ainsi que les images identificatoires prévalantes (Bergeret, 1972). Toutefois, ces éléments ne peuvent être intégrés et analysés si on se cantonne à l'approche phénoménologique, puisque celle-ci propose davantage une compréhension et une description qu'une explication des manifestations phénoménales.

– *du niveau 3*, ici les éléments de l'entretien qui sont pris en compte, audelà du sens issu du niveau 2, sont les éléments faisant rupture dans le discours, introduisant des discordances, des arrêts. Toujours présents dans la psychologie de la vie quotidienne, ils constituent des brefs surgissement de formations de l'inconscient : lapsus, actes manqués, coupures du discours, oublis, erreurs sur les noms, les dates, etc.

L'entretien qualitatif de recherche centré sur le vécu d'un point particulier de la vie (l'entrée dans la maladie, le vécu des protocoles médicaux, la décision de faire une réduction embryonnaire, l'achat de préservatifs, etc.) va donner des indications sur ce que la recherche appelle « niveaux » et qui ne sont que les modes intégrés du processus d'humanisation. Tout entretien qualitatif bien conduit délivre des enseignements des trois niveaux correspondant à notre grille méthodologique d'intervention car, en situation, le sujet est constitué et se constitue dans l'articulation de ces éléments (niveaux) hétérogènes.

Ces trois niveaux coexistants mais contradictoires sont à la base du drame humain quotidien. C'est pourquoi la psychologie clinique de la santé doit être capable de les modéliser même si leur articulation et la complexité de l'ensemble se présente comme une tentative difficile.

Chapitre 10
Modélisation dynamique et subjectivité

> Au sein même de la psychologie, l'état de notre discipline suscite de l'agitation et de l'inquiétude, et l'on cherche de nouvelles voies pour la reformuler. En dépit de l'habitude bien installée de mener de « petites études bien nettes » et de ce que Gordon Allport a appelé la méthodolâtrie, les grandes questions psychologiques sont encore une fois soulevées : questions concernant la nature de l'esprit et de ses processus ; questions sur la manière dont nous construisons nos significations et nos réalités ; questions sur la façon dont l'esprit prend forme au travers de l'histoire et de la culture.
>
> Bruner, 1990.

Le modèle classique de la psychologie de la santé rend compte de l'expression manifeste et des conduites observables et quantifiables, c'est-à-dire du niveau 1 (*cf.* partie I).

Pour leur part, les modèles exposés ci-dessous et ceux des chapitres qui suivent se situent aux niveaux phénoménologique et structural (niveaux 2 et 3). Ils constituent l'apport spécifique d'une psychologie clinique de la santé. Ils s'insèrent dans le paradigme qualitatif et constructiviste qui cherche à modéliser la complexité et considèrent à la fois :

– les ajustements toujours à l'œuvre dans le processus de santé ;
– le rapport ambigu et indissociable entre santé et maladie ;

– la co-construction médico-psycho-sociale du processus subjectif de maladie ;
– le rôle de la ritualisation dans la reconstruction du monde du malade ;
– la centralité de la subjectivité dans le processus de maladie ;
– la phénoménologie du « monde de sens commun de la santé » *versus* celle du « monde vécu de la maladie ».

1. LES AJUSTEMENTS CONSTANTS DANS LE PROCESSUS DE SANTÉ

Loin de se présenter comme un état idyllique que viendrait perturber la maladie, les processus de santé ne peuvent s'expliquer sans prendre en compte leur déséquilibre constant, compensé, réajusté et toujours en mouvement.

Dans ce contexte, y compris au point de vue biologique, la santé est un construit émergeant de la souplesse adaptative qui permet de fermer et d'ouvrir le système (via les défenses) en fonction des nécessités internes et externes (Canguilhem, 1966). De la même manière, au point de vue psychologique et social, isoler un système individuel empêche l'intelligibilité du processus de santé comme celui de maladie. Cette intelligibilité ne peut surgir qu'en prenant en compte la relation avec l'environnement. L'autonomie du sujet, comme son individualité et son originalité, lui viennent de cette ouverture articulée au monde et non pas de sa clôture, qui dès lors en ferait un être autistique.

Aussi la modélisation proposée s'intéresse moins au bio-neuro-physiologique qui relève d'un autre cadre de référence qu'à la double place humaine, en tant que corporéité vécue, située au cœur des processus de santé et de maladie, alliée à celle d'identité pour soi et les autres et située au cœur des ajustements avec le milieu.

La corporéité, habitation libidinale et cognitive du corps dont la surface de projection (la peau) se présente phénoménologiquement comme interface entre soi et le monde, est considérée comme le prototype dans lequel le sujet ancre ses différentes identités. Ainsi, l'organicisme est ici intégré dans son rapport à l'organisation bien plus que dans une sorte de décomposition des éléments.

En cela, je suis Henri Ey lorsqu'il rappelle que le Corps vivant « psychique », par différenciation avec le tégument physique, est soumis à la loi interne de son organisation : la vie. Vie qui comprend également l'organisation des liens vitaux qui le relient au monde. La vie s'organise dans et par le corps psychique, « créant une double boucle de réverbération, l'un sur le monde intérieur des besoins et l'autre sur le monde extérieur de la nécessité » (Ey, 1974, 233). Bien que Ey traite de la clinique psychiatrique, ses remarques sont aisément transposables à une clinique médicale et psychologique qui exigent davantage d'esprit de finesse que d'esprit géométrique. Car l'être humain se révèle dans la construction de son monde qui, enraciné dans son propre corps, est entrelacé par ses branches aux autres corps (humains, animés ou inanimés).

La conscience consiste dans la possibilité pour le sujet de disposer d'un modèle personnel de son monde. L'intentionnalité de la conscience est au temps ce que le corps est à l'espace, et c'est pourquoi temporalité et corporéité ne sauraient être ignorées par l'étude de la santé et de la maladie ; une modélisation qui les « oublierait », raterait l'essentiel des fondements psychiques du sujet, fondements qui révèlent l'intime intrication du sujet à sa corporéité et de celle-ci à son milieu.

Cette intrication explique pourquoi :

– le processus de santé ne peut se confondre avec un état stable, mais prend sa source dans des ajustements constants en relation avec les investissement libidinaux corporels et avec les demandes de reconnaissance et d'amour adressées ou reçues du milieu (Figure 1, processus 1) ;

– l'homme qui « tombe » malade ne succombe pas simplement à un tempérament ou même à une inadaptation de ses défenses, mais se trouve subjectivement confronté à une désorganisation de son système de la réalité et de son mode d'être-dans-le-monde (Figure 1, processus 2).

Le processus de santé paraît alors singulièrement plus instable que celui qu'installera la maladie grave et/ou chronique. On ne saurait donc comprendre un des processus sans l'autre. La psychologie clinique de la santé doit tenir compte de ce rapport entre santé et maladie, cette dernière se présentant comme une sorte d'arrêt sur image d'un équilibre instable et en perpétuel mouvement qu'exige « l'état » de santé.

Les caractéristiques du vécu d'une « réalité du sens commun », monde dans lequel les mouvements d'ajustement, comme la question de la maladie, restent non conscients pour le sujet, donnent au processus de santé son allure stable. Alors que leur déformation dans le « monde vécu de la maladie » accentue l'impression d'ajustements constants. Car le processus de maladie, une fois installé, divise le sujet doublement dans son rapport à sa corporéité et dans son rapport à l'image pour les autres. De cette division émerge :

– une diffraction désintégratrice du Moi et de la corporéité qui réinvoque l'histoire de la construction de l'image du corps propre et, ce faisant, favorise un brouillage temporel, spatial et affectif;

– une perturbation des identités sociales en lien avec les demandes d'amour et de reconnaissance adressées au milieu (et reçues du milieu).

Au sujet donc de transformer son monde, son rapport au corps comme aux autres de manière à installer un nouvel équilibre (Figure 1, processus 2) dans la maladie, dont la stabilité surprend parfois le clinicien. Il est fréquent que les sujets décrivent leur entrée dans le monde de la maladie chronique comme une catastrophe et que leur récit de vie fasse état d'un événement «originaire», signant l'entrée dans un nouveau monde, non apprivoisé, à partir duquel ils ont commencé à être malades. Les sujets de différentes cultures semblent également évoquer cet événement princeps, et ce «mythe» personnel est corroboré par la famille (Pédinielli, 1993; Good, 1998). Ainsi se construit peu à peu un nouveau mode d'être au monde.

2. PASSER D'UN MONDE À L'AUTRE : LE PROCESSUS CONDUISANT AU «MONDE» DE LA MALADIE

Adaptée de la théorie mathématique des catastrophes, la Figure 1, ci-dessous, modélise la complexité du changement du monde, à travers les bouleversements de l'environnement interne et externe du sujet, dans le processus qui va de la santé à la maladie. Tout en introduisant de la modification par diffraction du sujet, ce processus comporte un mouvement dynamique d'ajustement nouveau à un monde dans lequel les interlocuteurs du sujet, internes (affects, sensations, corporéité), comme externes (famille, amis, collègues), vont se trouver modifiés quantitativement et qualitativement. Cette modification n'est pas sans conséquences dans la réadaptation à la santé. Par exemple, Brun (1989) a signalé la difficulté de ré-adaptation à la «guérison» rencontrée par les parents de jeunes enfants guéris d'un cancer. Le passage d'un processus à l'autre ne va donc pas de soi et exige une activité et une implication du sujet qui, loin de les subir, participe à leur construction.

Dans la Figure 1, le processus 1 renvoie au monde subjectif de la santé, c'est-à-dire au monde vécu dont l'apparente stabilité est ancrée dans la perpétuelle activité du sujet face aux sollicitations internes et

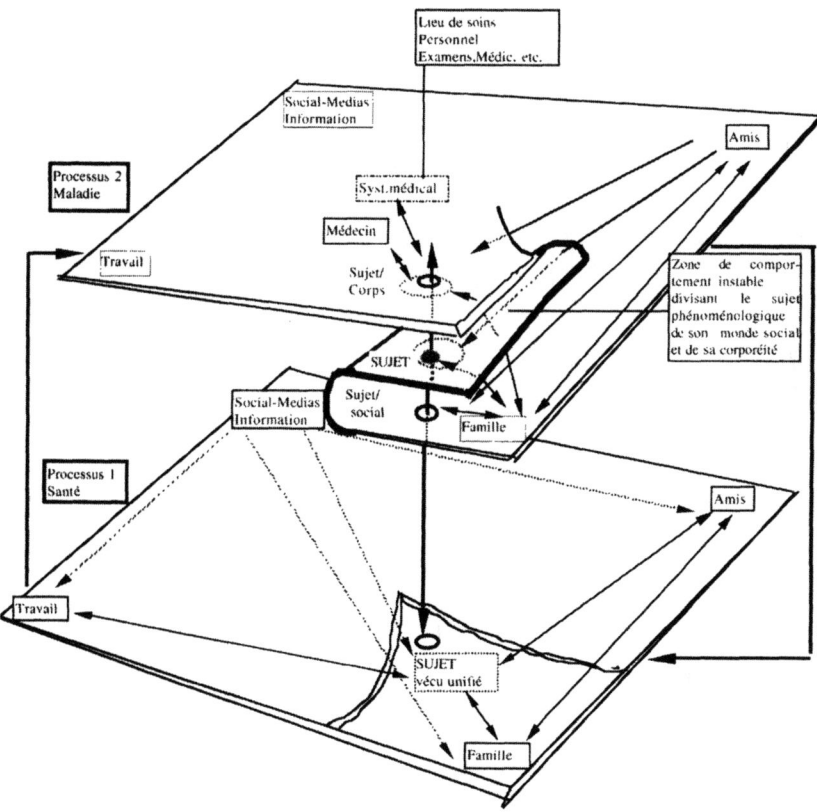

Figure 1 — Processus de transformation du monde vécu à prendre en compte dans une étude concrète et qualitative en psychologie de la santé.
Cette Figure s'inspire du modèle de la théorie des «catastrophes», et plus précisément des surfaces de «fronce» (Stewart, 1994).
Dans ce cadre de référence, le terme de «Catastrophe» a deux sens : il signifie des changements de comportement soudains, mais aussi un TYPE GÉNÉRAL DE SYSTÈMES où de tels changements se produisent. En bas : l'espace de commande ; en haut : la surface de réponse avec le pli de la fronce qui va constituer une diffraction du point de projection. L'ensemble représente la modification systémique passant du processus santé (1) au processus maladie chronique et/ou grave (2). Cette figure montre comment le monde du sujet se trouve modifié au niveau «intrasubjectif» (division phénoménologique sujet social/sujet corps/sujet vécu) et intersubjectif relationnel (sujet/corps entouré du médical et relativement coupé de ceux qui constituaient son monde). Le support social, comme la qualité de vie, se trouvent profondément modifiés. Le processus «santé» implique bien un travail constant d'adaptation interrelationnel du sujet, le passage au processus «maladie» modifiera rétroactivement le vécu du processus de «santé».

externes. Ce monde interactionnel apparaît comme un « plan » dans lequel le sujet, qui se reconnaît comme unifié, le plus souvent sans qu'il y ait question de sa part, est en interaction avec un milieu plus ou moins proche.

L'homme qui intéresse une approche qualitative de la santé est l'homme de la subjectivité et de l'interaction, celui du drame humain. Le sujet est *au milieu de* son monde et *le milieu qui* accueille le monde, car son monde c'est aussi le réseau interactionnel du « plan » représenté.

Le monde vécu du sujet est un monde construit en interaction avec les différents milieux : sensori-moteur correspondant à la corporéité, psychique correspondant à l'articulation entre histoire et affects, mais également entourage proche (famille et amis) et entourage socio-culturel proche (travail, etc.) et distant (médias et rencontres quotidiennes de discours sociaux divers). De plus, la centralité du sujet dans son monde implique que son rapport à la maladie ne puisse être pensé en dehors d'une référence à son éthique en tant qu'être-dans-le-monde. Son approche des lieux de soins sera nécessairement sociale, incluant ces derniers dans ce monde interpersonnel.

Dès la mise en place du processus de maladie, ce monde interactionnel, comme le rapport à lui-même et à sa corporéité, vont se trouver fortement bouleversés, exigeant dès lors des procédures d'ajustement de divers niveaux. Dans cette Figure 1, le Processus 2 rend compte du monde déjà transformé par la maladie chronique. Il restera à préciser les divers moments par lesquels s'effectue le passage du Processus 1 au Processus 2.

Toutefois, la Figure 1 met en évidence la division subjective vécue et la modification dans les processus interactifs : l'entourage proche devient médicalisé et principalement intéressé par un des aspects du sujet, son corps. Alors que l'entourage social (amis, famille, travail) se trouve coupé du sujet, et surtout du sujet tel qu'il se vit ; les images identitaires se brouillent et les interactions s'adressent à des niveaux différents du sujet. La reconnaissance sociale (dans ses différents aspects) se trouve fortement perturbée. Le rôle le plus accessible, parce que le moins conflictuel, devient celui de malade. Tout le travail de l'individu atteint d'une maladie chronique sera alors de reconstituer un monde qui lui permette d'exister : de réintégrer sa complexité d'être-dans-le-monde.

Dans la prise en charge de la maladie et/ou de la promotion de la santé, le médecin et le discours médical (du médecin, des médias, de la culture, etc.) vont être intégrés à ce contexte, au cœur du monde du sujet. En ce sens, ces nouveaux éléments hétérogènes du système vont pouvoir avoir une action modératrice ou non des angoisses des sujets et cela en fonction de la relation intersubjective établie.

Comme l'homme communique dans et à travers tous ses actes, le processus de la maladie va se transformer en signe adressé dont il faut tenir compte du (des) destinataires et des fonctions. Il ne saurait être réduit au signe biologique qui seul est important pour l'établissement du diagnostic médical. La maladie en elle-même devient communication et co-construction du sujet en interaction avec le monde médico-psycho-sociologique.

3. LA CO-CONSTRUCTION MÉDICO-PSYCHO-SOCIALE DU PROCESSUS SUBJECTIF DE MALADIE

Le modèle de la Figure 1 indique comment le sujet va se trouver «froncé», diffracté dans un pli comprenant une multiplicité de sujets, qui habituellement ne sont ressentis que sous la forme unitaire : le sujet phénoménologique, le sujet confondu avec sa corporéité, dont une part seulement sera source d'intérêt pour les nouveaux arrivants dans son monde (les médecins et soignants), le sujet social qui ne peut plus faire face de la même manière aux sollicitations de la famille, des amis, des collègues de travail, etc. La transformation de son monde est alors vécue comme une perte, voire comme une dislocation.

Toutefois, cette Figure 1 cherche également à montrer comment processus de santé et processus de maladie se trouvent superposés au sein d'un même système transformé par rétroaction. Et comment c'est au niveau du vécu phénoménologique humain que sera introduit le mythe d'une rupture entre ces deux processus, et cela afin de produire du sens. Mythe humain que met en évidence le modèle mathématique puisqu'il rend compte de l'unicité structurelle des deux «états» et de leur constante dynamique. Cependant, ce modèle mathématique qui nous permet une représentation figurée doit principalement être pris ici dans son sens métaphorique.

Cette divergence entre vécu phénoménologique du sujet et explication structurelle des processus vient conforter le postulat de «co-construction» de la maladie, postulat qui ne nie rien du support bio-physiologique possible d'une maladie, mais qui dissocie la maladie de la médecine de celle du sujet.

La Figure 1 met en évidence comment le sujet pris dans les replis d'une «fronce catastrophique» va se vivre comme aspiré par un courant transformant son monde :

– les supports sociaux se trouvent modifiés, entraînant une étrangeté dans les reconnaissances identitaires;

– l'unité de la personnalité se trouve bouleversée par les manifestations d'une corporéité/image de soi qui semble échapper;

– un autre monde apparaît : celui du médical, qui modifie les versions de la santé et de la maladie.

Dès lors, bien que le processus de maladie (Figure 1, Processus 2) ne soit qu'un reflet du processus de santé (Figure 1, Processus 1), les deux vont être différenciés pour donner un sens à ce vécu subjectif. Le processus de santé se trouve révisé rétroactivement par le sujet au point que les deux processus forment un système qu'on ne pourra explorer séparément.

L'appréhension de la maladie, comme la manière de la vivre, émergeront de la rencontre entre acteurs multiples, parmi lesquels la médecine officielle occupe une grande place. Cette maladie devient un construit social, auquel le sujet cherchera à donner une explication de son origine afin de pouvoir agir sur la guérison.

Si la maladie telle que révélée dans les analyses biomédicales ne saurait être ici niée, si les médecins et leur travail, épuisant et souvent difficile, ne sauraient non plus être dénigrés, il faut par contre insister sur une nécessaire différenciation, au point de vue psychologique, entre maladie du malade et maladie du médical. De même, le corps ne saurait être appréhendé de la même manière par les uns et par les autres.

Durant ses études, le futur médecin apprend à construire le malade en tant que patient et à établir un cas en fonction de signes précis. Cet apprentissage est lourd de conséquences pour le médecin comme pour le patient : «La rédaction du dossier a plusieurs effets. Elle donne autorité à l'étudiant en médecine et justifie l'échange avec le patient. Elle organise le dialogue, ainsi que tout le processus de construction du patient. Le dossier d'observation est destiné à être lu par d'autres : des médecins qui non seulement prendront certaines décisions à partir de ce document, mais jugeront l'étudiant sur son travail» (Good, 1998, 174).

Les dossiers médicaux, les examens, les consultations ordonnent et structurent le dialogue, en même temps qu'ils transforment le récit du patient en document pertinent auquel on pourra appliquer le savoir médical. Mais, en contrepartie, ces démarches proposent au sujet une nouvelle manière de voir le monde.

Comme le remarque Good (1998), la maladie, comme la médecine, ou même la biologie, ne sont pas extérieures, mais intérieures à la culture, aussi le processus de maladie dans son ensemble (et non pas seulement du côté du sujet) relève-t-il d'une construction dans laquelle :
– le cas clinique n'est pas une manière de décrire la réalité, mais une manière de la construire ;
– la maladie n'est pas réductible au dysfonctionnement biologico-physiologique, mais aussi une manière d'être au monde co-construite entre médical, psychique et social.

Ce savoir médical, culturellement marqué et transformateur du monde du sujet, loin de se réduire à un monde aliénant, produit également un mode de dialogue plus ou moins conflictuel en fonction de l'écart entre perçu et vécu chez le sujet. Car ces actes d'expertise, qui visent à donner une forme médicalisée au corps non maîtrisé du sujet, naturalisent la maladie tout en favorisant un objet narratif pour le sujet. Cette irréductibilité entre interprétations hétérogènes bio-scientifiques et phénoménologiques conduira à une nécessaire transformation de la vision du monde du sujet.

Celui-ci doit alors introduire en lui cet environnement étranger, se l'approprier en s'y accommodant puis l'assimiler ; c'est ainsi que la maladie transforme le Moi du sujet.

Le corps réduit aux signes qui prennent sens pour le médical se trouve propulsé au centre du monde. Mais ce corps n'est pas forcément le même pour le sujet et pour le médical qui l'examine et évalue ses écarts à la norme. Pour le premier, loin d'être un objet physique, le corps constitue un part essentielle de son moi ; lieu de la subjectivité, de l'expérience du monde, la conscience en soi est inséparable de ce corps.

Aussi, ce corps est-il impossible à appréhender hors du vécu subjectif. Une vision psychologique «objective» de la pathologie réduirait de fait le sujet à un tas de chair hors contexte. La maladie du malade est constituée d'une profonde intrication entre dimensions physiques et existentielles, entre douleur corporelle et souffrance morale. Fixée par la nomination médicale la maladie apparaît alors. Bien entendu, les symptômes existaient généralement déjà avant, mais ils n'avaient pas été ancrés dans le sujet comme signes. Cette nomination précipite une déconstruction du monde du sujet par diffraction de ce qui est généralement uni dans l'expérience de tous les jours.

La maladie chronique provoque un glissement dans le vécu corporel, subjectif, familial et social correspondant à une démolition du (des) monde(s) du sujet.

4. LE RÔLE DE LA RITUALISATION DANS LA RECONSTRUCTION DU MONDE DU MALADE

Si les structures de remédiation médicales influent sur le processus de déconstruction du monde inhérent au processus de maladie, elles en proposent également une reconstruction particulière (Centres de la douleur, Centres de PMA, etc.).

Car nommer, ce n'est pas seulement figer le sujet, c'est également lui suggérer un moment de répit, un temps pour donner sens à son monde ; la nomination médicale propose une nouvelle unification du Moi, ancrée dans un système bio-physiologique. Elle a pour inconvénient de laisser en suspens l'ensemble des facteurs humains qui font que pour les sujets, la maladie n'intervient pas seulement dans le corps, mais bien dans leur vie. Comme le remarquait avec humour Medard Boss, une balle atteignant le cerveau ne traverse jamais un simple objet, mais toujours l'existence entière d'un sujet (Boss, 1979).

Or une reconstruction de son monde ne peut faire l'économie de cette dimension, et elle explique que le sujet atteint d'une maladie chronique arrive parfois à s'attacher à celle-ci.

Le récit du sujet et son vécu exprimant à la fois, le désarroi devant cette destructuration subie et devant ce corps dont les sensations se transforment, mais également la tension avec la nouvelle version du monde qui lui est proposée. Ainsi, le «perçu» va se trouver singulièrement complexifié par le(s) «vécu(s)» contradictoire(s) et contextualisé(s). Pour qu'il accepte cette version, il lui faudra inventer *son* propre moyen de l'infléchir, d'en faire *son* histoire qui s'oppose à la dissolution de *son* monde; cette création, bien qu'intersubjective, reste personnelle et singulière à un sujet.

Dans ce processus de maladie (Figure 1, Processus 2), deux structures narratives majeures tentent donc de reconstruire le Moi à travers des voix multiples :

– l'une, subjective, reproduit en intégrant les voix entourant le sujet (famille, amis, collègues, discours sociaux médiatisés, etc.);

– l'autre, objective (sans se réduire à cette objectivité), reproduit en intégrant les voix entourant le discours scientifique (médecine, recherche, personnel soignant, lieux de soins, etc.).

A charge pour le sujet de créer un sens au drame dont il pâtit à l'aide de ce puzzle discursif ; à lui de reconstruire, avec les moyens internes et externes dont il dispose, une « réalité de sens commun » que la maladie a bouleversée.

Entre ces structures narratives hétérogènes, le processus de maladie va s'organiser à travers des histoires de vie remaniées et à travers une temporalité modifiée. Des récits subjectifs de la maladie, à mi-chemin entre vécu et théorie, permettent de donner à la maladie une interprétation en rapport avec la logique officielle et le contexte biographique de l'affection.

Mais dans une démarche qualitative en psychologie de la santé, le sujet n'est pas seulement ce narrateur d'histoires : il est considéré aussi comme un « lecteur ». Pris au cœur de son drame, le sujet se trouve dans la position de celui qui « lit » une histoire, incapable souvent d'influer sur son issue.

Les mythes individuels de la maladie que met en évidence l'approche phénoménologique et clinique viennent pallier l'absence de sens d'un monde que la souffrance a détruit. Les significations de la maladie vont se construire dans les pratiques narratives auxquelles participent les malades, leur entourage ainsi que les soignants ; elles vont venir infléchir la maladie du malade elle-même. Non pas « la guérir » au sens médical du terme (quoique cela puisse arriver), mais bien infléchir le monde dans lequel elle prend place et ainsi se dégager de l'emprise d'une histoire imposée.

Ainsi rencontre-t-on des personnes pour lesquelles la maladie chronique n'est plus considérée comme une maladie au sens du modèle de la « catastrophe ». La diffraction du sujet dans le pliage (Figure 1, Processus 2) se trouve alors (re)dépliée et le sujet ayant récupéré une place sociale, psychique et corporelle réintègre son unicité (place récupérée qui ne sera jamais égale à celle décrite comme un temps mythique de la « santé »). L'hôpital, comme les lieux du soin, n'est pas seulement le lieu où se trouvent construits la maladie et le corps médicalisé, mais également celui dans lequel se déroule le drame humain et dans lequel peuvent (ou non) être favorisées ces reconstructions subjectives du monde.

5. PHÉNOMÉNOLOGIE : DU «MONDE VÉCU DE LA SANTÉ» ET DU «MONDE VÉCU DE LA MALADIE»

La Figure 1 qui vient d'être examinée rend compte d'une manière globale et visuelle des modifications subjectives et intersubjectives des processus santé/maladie. Les tableaux 7 et 8 ci-après proposent un détail des catégories phénoménologiques impliquées dans le processus de santé et de leurs modifications dans le processus de maladie.

Les catégories concernant les caractéristiques du «monde de sens commun», tel qu'on le retrouve dans le vécu de la santé, sont issues du modèle de Schütz (1967, 1971). Toutefois, il a paru nécessaire et heuristique d'y ajouter les caractéristiques de leur modification dans la «réalité vécue de la maladie» chronique et/ou grave (Tableau 7).

De plus, différents résultats issus des travaux de terrain permettent également d'ajouter un certain nombre de catégories phénoménologiques afin de rendre compte des transformations subjectives lors des processus de dégagement parfois possibles au sein même du «monde vécu de la maladie» (Tableau 8).

Postuler une reconstruction du monde à partir de la «réalité vécue de la maladie» va dans le sens des phénomènes décrits dans la littérature comme stratégies de faire face dans lesquelles le sujet se montre compliant et dans lesquelles il parvient à «s'arranger avec» son drame. Or, loin d'impliquer le seul sujet, on voit combien cette reconstruction reste dépendante de la rencontre, du questionnement de la position dans le monde, du moment et de la décision.

L'ajustement au monde, le ré-ajustement, ne saurait se plier à une éthique externe qui prônerait l'adaptation au médical comme «bonne façon» d'être au monde. Les ajustements peuvent prendre des formes très diverses et peu appréciées dans le monde de la médecine, par exemple, le refus de soins. C'est pourquoi il faut insister sur le fait que ce modèle de reconstruction du monde n'est pas un bien ou un mal. Il peut être bénéfique pour le sujet, ouvrir sur des projets permettant la réalisation de la personne, comme l'est souvent l'arrêt choisi des tentatives de FIV. Il peut être maléfique pour le sujet, comme la rencontre, au «bon moment», d'un gourou demandant à des personnes atteintes du Sida de refuser les soins, etc.

Quoi qu'il en soit, cette reconstruction d'un être-dans-le-monde unifié dépend non seulement du sujet, mais tout autant de l'entourage et des interactions. La réorganisation implique :

Tableau 7 — Caractéristiques phénoménologiques du «vécu de la santé et de la maladie»

	Caractéristiques des catégories phénoménologiques	Leur expression dans la «réalité de sens commun» (suivant Schütz, 1971)	Leur altération dans la «réalité vécue de la maladie»
1	Unité du sujet dans son «être-dans-le-monde»	Moi auteur de ses actes, indivisible du corps	Division 1 : elle porte sur le moi vivant et agissant qui se sépare du corps devenu un objet étranger et persécuteur
2	Présence du sujet au «monde de relation»	Sociabilité du sujet, parmi les autres, impliquant empathie et sympathie ainsi qu'impression d'être du monde	Division 2 : elle porte sur le monde social du sujet, qui se sépare du moi vivant et du corps objet
3	Temporalité, passé et futur relient au présent	Temporalité commune inséparable de son monde et non présente à la conscience	Temporalité conscientisée, altération par fixation : le temps devient chronique et fige le sujet dans sa perception, temps extérieur et intérieur sont désynchronisés
4	L'être est «être au monde»	Le sujet est éveil et attention au monde qui entoure, il est activité dans le monde	Modification de la conscience par les médicaments, mais aussi fatigue, retrait du monde
5	L'être est projets temporalisés, tournés vers le futur	Le sujet, en activité, produit des projets, réalise des actions	La maladie altère tout projet dans un temps figé et tourné vers le nouveau «monde» qui entoure : la médecine

Tableau 8 — Caractéristiques phénoménologiques impliquées dans un processus de dégagement.

	Caractéristiques des catégories phénoménologiques	Eléments permettant (ou non) une reconstruction du monde à partir de la «réalité vécue de la maladie»
7	Etre pour la mort	Perception accrue et angoissate de la finitude humaine; moment de refus et de mélancolie, ouvre sur une interrogation de sa vie et de son sens
8	Les modes d'inauthenticité	Questionnement du sens de sa vie et de son être au monde; révolte et recherche de construction d'un mode d'exister nouveau (investissements du monde social différents)
9	Culpabilité existentielle	Prise de conscience brusque de son existence, du hasard de sa présence et de la futilité de son être-dans-le-monde; précède le saut du mode inauthentique au mode authentique de l'existence
10	Rencontre	Expérience intérieure, permet le remaniement de sa philosophie de vie, aide à restructurer son monde et le sens de sa vie. Elle se fait à travers l'Autre (médecin, personne, livre, film, etc.). Le sujet la reconnaît comme libératrice de l'illusion; elle favorise le sens et une nouvelle unité du sujet
11	Kaïros (bon moment)	Moment primordial, juste, qui permet la prise de décision existentielle. Avant, les mêmes rencontres n'auraient rien provoqué. Moment électif et critique dans lequel le sujet est à même de prendre une décision existentielle
12	Décision existentielle (durée)	Choix de mode d'existence au monde, option décisive dont les conséquences ultimes échappent (arrêt des FIV par exemple). Elle implique une retemporalisation du vécu puisqu'elle se fait dans la durée

– les qualités des nouvelles interrelations (rencontre parfois de personnes dans le lieu de soins, etc.);
– des ajustements de l'entourage (le plus bénéfique n'étant pas forcément celui qui accepte tout);
– des possibilités régulatrices du sujet dans son rapport à l'objet dans le sens donné à la maladie.

La psychologie clinique de la santé s'intéresse non pas à l'étude des relations entre bio-neuro-physiologie et psychologie, mais à travers le discours et les situations :

– aux interactions réelles entre soignants et sujets de soins;
– aux aménagements des espaces de soins et à leur prise en compte de la corporéité dans son lien intrinsèque au moi du sujet;
– à l'accompagnement et au soutien de l'entourage proche favorisant ou non une réorganisation de l'unicité subjective;
– aux modes de prise en charge psychologique du sujet favorisant une reconstruction du monde capable de prendre en compte l'être pour la mort et les angoisses existentielles afin de soutenir une prise de décision dans un mode de vie authentique du point de vue du sujet.

Chapitre 11
Modélisation intégrative des niveaux d'ajustement

> Plus autonome, il (*l'homme*) est moins isolé. Il a besoin d'aliments, de matière/énergie, mais aussi d'information, d'ordre (Schrödinger). L'environnement est du coup à l'intérieur de lui et, comme nous le verrons, il joue un rôle co-organisateur. Le système auto-éco-organisateur ne peut donc se suffire à lui-même, il ne peut être logique totalement qu'en introduisant, en lui, l'environnement étranger. Il ne peut s'achever, se clore, s'auto-suffire.
>
> Morin, 1990.

Pour expliquer les mouvements d'ajustement, la psychologie de la santé classique fait appel au concept de « coping » descriptif des modalités de faire face du sujet (*cf.* Partie I). Les mécanismes de coping, qu'ils soient de type résolution comportementale de problème ou bien émotionnels renvoient à une appréhension cognitive du faire face et cela y compris lorsqu'ils sont dits « émotionnels ». Comme nous l'avons souligné, le style de coping tend alors à être conçu par de nombreux auteurs comme un trait de la personnalité de l'individu.

Dans le cadre de la psychologie clinique de la santé, on considère que la manière dont le sujet utilise les « modérateurs » va dépendre de sa subjectivité, de ce qu'il fait de ce que le vécu de son « monde » fait de lui. Les mécanismes d'ajustement examinés en tant que caractéristiques du seul sujet, hors toute contextualisation, ne peuvent alors expliquer toutes les capacités de reconstruction du monde vécu.

L'ajustement et la régulation sont des mécanismes toujours en action et correspondent à une utilisation des mécanismes de défense adaptée en fonction des situations, internes ou externes, vécues parce qu'elles prennent du sens pour le sujet. Ces mécanismes correspondent au niveau 3, structurel et psychanalytique, ce sont les mécanismes de ce niveau les plus accessibles dans un travail de recherche et d'intervention hors prise en charge thérapeutique (Tableau 6 ci-dessus).

Quelle que soit l'orientation clinique théorique (y compris chez les élèves de Piaget travaillant sur les modes d'ajustement, via les concepts d'assimilation et d'accommodation), les mécanismes d'ajustement permettent de penser l'interaction qui lie indissolublement intériorité et extériorité; l'une transformant l'autre en boucle. Ils sont à considérer comme un processus systémique, partie prenante d'une situation complexe et non comme un trait individuel de personnalité : un même sujet peut les utiliser tous en fonction des situations vécues.

1. DÉFENSE, ADAPTATION, AJUSTEMENT ET MÉCANISMES DE DÉGAGEMENT

Le concept de «mécanisme de défense» a connu bien des aléas depuis son introduction par Freud (1894) et sa diffusion par Anna Freud (1937). Sans entrer dans le détail des différentes conceptions et théorisations, il est nécessaire de préciser ici les principales orientations défendues, car ce concept connaît un regain d'intérêt dans les pays anglo-saxons, alors qu'en France, il continue parfois à avoir mauvaise presse.

1) En effet, en France, les mécanismes de défense sont toujours envisagés en étroite relation avec la théorisation psychanalytique, liés aux développements concernant la «relation d'objet», mais également aux différentes théorisations de la «censure» et de la «résistance». Ils se trouvent donc au cœur d'une des controverses psychanalytiques entre tenants d'une analyse du discours et tenants d'une analyse du Moi. Une critique de l'adaptation conçue comme adaptation à la société semble jeter son ombre sur l'étude des mécanismes défensifs principalement étudiés comme résistance à l'analyse et rarement comme mouvements d'ajustement au monde. Au point que Lagache (1957) distinguera les mécanismes de dégagement des mécanismes de défense afin de rendre compte d'une possibilité d'aménagements structurels du moi.

Il différencie alors les opérations défensives des opérations de dégagement du moi. Les premières tendent à une réduction des tensions internes par répétition agie, alors que les secondes ont pour objet l'abolition de ces compulsions, ils permettent de nommer les conflits et de les élaborer. Le dégagement du moi s'effectue par rapport à ses propres opérations défensives (Lagache, 1961). Il apparaît donc deux lignées dans le moi, l'une rigide faite de répétition et de compulsion, l'autre permettant souplesse et dégagement.

L'étude descriptive des mécanismes de dégagement par Lagache peut se révéler un apport considérable au point de vue clinique (Santiago-Delefosse, 1995). Celui-ci insiste sur les bénéfices inhérents à ces mécanismes :
– la distanciation de la conscience d'avec les identifications aliénantes ;
– le détachement de l'objet imaginaire accompagné d'un remplacement par sublimation ;
– la possibilité de sortir de la répétition par la mise en place de la prévision et de l'ajustement aux situations nouvelles.

Ces mécanismes de dégagement facilitent une plus grande ouverture sur le monde, tout en permettant une affirmation de soi dans le monde : la conscience cesse d'être fascinée par le moi-objet (le narcissisme), elle objective le moi et par là se dégage des illusions (Lagache, 1961). Ces dégagements rendent compte d'une liberté obtenue grâce à la capacité de la conscience de changer de système de référence.

2) D'autre part, la psychopathologie française aborde les questions des défenses davantage par l'angle structural que par l'angle comportemental. Bergeret (1974) précise que le concept de « structure » se réfère à la façon dont la personnalité est organisée sur le plan profond et fondamental. Ainsi remarque-t-il que la structuration de la personnalité peut s'exprimer à travers un certain type de défense, mais que d'autres défenses peuvent également se présenter à un niveau plus social du « caractère ». Dans ce cadre de référence, la structure de la personnalité est conçue comme une base idéale d'aménagement stable des éléments métapsychologiques constants et essentiels chez un sujet, alors que le caractère apparaît comme le niveau de fonctionnement manifeste et non morbide de la structure telle qu'elle vient d'être définie.

Ces deux aspects de la question des défenses se retrouvent dans les travaux anglo-saxons, mais ressaisis de manière davantage comportementale. Toutefois, il n'est pas facile de se repérer dans le foisonnement de textes concernant ces mécanismes défensifs car on assiste à une inflation descriptive depuis une trentaine d'années (Conte & Plutchik, 1995). Cependant, certains travaux anglo-saxons peuvent intéresser une psychologie intégrative des mouvements d'ajustement du moi tout en restant proches des propositions de la psychopathologie française. Ne seront ici exposés que ces derniers car ils paraissent pertinents dans une psychologie clinique de la santé.

Déjà en 1977, Haan, partant du travail de Piaget, cherchait à établir une correspondance entre deux lignées : celle des mécanismes de défense et celle des styles de coping. Elle divisait les mécanismes du Moi suivant ces deux grandes catégories qu'elle opposait : les défenses seraient rigides et productrices d'une distorsion de la réalité sous le poids du vécu passé, alors que les styles de coping seraient flexibles et orientés vers la réalité et le futur. Les défenses, infantiles et non adaptatives, viennent faire face à l'anxiété alors que les styles de coping, adultes, permettent de résoudre des problèmes.

Ainsi apparaissait, comme chez Lagache, une lignée «souple», adulte et intégrant la réalité, et une lignée «rigide», infantile, tournée vers le passé affectif. Mais un tel modèle questionne la supposée inadaptation des modes de défense infantiles qui ont quand même permis que l'enfant se développe, de même qu'il interroge les soubassements qui permettraient aux styles de coping de devenir si particulièrement performants en neutralisant l'intelligence «émotionnelle» (Damasio, 1995; Goleman, 1997). Si le modèle de Haan paraît relativement rigide du fait d'une conception des défenses comme relevant toujours de la pathologie, il n'en reste pas moins un des premiers modèles constructivistes de l'ajustement, bien que lesté de la limite piagétienne minimisant les variables affectives, émotionnelles et sociales.

De son côté, à travers des études longitudinales passionnantes, Vaillant mettra en évidence un certain nombre de mécanismes défensifs, complétés par la notion de «souplesse adaptative» (Vaillant, 1986, 1993).

Pour cet auteur, les défenses doivent être considérées comme des métaphores, comme le chemin le plus court permettant de décrire des modes cognitifs et affectifs participant au réajustement des réalités internes et externes, reflétant des processus intégrés, elles sont difficiles à définir isolément.

Dans ce travail, nous suivrons Vaillant lorsqu'il considère que les mécanismes de défense sont des mécanismes régulateurs principalement inconscients qui permettent aux individus de réduire la dissonance cognitive et de minimiser les changements soudains dans l'environnement interne et externe en altérant le mode de perception des événements (Vaillant *et al.*, 1985). Vaillant distinguait trois grandes catégories définissant une souplesse adaptative et celles-ci semblent assez proches des mécanismes de dégagement tels que décrits par Lagache (distance à l'objet, empathie et capacités anticipatrices). Ces «catégories» défensives doivent être considérées comme des «grandes classes» des modes d'ajustement, dans lesquelles «l'altruisme» de la personne «mature» serait à entendre davantage comme empathie (ouverture du monde d'autrui) que comme seul don de soi.

Nous retiendrons également les enseignement de Haan pour rendre compte de manière constructiviste et systémique des modes d'ajustements moi/monde.

Enfin, l'approche française des mécanismes de défense comme nœud structurel paraît indispensable. En effet, certains mécanismes ne peuvent être considérés comme «archaïques» qu'en référence à la notion de structure (topique) et à la notion de coût d'investissement (dynamique).

Ce n'est qu'en envisageant à la fois les considérations de Vaillant, celles de Haan et celles, davantage structurelles, de la psychopathologie française (Bergeret, Lagache) qu'on peut, partant d'échelles cliniques, le plus proche de nos conceptions, telles que le Defense Mechanism Rating Scale (Perry & Kardos, 1993, 1995), proposer une articulation novatrice et systémique des niveaux d'ajustement.

Le tableau 9, ci-après, présente une grille des mécanismes de défense inspirés par l'échelle d'évaluation des mécanismes de défense de Perry & Kardos (Perry, 1990). Elle est cependant modifiée en particulier pour ce qui concerne l'ajout par les auteurs de trois mécanismes issus du DSM III, relatifs aux relations individus/groupe. En effet, ces trois mécanismes (appartenance, affirmation de soi, capacités d'auto-observation) apparaissent davantage comme des conséquences de l'expression des mécanismes de défense «matures» proposés par Vaillant (anticipation, altruisme/empathie, humour, sublimation) que comme des mécanismes spécifiques.

Par ailleurs, les défenses «impulsives», classées en n° 1 par le DMRS, à l'origine de la réalisation des affects par l'action, sont à rapprocher des défenses distordant minoritairement l'image, n° 4, défenses de type narcissique, préservant l'estime de soi, ce qui les ferait correspondre à des défenses de type «limite» dans une classification «française». A remarquer que ces modélisations doivent être considérées comme des travaux en développement et non pas comme des produits finis. Elles constituent principalement une base de travail intégrative de l'ensemble des résultats issus des différentes recherches en psychologie clinique de la santé.

2. TROIS AXES D'AJUSTEMENT

Au point de vue théorique, l'approche des niveaux d'ajustement exposée permet de préciser la modélisation intégrative et évite ainsi la pente glissante de la psychopathologisation via une normativé qui n'existe que dans l'idéal des auteurs. Cette modélisation prend en compte les trois niveaux à articuler en psychologie clinique de la santé tels qu'ils ont été présentés au chapitre précédent : celui cognitivo/comportemental, celui phénoménologico/subjectif et enfin celui psychanalytico/structural (Figure 2). Présentés ainsi, on voit combien ces «niveaux» ne sont pas à considérer comme des paliers successifs qui s'intègrent linéairement (et qui supposent alors une hiérarchie) mais bien comme des axes relatifs aux différentes dimensions d'un même volume.

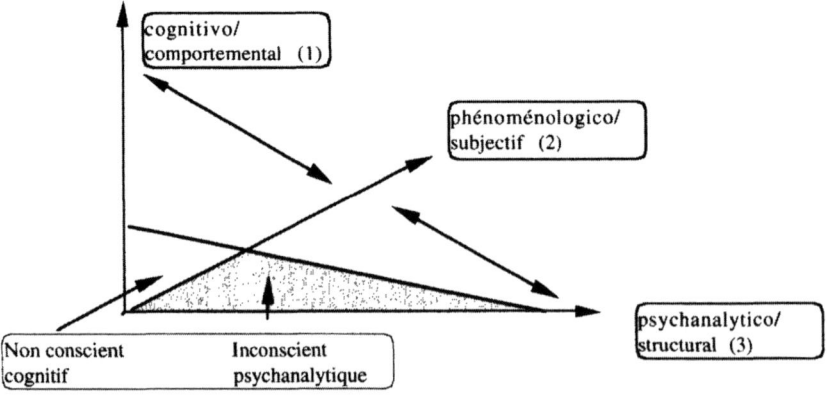

Figure 2 — Trois axes d'ajustement à intégrer.

Tableau 9 — Comparaison des classifications des Mécanismes de Défense du Moi.

Classification du DMRS (Perry, 1990; Perry, Kardos, 1993, 1995; inspirée par Vaillant, 1985, et Kernberg, 1975)			Classification psychopathologique des auteurs français (Bergeret, 1972, 1974; Lagache, 1957)	
Classification originale	Classification revue par Santiago Delefosse, 1999a			
1. Défenses impulsives réalisation des affects par l'action	Défenses distordant massivement l'image pour se conformer à un état émotionnel	Clivage (de l'objet) (du moi) Identification projective	Dédoublement du moi	
2. Défenses distordant massivement l'image pour se conformer à un état émotionnel	Défenses de désaveu des expériences, des affects, pour préserver l'image de soi	Déni Projection Fantaisies	Déni Projection	PSYCHOSE
3. Défenses de désaveu des expériences, des affects, pour préserver l'image de soi	Défenses impulsives réalisation des affects par l'action	Acting out, Passivité/agressivité, Hypocondrie	Réactions projectives	
4. Défenses distordant minoritairement l'image, défenses narcissiques, afin de réguler l'estime de soi	Défenses distordant minoritairement l'image, défenses narcissiques, afin de réguler l'estime de soi	Omnipotence, Idéalisation Dévaluation	Dédoublement Imagos Forclusion	ETATS LIMITES
5. Mécanismes névrotiques autres : les deux premiers hystériques, afin de mettre à l'écart les conflits	Mécanismes névrotiques autres : hystériques, afin de mettre à l'écart les conflits	Refoulement Evitement	Refoulement Conversion Evitement	NEVROSE hystérie, Hystérie d'angoisse
les deux autres permettent l'expression des conflits en altérant l'affect	permettent l'expression des conflits en altérant l'affect	Formation réactionnelle Déplacement	Refoulement Déplacement Formation réactionnelle	NEVROSE
6. Défenses obsessionnelles neutralisent l'affect sans distorsion de la réalité	Défenses obsessionnelles neutralisent l'affect sans distorsion de la réalité	Isolation Intellectualisation annulation rétroactive	Isolation Annulation	obsessionnelle
7. Les défenses matures (Vaillant) fortifient la gratification, et prennent en compte les sentiments et leurs conséquences	Les défenses matures (Vaillant) fortifient la gratification, et prennent en compte les sentiments et leurs conséquences	Anticipation Altruisme (empathie) Humour Sublimation	Prévision Distanciation Acceptation Détachement Sublimation	DEGAGEMENT

1) L'axe cognitivo/comportemental

Cet axe correspond au niveau de l'expression manifeste du discours et des conduites observables. Les styles de coping sont ici considérés comme partie de la globalité du sujet. Au niveau des mécanismes d'ajustement, les indicateurs les plus pertinents seraient recueillis par les outils de type grilles de coping, mais à condition de bien considérer que ces mécanismes observables et quantifiables ne correspondent qu'à la partie immergée de l'iceberg. Sans interactions constantes entre niveaux cognitivo-affectivo-sociaux, le sujet ne pourrait donner un sens à son monde et par conséquent serait dans l'impossibilité de conduire une action. Sans prise en compte du contexte, on ne peut juger de l'interaction entre mécanisme protecteur et phénomène aversif.

2) L'axe phénoménologico/subjectif

Entre préconscient et inconscient, ce niveau donne une cohérence imaginaire au sujet afin de soutenir son moi. Sans cette cohérence, en grande partie consciente et inconsciente, le sujet ne pourrait donner de sens à sa perception du monde et serait privé de tout rapport avec celui-ci.

Le récit phénoménologique nous donne un certain nombre d'indicateurs de cette recherche de consistance du moi en relation avec le monde (temps, espace, rencontres, etc.).

3) L'axe psychanalytico/structural

Cet axe se réfère à l'hypothèse selon laquelle des mécanismes inconscients structurent les processus premiers de mise en sens du monde (dès les premières interactions). Ces mécanismes soutiennent la structuration de la personnalité, lui permettant d'affronter pulsions internes et demandes externes sans dislocation dévastatrice. Comme ils sont constitués d'éléments hétérogènes et de couches successives, nous n'en avons que de faibles indicateurs à travers les mécanismes de défense du moi tels que décrits en psychanalyse.

3. UN MODÈLE INTÉGRATIF DES NIVEAUX D'AJUSTEMENT ET DE RÉGULATION

La Figure 3 présente les trois niveaux d'ajustement du sujet dans leur complexité et sans prétendre l'épuiser. Notre tentative a comme objectif de mettre en évidence les liens qui peuvent exister entre les différents niveaux défensifs internes et leur interaction avec un monde, partie prenante du sujet sans toutefois se confondre avec.

En tant qu'être vivant, le sujet ne peut exister au monde comme un système fermé et isolé. Il faut alors expliciter « ouvertures » et « clôtures » qui aident ce sujet dans sa constante tâche d'équilibration. Ici, les termes de « clôture » et d'« ouverture » rendent compte d'une manière d'être du sujet dans le monde. Ils ne s'opposent pas; ils s'articulent, car le sujet doit en même temps organiser son autonomie (sa clôture) et s'intégrer par son « ouverture » pour survivre, dans un monde auquel il contribue à donner sens.

Tout en étant de nature différente, le sujet et le monde sont alors inséparables. C'est pourquoi la Figure 3 ne ferme pas complètement le cadre « contenant les mouvements défensifs ».

Il ne s'agit ici ni d'une réintroduction du sujet hors du monde ni d'une approche solipsiste qui s'opposerait à une approche positiviste. L'intégration des deux est nécessaire parce qu'elle rend compte de la clinique concrète. Le sujet n'est ni perturbation du cadre de l'expérience, ni simple reflet du monde, mais bien interaction avec le monde. Toutefois, il est distinct d'un monde qu'il ne saurait être question d'éliminer sous prétexte de subjectivité. Si l'aspect biologique est peu abordé dans une approche qualitative en psychologie de la santé, c'est du fait de l'intégration des niveaux et de l'accent porté sur le monde humain et non du fait de sa négation.

Suivant Ionescu *et al.* (1997) et reprenant Sandler (1989), la clinique met en évidence que « les profondeurs à elles seules ne peuvent jamais produire une névrose. Cela ne peut se produire qu'en interaction avec la surface ».

Le modèle proposé tient compte de ces remarques et inclut l'aspect systémique des mécanises d'ajustement : ni uniquement expression de conflits « profonds », ni uniquement réaction à « l'extérieur » stressant, mais toujours tension adaptative entre les deux. Les différences individuelles expriment alors des modes de régulation spécifiques de cette tension adaptative.

Cette Figure 3, « Modélisation de l'articulation des trois niveaux régulateurs intrapsychiques dans une psychologie clinique de la santé », s'inspire d'une modélisation des processus de décision-résolution organisationnelle de H.A. Simon (1979), bien éloignée des questions de

212 PSYCHOLOGIE DE LA SANTÉ

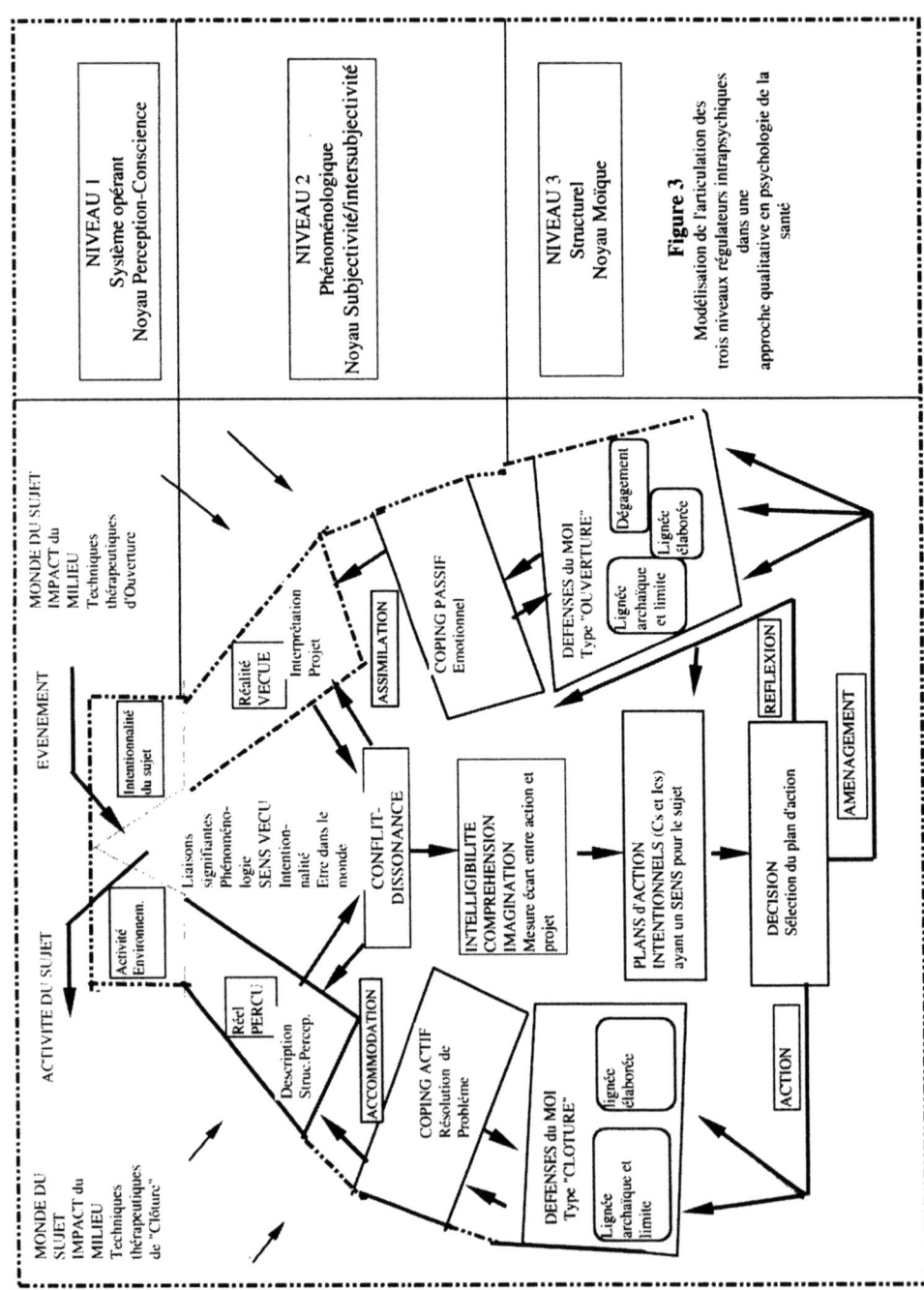

Figure 3
Modélisation de l'articulation des trois niveaux régulateurs intrapsychiques dans une approche qualitative en psychologie de la santé

psychologie. Profondément modifié pour une adaptation nécessaire à notre sujet, il apparaît heuristique pour trois raisons :

– il permet de rendre compte des processus décisionnels qui relèvent de la résolution de problème ;

– il intègre le réel perçu et la réalité vécue et met en évidence la dissonance phénoménologique issue de l'écart entre perçu et vécu ce qui est une autre manière de modéliser le conflit inhérent à un système auto-éco-organisateur ;

– il rend compte de la préservation d'une forme stable sur fond perpétuel d'instabilités et de contradictions.

Comme le remarquait Piaget dans ses derniers travaux constructivistes, intérieur ET extérieur s'ajustent et se transforment conjointement. J'ajouterai avec Wallon qu'intérieur et extérieur sont en tension conflictuelle, leurs équilibres fluctuant entre continuités et discontinuités.

Un modèle systémique de ce type prend en compte non seulement les modifications intrinsèques en rapport avec les rétroactions, mais également les modes d'ouverture et de fermeture du système (intra-psychique) par rapport au milieu (inter-psychique). Ce qui permet une hiérarchisation de ces modifications :

– un axe horizontal, représente les trois niveaux régulateurs structurant les niveaux d'ajustement de la décision (système opérant, phénoménologique et moïque)

– un axe vertical, intègre les stratégies adaptatives de clôture, (qui peuvent être fortifiées par les thérapeutiques de clôture) et, d'autre part, des stratégies adaptatives d'ouverture, (qui peuvent être soutenues par les thérapeutiques d'ouverture).

Régulation de la décision

Pour l'être humain, le processus complexe de décision, s'actualise dans un mouvement téléologique où la décision est prise dans l'intentionnalité subjective (consciente ou inconsciente) donnant un sens pour le sujet.

-> Au niveau 1 du système, niveau opérant du noyau perception-conscience, s'effectue la coordination et le repérage, la mise en acte et la prise d'information. C'est à ce niveau premier qu'intervient l'influence active de l'environnement qu'il faudra intégrer à l'intentionnalité du sujet.

-> Le niveau 2, phénoménologique, intègre le noyau de la subjectivité/intersubjectivité à celui de la structuration-perception du monde. Ici apparaissent les représentations entre réel perçu et réalité psychique vécue ; entre la description d'un événement et son interprétation en fonction d'une projection moi/monde. L'être-dans-le-monde du sujet, son intentionnalité, dont font partie son histoire, ses affects et sa mémoire de vie, vont produire une synthèse, donnant sens au vécu, mais également accentuant ou non l'écart perçu/vécu.

De cette dialectique émerge le processus décisionnel, issu des niveaux cognitivo-phénoménologique et qui plonge ses racines dans le niveau 3 structurel, en lien avec la formation du Moi et avec les désirs inconscients du sujet. Une part de ce processus apparaîtra donc comme consciente et « raisonnée », alors qu'un autre aspect pourra paraître moins rationnel (alors que tout à fait logique pour le sujet affecté).

-> Le niveau 3, structurel, noyau moïque, filtre ainsi une part des informations cognitives tout en les intégrant à son système. La décision finale résulte d'une résolution dialectique du conflit au niveau structurel, protecteur du moi et de son évolution dans le monde.

Ainsi, pour reprendre l'exemple des FIV, décider de faire face en poursuivant les interventions médicales ou décider d'arrêter constitue un « problème-événement » qui n'est pas donné *a priori*, mais bien construit par projection et prise en compte du projet intentionnel. Sa résolution n'atteindra le niveau conscient que sous la forme de la décision énoncée, dont le sujet aura peu conscience des prémices qui l'ont permise. Ce sont à la fois ses hésitations et la présence de nouvelles constructions de sens (par rapport au médical par exemple) qui sont des indicateurs du conflit et des transformations exigées pour sa résolution.

Ouverture-fermeture du système : deux lignées en interaction

En fonction des projets décisionnels, deux lignées sont disponibles pour modifier ou infléchir la décision. Les deux contiennent à la fois des défenses archaïques limites et une lignée de défenses mixtes plus élaborées conduisant parfois à une résolution de la situation. Ces deux lignées interviennent ensemble, mais inégalement du fait des rétroactions, de l'interprétation du problème considéré, des intégrations successives et de l'histoire du sujet.

Faire l'hypothèse de ces deux lignées en tension dialectique, c'est tenir compte à la fois de la clinique, mais aussi des différentes propositions des auteurs travaillant sur les mécanismes de défense. Ces auteurs signalent combien l'étude des mécanismes défensifs semble prometteuse, tout en comportant une difficulté pour les identifier. Difficulté à laquelle s'est ajoutée dans les années 1960 l'intervention des mécanismes de coping, davantage conscients et cognitifs. Parlerions-nous tous de la même chose? Les différences observées ne peuvent-elles pas être réduites à des noyaux de mécanismes?

L'examen de cette littérature, comme mes travaux cliniques, conduisent à proposer une réorganisation du classement des mécanismes de défense, prenant en compte deux grands noyaux de régulation du moi et du sujet phénoménologique :
– un noyau de mécanismes régulateurs par «fermeture» du système;
– un noyau de mécanismes régulateurs par «ouverture» du système.

Ainsi, ces noyaux de mécanismes structurels seraient les soubassements de noyaux régulateurs cognitifs, en perpétuelle coordination avec ces derniers. Loin d'être stables, ils connaissent des mouvements antagonistes et intégratifs.

Les mécanismes régulateurs de type «fermeture» favorisent une accommodation du système dans le monde. «Accommodation» et «assimilation» sont ici compris dans leur acception constructiviste. Par l'assimilation du «monde», le sujet incorpore une situation (au sens large) à un schème mental par l'accommodation; il transforme le schème initial pour agir sur la situation.

Toutefois, il ne faut pas négliger l'interrelation constante avec le milieu et le socius : antagonismes et intégrations concernent également être-au-monde et place-dans-le-monde. «Accommodation et assimilation» paraissent, dans une théorisation constructiviste, les processus les plus pertinents pour rendre compte de l'ajustement toujours actif du sujet.

L'accommodation favorise l'intention de transformation du monde, tout en fermant le système interne. Alors que les mécanismes de type «ouverture» contribuent à une recherche d'assimilation/transformation du monde dans le sens de l'adaptation perpétuelle du système davantage ouvert (donc sensible aux impacts et aux émotions).

Un tel modèle permet également d'intégrer les observations de la psychologie de la santé classique concernant une lignée «active» et une lignée «passive» du coping. Bien que ces termes ne conviennent guère car peu appropriés à des mécanismes toujours actifs d'ajustement, il

Tableau 10 — Mécanismes de défense et niveaux d'ajustement cognitivo/affectifs «d'ouverture et de fermeture».

CLASSIFICATION DMRS (revue par Santiago Delefosse, 1999a)	MECANISMES DE DEFENSE DU MOI	AJUSTEMENT PAR Modifications de soi = Ouverture sur le monde Modification/action sur le monde = Fermeture du soi	MODE DE STRUCTURATION Suivant psychopathologie	STYLES COGNITIFS Style de coping
Défenses distordant massivement l'image pour se conformer à un état émotionnel	Clivage (de l'objet) (du moi) Identification projective	Archaïque Ouverture	Dédoublement du moi	Emotionnel
Défenses de désaveu des expériences, des affects, pour préserver l'image de soi	Déni Projection Fantaisies	Archaïque Fermeture	**PSYCHOSE** Déni Projection	Résolution problème
Défenses impulsives réalisation des affects par l'action	Acting out, Passivité/agressivité Hypocondrie	Limites Ouverture	Réactions projectives	Emotionnel
Défenses distordant minoritairement l'image, défenses narcissiques, afin de réguler l'estime de soi	Omnipotence Idéalisation Dévaluation	Limites Fermeture	**ETATS LIMITES** Dédoublement des imagos Forclusion	Résolution problème
Mécanismes névrotiques autres : - hystériques, afin de mettre à l'écart les conflits	Refoulement Evitement	Elaborés Ouverture	Refoulement Conversion Evitement hystérie	Emotionnel
- permettent l'expression des conflits en altérant l'affect	Formation réactionnelle Déplacement	Elaborés Fermeture	**NEVROSE** obsessionnelle Déplacement Formation réactionnelle Isolation Annulation	Résolution problème
Défenses obsessionnelles neutralisent l'affect sans distorsion de la réalité	Isolation Intellectualisation Annulation rétroactive			
Les défenses matures (Vaillant) fortifient la gratification, et prennent en compte les sentiments et leurs conséquences	Anticipation Altruisme (empathie) Humour Sublimation	Dégagement Ouverture	**Dégagement** Prévision Distanciation Acceptation Détachement Sublimation	Emotionnel ET Résolution problème

tentent néanmoins de rendre compte du système «ouverture/fermeture» que permettent ces modes de faire face.

Dans cette perspective, le Tableau 9, «Comparaison des classifications des Mécanismes de Défense du Moi», pourrait être complété par le Tableau 10 qui suit :

Dans ce cadre, les «mécanismes de dégagement» renvoient à une théorie de l'ajustement possible du moi aux frustrations intérieures et extérieures par un mécanisme d'ouverture ET de changement de système de référence.

Ce postulat s'oppose, en partie, à ceux d'un certain nombre d'auteurs comportementalistes, ainsi qu'aux différents travaux concernant le coping qui insistent exclusivement sur l'intérêt d'un faire face actif comportant un réel affrontement du problème par le sujet. En effet, ils semblent postuler une meilleure efficacité adaptative calquée sur le modèle de la logique formelle, oubliant les possibilités de l'intelligence rusée (Dejours, 1995) et de l'intelligence émotionnelle (Goleman, 1997). Alors qu'il paraît plus intéressant de considérer ces phénomènes dans une dialectique agissant sur des mécanismes soit de fermeture-accommodation, soit d'ouverture-assimilation.

Le modèle intégratif élaboré à partir des travaux en clinique de la santé offre un éclairage heuristique sur d'actuelles oppositions entre options thérapeutiques. Certaines prétendent transformer la structure même du patient et s'opposent à celles qui cherchent à modifier des comportements de surface. Or, certaines thérapies qui agissent dans le sens de l'accommodation prétendent ne s'intéresser qu'à la surface, alors que leurs effets, par les interactions systémiques, se répercutent nécessairement sur les systèmes d'assimilation. Par ailleurs, les thérapies qui agissent dans le sens de l'assimilation se revendiquent comme étant profondes parce qu'elles remanient d'abord la structure; en fait, on voit mal comment elles pourraient être efficaces sans toucher nécessairement au système d'accommodation également.

Notre modélisation, certes en cours d'approfondissement, remet également en question la critique du coping émotionnel qualifié de «passif». En effet, divers auteurs, le confondant avec la passivité ou bien avec la fuite, l'estiment peu efficace, là où il semble relever de l'effort d'accordage affectif à autrui et à son propre monde. Il apparaît davantage comme une tentative d'ouverture/transformation du vécu du problème (et non pas de son appréhension cognitive) et entre alors dans une lignée d'assimilation.

Enfin, dans un système auto-éco-régulateur, tel que le nôtre, les multiples formes d'adaptation à un problème impliquent un mouvement dialectique entre ces deux modes constants avec leurs variantes : transformer l'extérieur en se protégeant ET transformer l'intérieur en se modifiant. L'intégration-équilibration des deux lignées caractériserait alors les défenses que Vaillant qualifie de matures.

Dans cette modélisation constructiviste, on n'oppose pas ces deux manières de «faire avec» le monde, bien au contraire, il convient de rendre compte de leur intrication chez un sujet en situation concrète. L'un des deux modes apparaît sollicité majoritairement lorsque le(s) «problème(s)» dépasse(nt) les capacités d'intégration de la conscience et/ou lorsque l'ajustement au contexte bouleverse ces mêmes capacités. Le chapitre 12, ci-après, propose un modèle développemental de l'intime articulation entre émotion et cognition afin de montrer les origines de l'intégration de ces deux grands modes d'ajustement.

Dynamique du modèle

En articulant non seulement les niveaux de conscience, mais également les lignées d'ajustement du système (processus d'ouverture, processus de fermeture), notre modèle (Figure 3) intègre ainsi un certain nombre de données de la littérature souvent opposées.

Ce modèle est à considérer à la fois comme un modèle théorique et comme une projection du vécu du sujet. Quand un sujet vit un évènement (notamment quand celui-ci touche à sa santé) et s'il veut l'intégrer dans son monde, il ne peut être simplement un «observateur objectif»; l'intégration de l'évènement exige son activité subjective afin de constituer une modélisation projective de son vécu pour élaborer ses projets et finaliser ses actions. Aussi, entre le réel perçu et le phénomène va se construire la vision projective (intentionnalité du sujet).

Ce vécu projectif, qui constitue sa réalité psychique, présente nécessairement un conflit avec les effets du réel et avec la tentative de description du réel qui échappe, c'est-à-dire avec un réel perçu.

Le produit de cet écart se manifeste dans un «rapport conflictuel». La décision émerge de l'intégration entre éléments cognitifs, affectifs et intentionnalité (consciente et inconsciente) du sujet. Un niveau de finalisation rend la «dissonance conflictuelle» intelligible et imagine des plans en lui donnant sens, permettant la conception de plans d'actions finalisés, ayant un sens pour le sujet et enfin, un niveau sélectif coordonne les décisions.

Le processus décisionnel émergeant comprend trois étapes que l'on peut différencier ainsi (pour un développement psychanalytique du «temps logique», voir Lacan, 1966; Porge, 1989) :

1) *L'instant du voir.* Instant qui va consister à formuler le problème, exigeant la participation de l'intelligence (définie comme capacité à créer des liens) et de l'imagination (définie comme capacité à structurer de manière originale ces liens);

2) *Le temps pour comprendre et évaluer.* La décision résulte de l'évaluation plus ou moins fine des diverses alternatives. Bien souvent, le sujet rencontré dans la clinique psychologique se plaint de ne pas pouvoir «faire autrement». La restructuration du problème, comme la recherche des solutions alternatives, fait partie des objectifs de différentes psychothérapies et en particulier des cognitivo-comportementales;

3) *Le moment de conclure.* Le processus de décision proprement dit sélectionne un plan d'action, lequel peut prendre trois aspects présentés ici séparément, mais qui peuvent concrètement se confondre.

Ces trois temps seront filtrés par les défenses structurelles du moi au regard des intérêts et des désirs du sujet plus ou moins contradictoires. Ici, le sujet n'est pas libre de la décision émergente, mais il n'est pas uniquement contraint par un inconscient solipsiste puisque, d'une part, il puise des informations au niveau cognitif et que, d'autre part, la complexité des relations va pouvoir faire émerger une «solution» non prévue par le sujet de l'inconscient. De telles «solutions», lorsqu'elles surgissent, surprennent d'ailleurs les individus.

C'est alors qu'il faut expliquer les modes de fonctionnement de cette décision. Le modèle proposé met en évidence comment plusieurs voies sont possibles.

-> *L'action*
La réponse par l'action active les défenses de fermeture, afin de protéger le système des impacts du monde et affronter le problème. Les stratégies cognitives actives sont mobilisées pour faire face immédiatement au réel perçu, ce qui doit faire taire le conflit-dissonance.
Dans bien des cas, l'action est efficace; elle rétablit un ajustement entre sujet et milieu.
Parfois, l'action n'est pas efficace, ou ne l'est que temporairement. L'exemple de l'appel aux tentatives de FIV comme maîtrise du problème entre dans ce cas de figure.
Le sujet se trouve alors à nouveau face au conflit-dissonance et doit réévaluer sa décision; la boucle peut ainsi se dérouler plusieurs fois, tout

en tentant d'autres types de défenses (coping passif par exemple) et ne pas arriver à assimiler la situation (exemple les femmes qui tentent d'arrêter les FIV, mais qui vont s'adresser dans d'autres services).
Alors le sujet doit réévaluer sa position subjective et le processus de décision se trouve réactivé.

-> *La réflexion*
Ce mouvement permet de réévaluer les plans d'action et de tenter d'en trouver d'autres ; il permet également le surgissement d'autres sens.
La décision finale sera alors revue. Soit elle est conservée comme à l'origine, ou peu modifiée (répétition des FIV) ; soit elle tente d'autres stratégies (dégagement, aménagement de vie, etc.).

-> *L'aménagement*
Celui-ci peut concerner le type d'action déplaçant la répétition sans résoudre le problème (aller consulter dans un autre service), ou le projet même du sujet qui va alors être réexaminé dans un déplacement intentionnel (adoption au lieu de FIV).
Les stratégies émotionnelles sont alors mobilisées.
Il faut remarquer que l'appel aux stratégies actives cognitives ou aux stratégies émotionnelles cognitives dépend également de l'écart entre réel perçu et réel vécu. En effet, plus l'écart est grand et plus les stratégies émotionnelles seront mobilisées.
Toutefois, cette lignée de dégagement ne va pas de soi, puisque de nombreuses barrières se heurtent à la transformation interne du système. Aussi, le coping passif, et émotionnel, tout en réinterprétant à la fois le réel perçu et le projet intentionnel, peut produire une grande dissonance provoquant la reprise du processus de décision en boucle. C'est peut-être cette observation qui conduit divers auteurs à estimer ce style de coping peu efficace. Il n'en reste pas moins un processus de la lignée assimilation qu'une thérapie peut favoriser.
Si elle réussit, cette lignée de dégagement semble fortement dépendante des interactions avec l'extérieur. Ce qui ne saurait étonner du fait du processus d'ouverture qu'elle favorise. Elle rend ainsi les sujets (durant un temps) davantage perméables aux impacts du milieu (on le voit bien avec les arrêts de FIV, puisque les femmes auront besoin du soutien vécu de l'époux).
Une perte d'autonomie provisoire accompagne donc l'ouverture du sujet au monde (ce qu'explique bien le modèle « corporo-psycho-social » exposé ci-après).
Toutefois, les processus d'assimilation-accommodation ne sauraient s'arrêter puisque l'équilibration dépend de leur articulation constante. Aussi, seule l'intégration des deux systèmes d'ajustement peut permettre le dégagement subjectif.

« Fermeture » et « ouverture » ne peuvent être comprises sans tenir compte des contraintes de la conscience intentionnelle dans sa constante recherche de sens pour le sujet et dans son intrication aux conflits surgissant de cette recherche de sens (socio-cognitivo-affectifs), conflits présents dès l'interprétation du réel perçu et dès la projection du sens de ce perçu et du projet intentionnel y répondant. Cette interprétation conditionne l'importance de la dissonance et le frayage du chemin de la décision qui pourra se répéter en boucle sans que le sujet n'arrive à l'arrêter consciemment (ce que les femmes ayant interrompu les FIV expriment bien, lorsqu'elles parlent du système dans lequel elles étaient prises et duquel elles ne pouvaient se détacher). Mais cette interprétation, bien que conditionnée par l'intentionnalité du sujet, s'effectue dans un rapport constant à l'activité de l'environnement qui influe sur le réel perçu. C'est pourquoi seule la rencontre (au sens phénoménologique du terme) entre milieu et sujet pourra déterminer tel ou tel type de lignée régulatrice.

Dans ce modèle, conformément à la clinique concrète de la maladie, il reste que le résultat final du processus est indécidable : on ne peut prévoir, pour un sujet en situation, si tel ou tel événement provoquera ou non une pathologie, d'une part, et si, d'autre part, comme le critique fort justement Dantzer (1989), on peut réellement faire un saut du vécu de la corporéité au système hétérogène de la neurobiologie. Ce qui n'infirme nullement le postulat que la maladie est un système construit en relation intime avec l'intra et l'intersubjectivité.

Car la maladie des examens biologiques, la maladie du médical, la maladie du médecin, la maladie du malade, la maladie de la famille, etc., ne s'équivalent pas. Si les systèmes peuvent tous être emboîtés et en interaction, ils ne sauraient être confondus : que la découverte d'un cancer et son vécu entraînent un certain nombre de répercussions psychologiques et sociales, voire psychiatriques (dépression, etc.); qu'un certain nombre de ces répercussions soient peut-être en relation avec des phénomènes organiques semble difficile à critiquer. Par contre, que le deuil provoque un cancer (par exemple, dans le modèle de Contrada *et al.*, 1990), passant d'une causalité psychique à une causalité physique, tient de l'affirmation peu convaincante du fait de l'hétérogénéité des systèmes. Il est facile ensuite de préciser qu'il ne s'agit pas de tous les cancers et de tous les deuils. La statistique ne saurait venir pallier les lacunes de la clinique. La démarche subjective en psychologie enseigne que le sujet en situation crée du sens, que ce sens est d'une extrême importance dans sa régulation, mais qu'on ne saurait le prendre comme preuve d'une véracité sur un système d'un tout autre niveau.

Ce n'est peut être pas un hasard si les résultats les plus convaincants pour ce qui concerne les liens entre « tempérament » et maladie sont ceux issus des études sur les maladies coronariennes. Ce type d'études met en corrélation des caractéristiques d'une personnalité et des pathologies spécifiques. Or, il faudrait, pour le moins, savoir si les caractéristiques décrites n'auraient pas influencé l'entourage (avant même la maladie), créant un système de communication difficile à analyser. Comment savoir alors ce qui a influé sur la pathologie ? La personnalité du malade (anxieuse, dépressive, etc.), ou bien le milieu qui, réagissant à un sujet particulier, a accentué les défenses de celui-ci, etc.?

Dans le modèle proposé (Figure 3), on voit combien la lignée « émotionnelle » est perméable au milieu, conformément aux travaux actuels concernant les émotions (Pennebaker, 1990; Pennebaker & Traue, 1993). Mais, ici, le modèle insiste sur l'aspect constructif qui articule milieu/sujet. La lignée « ouverture », comportant les modes de régulation émotionnels, ne constitue pas, en soi, un type de caractère, mais bien un des aspects généralement intégrés (cognitif/affectif) d'ajustement au monde.

Pour conclure sur ces modélisations propres à la psychologie clinique de la santé, il convient de rendre compte des rapports complexes à l'intérieur du système sujet/monde, entre corporéité et émotion /cognition et socialisation.

Chapitre 12
Logique affective et modèle « corporo-psycho-social »

> Le Corps (Leib, en allemand) n'est pas un corps (Körper) ; il n'est pas un objet physique mais un « système ouvert », c'est-à-dire animé par le mouvement même qui ne cesse d'incorporer son monde à sa propre organisation. Et dans et par ce Corps indéfiniment fixé par son instinct de conservation à une homéostasie qui la lui garantit, naît, pour changer et se développer, un nouveau Corps, le « Corps psychique » : celui-ci n'est ni un autre ni le même que le Corps occupant sa place dans l'espace (celui que limite son tégument), mais un Corps qui est essentiellement un être de temps, de devenir, tendant par son auto-construction à sa propre finitude.
>
> Ey, 1963.

1. RENDRE COMPTE DU LIEN ENTRE CORPORÉITÉ, ÉMOTION-COGNITION ET SOCIALISATION

Les précédents chapitres ont présenté deux modèles, l'un relatif aux modifications du monde vécu dans la maladie (Figure 1), l'autre concernant une articulation des niveaux d'ajustement qui permettent à l'être humain de faire face aux transformations perpétuelles et complexes de la vie (Figure 3).

Ce dernier chapitre expose un modèle développemental en psychologie clinique de la santé. Il s'intéresse à la fois de la continuité entre monde de la santé, monde de la maladie et à la discontinuité possible, dès lors qu'un des éléments se trouve perturbé. Ce modèle intégre les différents points abordés tout au long de l'ouvrage, plus précisément :

– une corporéité qui se transforme dans la maladie de manière vécue comme «accélérée»;

– une dialectique entre logique affective d'un monde vécu toujours en transformation et logique formelle d'un monde perçu et évalué cognitivement à travers ces modifications;

– un rapport à l'entourage social et au contexte culturel qui donne forme à la norme comme à l'a-normalité (écarts à la norme), qui renvoie une image de soi modifiée et qui nomme les modifications subies tout en prônant des modes d'expression attendus socialement d'un sujet «malade».

Articuler corporéité, cognition et émotion permet d'affiner le modèle proposé au chapitre 10 (Figure 1). Dans ce modèle, on a vu comment le sujet se trouve diffracté et projeté dans un monde nouveau.

Cependant, il reste à expliquer les facteurs internes au sujet qui vont lui permettre d'intégrer et de répondre à cette modification du milieu interne et externe avec plus ou moins de pertinence pour lui. Jusqu'ici, il manque une modélisation expliquant comment systèmes émotiono-affectif et cognitif, avec leurs logiques propres, peuvent s'articuler, se soutenir ou se contrarier.

Le modèle proposé ci-dessous (Figure 4), élaboré à partir des théories de Wallon, fait dériver les systèmes émotiono-affectif et cognitif de leur ancrage corporel, mais aussi de leurs antagonismes et de leurs intégrations. Il s'oppose à ceux qui présupposent une dichotomie entre corps et esprit, d'une part, et esprit et contexte, d'autre part, perpétuant ainsi l'erreur de Descartes. L'homme souffrant ne se réduit ni à l'automate, ensemble de sensations et de réponses réflexes, ni à la machine à penser, ni à un pion sur un échiquier social.

Avant de détailler cette modélisation, il paraît utile de situer rapidement quelques points essentiels de l'œuvre de Henri Wallon (1879-1962) susceptibles d'apporter des précisions et des éclairages sur la position défendue en psychologie clinique de la santé.

2. INTÉRÊT DES APPORTS WALLONIENS EN PSYCHOLOGIE CLINIQUE DE LA SANTÉ

On a vu combien la question de la corporéité semble difficile à traiter en psychologie de la santé, que les auteurs se réfèrent aux démarches quantitatives ou qualitatives (chap. 1, 2 et 3). Or, il paraît singulier, lorsqu'on traite de la santé et de la maladie, de ne point trouver de modélisation solide de l'ancrage humain à son corps dans ses aspects sociaux et développementaux, sauf dans les écrits de Henri Wallon, dont l'œuvre présente une grande actualité.

Comme le souligne Gratiot Alphandéry (1976), Henri Wallon n'a pas été seulement un chercheur fécond, il a publié une dizaine d'ouvrages et plus de 300 articles, et un clinicien dont la lucidité a souvent devancé les découvertes de son temps, il a aussi été un homme engagé dans l'action, action scientifique, comme action pédagogique ou action politique. Dans son hommage à Wallon, Cogniot rappelle que, pour ce dernier, «la science est avant tout action qui prouve son efficacité par le pouvoir qu'elle a de transformer les choses, de transformer le milieu» (Cogniot, 1963, 36).

Dans la perspective d'une psychologie concrète et «transformative» du milieu, le lien du sujet à la santé/maladie ne peut être isolé ni d'une clinique de la corporéité, ni d'une clinique des rapports entre affect et cognition, ni, enfin, de son ancrage aux structures socio-culturelles.

Ces trois fondements, saisis dans leur seule instantanéité, nous donnent une prise de vue statique du rapport entre santé et maladie. C'est pourquoi l'histoire du sujet, en lien avec les mouvements d'organisation/désorganisation inhérents à son activité située, doit être examinée dans ses aspects développementaux et cliniques.

Ainsi, par exemple, si corporéité, émotions et rapport à autrui semblent liées dès la naissance, on peut s'interroger sur les vicissitudes et modifications de ces liens en cas de perturbation de la corporéité par la maladie chronique et/ou grave. Au point de vue préventif, on peut également s'intéresser aux situations altérant ces liens et à leurs conséquences; au point de vue des campagnes de promotion de la santé, on peut alors montrer en quoi elles gagnent à être conduites dans la collaboration entre pairs, plutôt qu'imposées par des «experts», etc.

L'ancrage de l'être humain dans sa corporéité et sa socialité, soutient un modèle de l'être humain «incarné», conçu comme un système ouvert sur la relation au monde et sur son milieu et ses transformations. Ici, les mécanismes d'ajustement du Moi viennent sauvegarder une homéostasie toujours fluctuante et qui ne peut être dissociée ni de son vécu singulier (modèle phénoménologique des transformations du monde vécu), ni de son rapport au milieu (modèle des défenses du Moi). Pour Wallon, chaque période de développement humain comporte des ambivalences internes qui lui font assurer tantôt le rôle d'intime élaboration et tantôt celui de réaction à l'égard du milieu (Gratiot Alphandéry, 1976).

S'il n'y a aucun doute sur l'intérêt des apports walloniens en eux-mêmes, il semble pourtant nécessaire de s'arrêter plus longuement dans les rapprochements possibles entre sa méthode et une psychologie clinique de la santé. En effet, les apports de Wallon sont-ils compatibles avec les hypothèses et modélisations défendues jusqu'ici en psychologie clinique de la santé ? Certainement pour une grande part, peut-être moins sur d'autres points (qui ne sont pas développés dans ce travail, mais qui s'y trouvent forcément impliqués dès lors que l'on fait référence à la théorie psychanalytique). Cette limite conduit à s'interroger sur l'objet de la psychologie pour Wallon et sur sa position par rapport à une clinique psychanalytique. Répondre de manière détaillée à ces deux questions exigerait plusieurs ouvrages, certains ont déjà réalisé une partie de ce travail (Jalley, 1981 ; Jalley, 1998), aussi l'ambition se limitera-t-elle ici à donner quelques ébauches de réponses à partir des textes walloniens.

Problème d'une conscience «sans distance» et méthode introspective

Pour Wallon, l'objet de la psychologie ne peut être confondu avec la vie intérieure du sujet, d'où un rejet complet de l'introspection comme méthode de la psychologie (suivant en cela Bergson et Brentano) : «confondre existence et connaissance, c'est faire porter la connaissance non sur des relations, comme fait la science, mais sur la substance même des choses» (Wallon, 1931, 16).

Ainsi rejoignons-nous Wallon quant aux risques d'un retour à la clinique de la subjectivité, via une phénoménologie idéaliste ou via une psychologie cognitive redécouvrant (un peu rapidement) l'intentionnalité et la conscience. En effet, le domaine de l'introspection ne se limite absolument pas à une psychologie qualitativo-subjectiviste. Un interrogatoire expérimental, comme un questionnaire, peuvent tout à fait relever de l'illusion introspective. Par exemple, le sujet se trouve sollicité pour faire part de ses observations et/ou opinions et celles-ci sont prises comme réalités à mettre sous forme statistique. Dans une telle recherche, «l'objectivité» tiendrait donc au nombre de sujets interrogés et aux méthodes statistiques retenues (pour développement, *cf.* Thinès, 1991).

Lorsque la conscience, conçue comme un système fermé sur lui-même, devient l'objet unique ou du moins essentiel et central de la psychologie, le risque est grand de ne plus pouvoir distinguer entre la réalité et son image intelligible. Dans ce cas, la conscience pose comme identiques l'idée et son objet (Wallon, 1931). Dès lors, toute connaissance devient impossible, puisque l'objet se révèle identique à la connaissance de cet objet, «la connaissance n'est devenue possible que dans le mesure où elle est capable de se dédoubler vis-à-vis de l'expérience immédiate, qu'elle est réalisation vécue» (Wallon, 1931, 16).

Avec Freud, Vygotski et bien d'autres, Wallon dénonce l'illusion d'une conscience qui se livrerait à elle-même sans distance. Dès 1931, il observe les effets suggestifs des «réclames» (publicité) sur les comportements et les explications qu'en donnent les sujets : «le sujet les justifie communément à l'aide de raisons que, s'abusant lui-même, il croit pouvoir emprunter à ce que ses introspections lui racontent de son expérience intime» (Wallon, 1931, 22). Les sujets ignorent bien souvent les facteurs les plus puissants de leurs conduites.

Même dans le langage, l'activité langagière précède le sens. Dès lors, ce sens ne saurait être considéré comme une essence intangible, mais bien comme une création issue du contexte qui apparaît au sujet après-coup et qui est toujours susceptible de transformations :

> «Ce qui fait reconnaître au mot un sens, ce n'est pas sa confrontation avec une idée ou un sentiment qui lui préexisteraient dans la conscience, ce sont les effets qu'il produit quand il est énoncé, c'est son efficience. L'enfant assiste à ses évolutions, dans le langage des personnes qui l'entourent, comme il assiste aux évolutions d'un objet dont il voudrait savoir l'usage; et il lui arrive d'en essayer les effets en le manipulant lui-même, c'est-à-dire en l'utilisant dans des situations diverses. Suivant que le mot paraît ou non produire, en chacun de ces cas, l'effet prévu, sa signification est modifiée, rectifiée et, par approximations successives, elle devient plus précise. De celle qu'a pu lui attribuer le sujet, il ne reste bientôt que ce qui répond à l'effet produit sur les auditeurs» (Wallon, 1931, 22).

Objet de la psychologie et témoignages de la vie intérieure

Faut-il alors renoncer à une psychologie de la vie intérieure ? J'ajouterais, faut-il ne voir dans les théories subjectives des malades que pures divagations ? Faut-il renoncer à tout intérêt pour le vécu du sujet parce que, somme toute, ce sujet se trompe lui-même dans les motifs qui l'animent ? Ne faudrait-il pas plutôt fonder l'objet de la psychologie sur cette difficulté ?

Pour Wallon, la question renvoie à une série de confusions.

L'objet de la psychologie n'est pas la vie intérieure, l'objet de la psychologie, c'est l'analyse des manifestations de cette vie intérieure : « Ce n'est pas la même chose d'assimiler la psychologie à la vie intérieure, comme à son objet essentiel, et d'appliquer aux manifestations ou aux témoignages de la vie intérieure l'analyse psychologique. Tout témoignage doit être critiqué, et il arrive, d'ailleurs, que dans la critique des témoignages l'intérêt de leur contenu soit dépassé par celui des influences déformantes qu'elle vient à révéler » (Wallon, 1931, 22).

L'analyse des témoignages en tant que manifestations de la vie intérieure permet de saisir derrière les inventaires de mots, d'images et d'idées, les affinités qui les unissent et les raisons de ces affinités (Wallon, 1931). De cette distanciation réflexive surgit l'intérêt et le respect que la psychologie doit à ces témoignages, en tant qu'ils constituent des indicateurs des actes mentaux.

C'est pourquoi, en 1931, Wallon opposera une psychologie de l'introspection à une psychologie de l'efficience. Cette dernière s'intéresse aux actes ; actes moteurs ou mentaux, qu'ils soient des manifestations spontanées ou provoquées : « elle les recueille tels qu'ils se présentent sans décider d'abord de leur nature, mais en leur associant toutes leurs circonstances. Elle fait de cet ensemble une sorte de tout indivisible, et non la résultante de forces ou d'éléments préalablement individualisés. Tout fait psychique, comme tout fait biologique, tirant ses origines d'un contact entre l'être vivant ou l'être psychique et son milieu, elle ne décide pas *a priori* de la part qui revient, dans sa production, à la nature du milieu ou à celle de l'être qui réagit » (Wallon, 1931, 25).

Le modèle fondamental d'une telle psychologie est bien celui d'un sujet social dynamique, ouvert sur le monde et en état de perpétuel ajustement (cognitif et/ou émotionnel). Mais c'est aussi un modèle restituant sa place aux ajustements corporels et à leur importance dans le lien intra et intersubjectif, ajustements qu'on peut observer par exemple dans le cas de pathologies douloureuses (*cf.*, par exemple, la modification de posture chez les patients souffrant de lombalgies, la prostration et la suspension de toute mimique chez l'enfant face à la douleur chronique intense, etc.). L'étude développementale de ces ajustements corporels a été singulièrement oubliée dans une psychologie de la santé. Mais elle a également été sous-estimée, dans une psychologie qualitative, pressée de dépasser le sujet singulier et son support corporel concret. Sous-estimation qui s'illustre par une difficulté de modélisation du lien entre corporéité et socialité, si ce n'est à le réduire à un de ses éléments, sa « mise en scène» dans la vie quotidienne (Goffman, 1973; à remarquer d'ailleurs que cet auteur est un de ceux qui s'est le plus intéressé à la place du corps dans l'intersubjectivité).

Pour Wallon, les fondements sociaux de l'homme n'empêchent nullement que la psychologie se trouve située entre biologie et sociologie, bien qu'elle possède sa propre consistance interne : «Les faits dont elle s'occupe sont une forme d'intégration particulière, qui se fait aux dépens de ces deux domaines, de même que les faits biologiques représentent une intégration particulière des réactions physiques et chimiques» (Wallon, 1931, 27).

En effet, la psychologie non seulement ne peut faire l'impasse des conditions biologiques de développement, mais, de plus, les recherches en biologie présentent des similitudes de complexité avec la psychologie, telle la nécessaire intégration du facteur de double dépendance de la réaction, à la fois au milieu et à l'individu. Cette double dépendance explique qu'il n'y ait guère de possibilités de prédictivité en psychologie, mais uniquement des calculs probabilistes.

Autrui, geste, conscience, et affectivité

Pour Wallon, le problème du statut de la conscience en psychologie soulève celui des limites d'une méthode introspective, mais aussi celui des théorisations psychologiques plus ou moins solipsistes, c'est-à-dire qui attribuent les causes au seul sujet isolé du contexte (biologique et social). Cette tendance mentaliste est inhérente à une longue tradition qui rattache la conscience à une réalité individuelle dont elle apparaît comme le monde intime et subjectif, plus ou moins communicable.

Cette critique s'adresse aussi bien à des théories introspectives qualitatives (phénoménologie) qu'à des théories cognitives (psychologie du développement de Piaget). Dans le premier cas, Wallon rejette le courant phénoménologique, d'une part, pour sa confusion introspective et, d'autre part, pour sa méconnaissance du social et du milieu qui tendait à isoler le sujet de son monde (*cf.* La Cinquième Méditation Cartésienne dans laquelle Husserl tente de faire émerger l'intersubjectivité à partir d'un sujet solipsiste. Pour une discussion de cette critique de la phénoménologie, *cf.* Merleau-Ponty, 1964).

Comme on l'a vu plus haut, la démarche clinique en psychologie de la santé ne peut que suivre Wallon dans une grande partie de ses critiques (chap. 4). Les témoignages phénoménologiques comportent une vérité du sujet qui relève des théories subjectives (de la santé, de la maladie, etc.), ces théories subjectives n'étant pas sans lien avec le milieu et la culture. Par contre, ces témoignages ne sont pas aptes à fonder des théories psychologiques de manière directe. Seul le travail d'analyse de ces manifestations subjectives permettra de proposer d'abord une description des actes et situations enfin d'aller vers la recherche explicative de lois plus générales. De même, le sujet ne saurait être considéré comme isolé de son monde, et ce dès sa naissance. Cependant, dans le domaine de la maladie, les témoignages phénoménologiques demeurent indispensables tant à la compréhension qu'à l'explication d'un certain nombre de phénomènes, tels l'observance ou non des prescriptions médicales. De même, on ne saurait nier l'intérêt de la démarche dans la compréhension des transformations subjectives corporelles et de leur impact sur l'histoire vécue des patients (par exemple, dans les pathologies nécessitant une amputation ou dans la demande de chirurgie esthétique, etc.).

Dans le cas des théories cognitives plus expérimentales, Wallon critique très tôt (1928) les travaux de Piaget, et en particulier «son» monde solipsiste. Ainsi, les théories de Piaget en postulant chez le jeune enfant une étape primaire autistique, suivie d'une période égocentrique dont l'enfant ne sortirait que vers 7 ans, soulignent une naissance de la socialisation et de la coopération humaine fort tardives (Piaget, 1942; Wallon, 1946).

L'analyse des postulats de la psychologie de la santé met en évidence une nette influence néo-piagétienne à travers la suprématie accordée aux théories de l'évaluation cognitive, et cela bien que les positions de Piaget se soient quelque peu modifiées dans les années 1960.

On voit que ce débat reste d'actualité puisqu'il concerne la naissance et le développement de l'intersubjectivité. L'enfant (l'homme) est-il fondamentalement social? Ce que semblent mettre en évidence ses modes de communication précoces (Trevarthen, 1998). Ou bien ces modes de «communication» ne sont-ils que des gestes désordonnés auxquels l'adulte prête sens et ne deviennent «communication» qu'avec la naissance d'une théorie cognitive de l'esprit et le développement de l'intentionnalité de la conscience (Meltzoff & Moore 1998)?

Il n'est alors pas anodin que dans ce débat, Wallon fasse appel à Freud et à la psychanalyse. Certes, il ne s'agit pas d'un cas isolé, puisque dès les années 1920, Wallon a été un des premiers intellectuels au fait des théories psychanalytiques. Bien que ses rapports avec la psychanalyse restent ambigus, et qu'il n'adhère pas à un certain nombre de ses postulats, il ne la rejette pas. Bien plus, il lui donnera droit d'expression dans le volume sur *La Vie mentale* de l'Encyclopédie Française à travers les chapitres confiés à Edouard Pichon, Daniel Lagache et Jacques Lacan (pour développement sur le débat Wallon/Freud/Piaget, *cf.* Jalley, 1981 ; pour les liens entre un certain nombre de concepts de Wallon et de Lacan, *cf.* Jalley, 1998).

Wallon remarque, d'une part, que la psychanalyse ne suit pas la voie facile de l'introspection et que, d'autre part, dans son étude essentielle de l'affectivité, elle est loin de présenter la conscience individuelle comme un fait primitif. Wallon se montre d'une grande acuité clinique lorsqu'il souligne que, dans la psychanalyse :

> «C'est l'impulsion de l'espèce qui se manifeste dans la libido et c'est des obstacles, des limitations rencontrées que résultera la conscience. Il n'y a pas autisme puis égocentrisme : système clos qui devra plus tard s'ouvrir aux exigences de la compréhension réciproque en milieu social. Il y a au contraire réduction et contrôle graduel d'un appétit d'abord incertain de son objet et qui doit successivement se détacher de ceux sur lesquels il commence par se fourvoyer. La conscience n'est pas la cellule individuelle qui doit s'ouvrir un jour sur le corps social, c'est le résultat de la pression exercée par les exigences de la vie en société sur les pulsions d'un instinct illimité qui est bien celui de l'individu représentant et jouet de l'espèce. Ce moi n'est donc pas une entité première, il est l'individualisation progressive d'une libido d'abord anonyme à laquelle les circonstances et le cours de la vie imposent de se spécifier et d'entrer dans les cadres d'une existence et d'une conscience personnelle» (Wallon, 1946, 88).

Wallon, lecteur de Freud, tire des conclusions bien différentes de celles de Piaget, également lecteur de Freud (Piaget, 1920 ; Delefosse & Santiago-Delefosse, 2001). Ainsi, le modèle du nourrisson de la psychanalyse comme le modèle wallonien ne sont pas des systèmes fermés sur le monde social et uniquement occupés par des tâches cognitives ; de même qu'il n'est pas replié totalement sur des activités fantasmatiques qui ne seraient pas nourries à la fois par la corporéité et par les apports parentaux. Cela s'explique par le besoin d'assistance de tous les instants du petit humain. A la naissance, celui-ci est un être dont toutes les réactions ont besoin d'être complétées, compensées, interprétées. Incapable de rien effectuer par lui-même, il est manipulé par autrui, et c'est dans les mouvements d'autrui que ses premières attitudes prendront sens (Wallon, 1946). Ce sont ses gestes qui susciteront l'intervention de l'entourage. Gestes appartenant aux systèmes spontanés des réactions affectives, c'est-à-dire au domaine émotionnel. Par la réponse extérieure, ces associations physiologiques se doublent rapidement d'une fonction expressive et compréhensive avec autrui, mais aussi d'une fonction émergente d'action sur le monde, sur soi et sur autrui.

Si le modèle «corporo-psycho-social» proposé ci-après (Figure 4) cherche à rendre compte des différents facteurs abordés par la psychologie de Wallon, il faut toutefois se garder de plaquer une psychologie de l'enfant sur une psychologie de l'adulte. Bien entendu, dans une psychologie clinique de la santé, on ne saurait limiter le développement à la seule enfance.

Cependant, il convient de comprendre ce modèle en tenant compte des enseignements walloniens concernant la continuité et discontinuité des étapes développementales de la vie. Car si l'enfant arrivant au monde est davantage un système ouvert qu'un système fermé sur le monde, l'adulte lui est passé, au cours des différentes périodes de la vie, par les diverses étapes de différenciation et d'individualisation. C'est-à-dire qu'il a acquis un certain système de fermeture au monde que les mécanismes de défense du moi contribuent à maintenir. C'est ainsi que l'on peut alors expliquer d'une manière différenciée les appels aux stratégies diverses d'ajustement. Par exemple, dans le cas de maladie chronique, mais de manière différente suivant le moment de la maladie, suivant le type de maladie et suivant les sujets, on assiste à une transformation des mécanismes de défense, c'est-à-dire des modes de différenciation dans le monde. On voit alors comment les modifications de l'image du corps et des rapports aux différents milieux sociaux ne peuvent qu'entraîner une transformation globale du monde du sujet.

De plus, l'étape d'individualisation présente chez l'enfant de nombreuse conséquences en cours du développement, puisque «dans son effort pour s'individualiser, le moi ne peut faire autrement que de s'opposer la société sous la forme primitive et larvaire d'un socius, suivant l'expression de Pierre Janet. L'individu, s'il se saisit comme tel, est essentiellement social. Il l'est, non par suite de contingences extérieures, mais par suite d'une nécessité intime. Il l'est génétiquement» (Wallon, 1946, 92).

Ce «socius», issu du dédoublement du moi, également désigné par Wallon comme «autre», sera un partenaire perpétuel du moi dans la vie psychique :

> «Il est normalement réduit, inapparent, refoulé et comme nié par la volonté de dominance et d'intégrité complète qui accompagne le moi. Cependant, toute délibération, toute indécision est un dialogue parfois plus ou moins explicite entre le moi et un objecteur. Dans les moments d'incertitude, dans les circonstances graves qui engagent de façon pressante la responsabilité, le dialogue peut être non plus intime, mais parlé, il y a des personnes qui se questionnent et qui répondent à elles-mêmes avec une animation ou même une agressivité croissante...» (Wallon, 1946, 92).

Les cas de circonstances graves ne manquent pas en cours de maladie, et les mécanismes d'ajustement du Moi auront fort à faire dans la préservation de l'individuation et dans la protection des ajustements socio-affectifs. Les modifications des attitudes corporelles, qui accompagnent toute maladie (se sentir malade entraîne déjà une modification de la posture), interviennent également et perturbent les formes de communication non verbales établies. Elles exigent de nouveaux ajustements émotionnels pour faire face aux pressions internes et aux incompréhensions externes. Mécanismes d'ajustement émotionnels et/ou cognitifs se trouveront sollicités puisque issus des intégrations et des antagonismes entre automatismes et développement psychique.

Dès lors, on comprend pourquoi le domaine de la santé et de la maladie ne peut faire l'impasse sur l'étude des émotions en tant que mode d'expression de l'ancrage corporel et affectif pour le sujet dans son milieu relationnel, mais également en tant que sous-bassement de toute élaboration affective (pour une revue de question concernant les théories des émotions en psychologie, le lecteur peut consulter : Cosnier, 1994; Damasio, 1995; Christophe, 1998; Santiago-Delefosse, 2000a).

3. UN MODÈLE DÉVELOPPEMENTAL INTÉGRANT CORPORÉITÉ ET AJUSTEMENT AU MONDE

La plupart de théories physiologiques, mais également psychologiques, concernant les émotions datent de la fin du siècle dernier. Les conceptualisations les plus récentes n'en constituent bien souvent que des développements.

A l'origine de l'affectivité, les émotions peuvent paraître incontrôlables, aussi ont-elles été considérées comme ce qui nous rapprocherait le plus de l'animal en entravant la fonction humaine par excellence, c'est-à-dire la faculté de raisonner de manière logique. La conclusion d'un tel raisonnement aboutit aux pratiques de contrôle voire de suppression des émotions puisque la logique formelle serait au-dessus des conduites émotionnelles peu rationnelles. Ainsi, en psychologie de la santé, les manières de faire face à la maladie de type «émotionnel» sont dites moins élaborées et moins efficaces que les stratégies de résolution de problème. Toutefois, depuis quelques années, des travaux de neurophysiologistes et de biologistes constructivistes remettent en question ce «dénigrement» des émotions et montrent qu'elles pourraient avoir une fonction dans la naissance de la conscience de soi. Loin de rabaisser à l'animalité ou de perturber la logique formelle, elles participeraient aux mécanismes de mémorisation et d'ajustement social, au point que l'on a évoqué une «intelligence émotionnelle» (Pennebaker *et al.*, 1987; Pennebaker, 1990; Damasio, 1995; Goleman, 1995).

Encore d'actualité, la critique wallonienne des théories existantes se focalise sur un point précis : toutes les théories des émotions font de l'activité de connaissance et d'adaptation le seul critère possible de leur utilité ou de leur nocivité, comme : « si ne pouvaient compter dans l'évolution et dans l'adaptation de l'homme que ses relations motrices avec le milieu ou sa représentation intellectuelle des choses » (Wallon, 1934, 63).

Un tel postulat renvoie à une vision de l'émotion comme élément perturbateur du raisonnement. Dès lors, on ne sait à quelle adaptation elle pourrait servir (la peur fige sur place, là où l'adaptation pousserait à fuir, par exemple), ou bien à une fonction utile de l'adaptation, mais alors on ne sait expliquer les manifestations physiologiques paradoxales qui l'accompagnent et qui nuisent à d'autres types d'adaptations (l'intervention appropriée lors d'un échange interpersonnel qui se conclut par une rougeur gênante, par exemple). Une théorie des émotions doit donc rendre compte de la fonction première des émotions et de la naissance de l'affectivité qui permettrait de montrer à la fois leur nécessité, leurs apports au comportement humain et... leurs limites inhérentes aux antagonismes propres au développement humain.

Automatismes et sensibilités internes

Les prémisses de la vie affective débutent à la naissance et culminent vers 6 mois. Elles sont en lien avec l'ancrage biologique des automatismes humains qui met l'enfant en rapport étroit de dépendance à la fois avec ses sensibilités internes ET avec « son monde », c'est-à-dire son entourage socio-affectif qui doit s'en occuper durant un certain nombre d'années. D'emblée, l'enfant se trouve en contact avec les sensations issues de sa corporéité, l'entourage social qui lui donne des soins et de l'amour suivant les normes en cours de la culture dans laquelle il arrive.

Au départ, sa corporéité se réduit aux automatismes naturels qui sont ceux dont l'individu hérite de l'espèce, mais loin d'être de simples réponses réflexes, ils entrent rapidement dans des échanges avec l'entourage qui leur donne sens et participent ainsi déjà à des adaptations subtiles. La variabilité s'installe au cœur des réponses pré-programmées. En effet, pour se produire, l'automatisme exige des conditions dont les unes appartiennent au milieu et les autres au vivant. La réaction automatique résulte aussi bien des unes que des autres.

C'est pourquoi chez l'homme, l'origine de l'émotion est à la fois corporelle, automatique et sociale. Le modèle en est le réflexe de chatouillement qu'il est impossible de provoquer sur soi. Cet automatisme montre que la sensibilité qu'il suscite est faite pour connaître les variations survenant dans l'ambiance : elle est proprioceptive, liée aux ligaments, aux tendons, aux aponévroses, d'où résulte le sens des attitudes. Ce réflexe présent très tôt provoque une gamme d'effets qui répondent chacun aux manifestations capitales des émotions, qui seront par la suite nettement différenciées ; mais il démontre leur origine commune dans les variations du tonus. C'est là l'ancrage proprement corporel de l'émotion, ancrage en lien avec l'ambiance affectivo-sociale, ancrage précurseur du développement affectif de l'enfant.

Les premiers mouvements affectifs et émotionnels se font à partir des sensibilités internes ET du contact avec le monde extérieur qui s'occupe de l'enfant. Ces sensibilités internes sont au nombre de trois (Figure 4) :
– intéroceptive, liée au fonctionnement de la vie végétative, des viscères, sorte de tonalité de fond, dont nous avons peu conscience ;
– proprioceptive (stimulée par l'activité des muscles et de leurs annexes) qui correspond au sens des attitudes et qui sera la base de la fonction tonico-posturale (peut-être impliquée dans les réactions idéomotrices) ;
– extéroceptive, stimulée par les effets d'agents extérieurs sur les organes des sens (vision, ouïe, toucher, goût, odorat).

Ces sensibilités articulées aux réponses du milieu s'organisent en patterns précurseurs, d'une part, de la première « activité diffuse de représentation » à partir de l'extéroceptivité, et, d'autre part, des « attitudes tonico-posturales » à valeur expressive pour le milieu (à partir de l'interoceptivité et de la proprioceptivité).

Deux fonctions intégratives introduisant deux modes de relation au monde

Dès l'âge de deux mois, l'articulation entre sensibilités et sollicitations du milieu favorise l'apparition de deux lignées de fonctions intégrées, mais antagonistes, celle qui aboutit à l'activité de relation cognitive au monde et celle qui aboutit à l'activité de relation affective au monde en lien avec le système émotionnel (Figure 4) :
– *la fonction tonico-posturale* qui est une fonction régulatrice du tonus musculaire au moyen des informations venant des sensibilités proprioceptives et intéroceptives.
Cette fonction est à l'origine du sens des postures et des attitudes. Attitudes qui sont interprétées par les adultes dans l'ambiance sociale ; elles deviennent expressives et s'organisent en système émotionnel de

communication centrées sur le corps propre. Cette fonction en rapport avec des conduites émotionnelles assure le lien à autrui ; plus tard elle assurera l'accordage aux émotions des autres : sympathie, empathie, compassion et développement de la pensée analogique.

– *la fonction clonique* (ou cinétique) liée aux sensibilités extéroceptives est orientée vers l'établissement de relations objectives avec le monde. C'est une fonction en rapport avec le mouvement et avec les sens qui nous ouvrent vers la découverte du monde. Elle est donc à la base de la cognition et du développement de la pensée formelle

Le système émotionnel est donc ancré dans la corporéité initiale dont il découle et dans l'interaction sociale dont il sera un facteur la favorisant. L'émotion prend alors la fonction d'un stade du développement.

Dynamique du modèle, les trois antagonismes et leurs intégrations

A partir de l'ancrage corporel se dessine chez l'être humain deux manières de percevoir et se situer dans le monde : l'une logique concernant le contrôle et la maîtrise des objets et du monde et l'autre émotionnelle concernant la relation affective au monde via le partage de l'ambiance. Les deux sont intégrées et interagissent sans cesse dans l'accordage au milieu.

Le jeu des antagonismes constitue l'aspect dynamique du modèle. En effet, le développement du système nerveux fondé sur les intégrations successives des différents niveaux corticaux, mais aussi sur les stimulations du milieu, ne suit pas le cours d'un long fleuve tranquille.

Les divers niveaux de développement ne peuvent s'intégrer qu'à «cause de» et «grâce aux» antagonismes. Les niveaux d'activité de deux étapes développementales distinctes se contrarient fréquemment chez l'homme, Si bien que l'homme se trouve «entre deux surfaces d'incitation» :

– d'une part, la périphérie sensorielle, proprioceptive, qui reçoit les sollicitations du milieu, stimulant les actes d'adaptation ou de préhension immédiats ;

– et, d'autre part, son écorce cérébrale où se développent à la fois le monde des représentations avec ses situations idéales et ses motifs inactuels.

Autrement dit, le petit humain se trouve d'emblée entre sollicitations de ce qui deviendra extériorité et sollicitations des premières formes diffuses d'intériorité. Les deux se trouvant indissociablement intégrées, mais toujours susceptibles d'entrer en contradiction lors des ajustements nécessaires aux bouleversements du milieu (interne et/ou externe).

Antagonisme 1 : Automatismes vs pensée (premières représentations diffuses)

Les premiers antagonismes se construisent dans le cours du premier mois, car pour agir sur le milieu, « mieux vaut penser qu'éprouver ». La pensée, et donc la conscience diffuse de soi, émerge entre automatisme et représentation. Elle n'est qu'amorcée et n'apparaîtra à proprement parler qu'au terme d'une longue évolution contradictoire.

C'est dans cette origine commune et primitive, entre pensée et automatismes renvoyant à l'intériorité vécue et aux attitudes tonico-posturales, que Wallon repère le premier effort d'intuition subjective et de conscience : les émotions seront au cœur d'une double première conscience diffuse, celle du soi et celle du monde. Elles surgissent dans le conflit entre automatisme et représentation diffuse (forme première de la pensée) et s'expriment par le biais de la fonction tonico-posturale.

C'est également à partir de cette origine commune que l'on peut rendre compte de la coexistence, au sein de la conscience de *tout* adulte, de deux modes de connaissance du monde : l'un qui répondra au cours du développement à la logique formelle, telle que décrite par Piaget et telle qu'attendue par une psychologie cognitive évaluative, et l'autre renvoyant à une pensée syncrétique, pratique, répondant à une intelligence émotiono-affective des situations. Ce mode de pensée ne disparaîtra jamais, même s'il peut plus ou moins se trouver intégré dans celui, plus tardif, de la logique formelle. Ainsi peut-on alors comprendre les interactions et/ou antagonismes entre les deux modes de pensée lorsqu'ils concernent le « monde de la maladie » (*cf.* figure 2, chap. 11).

Ce point nous semble particulièrement important, car la plupart des auteurs expliquent la coexistence entre les deux types de logiques par l'absence d'acquisition d'un stade ou par le caractère inadapté et perturbateur des émotions, ou bien encore se trouvent obligés de dissocier les émotions en deux : les primaires et les supérieures. Pour eux, l'intégration des stades implique forcément une prédominance de la logique formelle décontextualisée ; les émotions ne peuvent alors être que des résidus inadaptés qui empêchent de « saines réactions logiques ». Dans ce cas, les modèles qu'ils présentent ne peuvent expliquer à la fois les émotions primaires (qui nous rapprochent de l'animal) et les émotions supérieures (qui nous rapprochent des purs esprits).

Lorsque l'on suit nombre d'auteurs objectivistes, il ne devrait subsister aucune trace d'une logique pratique, affective, sensori-motrice et syncrétique à l'état adulte. Comment expliquer dès lors qu'on puisse être un physicien reconnu et génial et «croire», néanmoins, à la parapsychologie, ou à d'autres «phénomènes» non prouvés ? Comment expliquer que l'emprise émotive s'oppose parfois à l'action logique ? Mais aussi comment rendre compte avec la même modélisation de la subtilité de certaines réactions émotivo-affectives particulièrement adaptées et «intelligentes» face à des situations complexes de la vie courante ?

La dynamique des trois antagonismes permet d'intégrer ces données et d'expliquer la difficile et pourtant nécessaire coordination entre mouvements organisateurs et désorganisateurs, ensemble de fluctuations permettant au vivant de s'adapter à son milieu, non seulement au point de vue de son adaptation motrice au milieu ou de son adaptation cognitive, mais également de son adaptation communicationnelle et sociale. De ce premier antagonisme entre automatisme et pensée surgit la conscience diffuse de soi s'opposant à l'activité diffuse de représentation : deux modes d'être et de penser le monde, parfois contradictoires, qui coexisteront tout au long de la vie (Figure 6).

Antagonisme 2 : Emotion vs pensée (activité de relation objective avec le monde)

Dans le processus de développement, la sensibilité extéroceptive de mise en contact avec le monde extérieur via les sens et la pensée doit conquérir en partie son domaine sur la sensibilité automatique et organique proprioceptive. Par le biais des images qui viennent du monde extérieur, la sensibilité extéroceptive s'oppose à la sensibilité intime, nous coupe d'elle et de l'ambiance émotionnelle. Si la sensibilité organique et affective demeure principalement attachée au cerveau moyen, alors que la sensibilité extéroceptive semble avoir émigré dans l'écorce, c'est non seulement que les unes sont antérieures aux autres, mais surtout qu'elles peuvent agir en relative indépendance : «La proprioceptivité garde un rôle distinct de celui qui est dévolu à la perception et à la connaissance» (Wallon, 1934, 81).

La proprioceptivité, en lien avec l'émotion, aura une fonction de mise en rapport avec l'ambiance, mais suit un trajet relativement indépendant de celui de la perception et de l'extéroceptivité en lien avec la connaissance du monde. Les deux types de sensibilité nous mettent donc en rapport avec le monde mais d'une manière très différente et antagoniste pour une grande part (du moins avant les intégrations inhérentes au développement en cours d'enfance) et confirment l'indépendance des deux modes d'appréhension du monde décrits ci-dessous.

Ainsi, différentes des activités extéroceptives et perceptives par leurs origines, leurs moyens et leurs manifestations, les émotions en arrivent à ne plus être compatibles avec les intérêts et la sauvegarde de l'individu. Sauf si, grâce à l'intégration en cours de développement, elles parviennent à composer avec les activités de connaissance et de raisonnement qui leur succèdent.

Autrement dit, au cours du développement, les moments où la tendance émotionnelle concourt à la sauvegarde de l'individu sont ceux où elle se laisse réduire par l'activité de connaissance. Non pas lorsque l'émotion disparaît, mais lorsqu'elle se laisse intégrer.

Cet antagonisme rend compte d'un certain nombre d'observations contradictoires concernant les émotions : parfois, elles sont adaptées à la sauvegarde, d'autres fois, elles semblent être un obstacle. Du fait des spécificités de l'humanisation, les émotions ne sont plus totalement adaptées à la sauvegarde de l'individu puisqu'elles ont une autre fonction première.

Paradoxalement, elles ne retrouvent la capacité de sauvegarde et d'adaptation, présentée comme fonction première par tous les auteurs que dans les deux cas où elles «s'effacent» au profit d'autres systèmes :
– soit la suppression de l'émotion pour laisser place à l'automatisme;
– soit l'intégration et la réduction d'une partie de l'émotion pour laisser place à l'articulation avec la connaissance.

La fonction primaire de l'émotion comme adaptation à une situation de crise est en partie perdue du fait que l'être humain, dès la naissance, n'est pas un animal (et, même avant sa conception, il est déjà inclus dans une histoire et une culture). Il ne peut la retrouver qu'en retrouvant l'animal, c'est-à-dire l'automatisme, ou bien en la subvertissant, c'est-à-dire en réduisant l'émotion à la fonction de connaissance proprement humaine (Figure 4).

Antagonisme 3 : Emotion vs automatisme

Pour que l'action directe en cas de danger soit adaptée, il faut que l'automatisme prenne le pas sur l'émotion.

Dans son aspect tonique et énergétique, l'émotion peut se mettre aussi bien au service de l'automatisme que de la perception en s'intégrant et en s'organisant. Dans ces cas, l'émotion décuple les forces ou permet des réajustements cognitifs bénéfiques à l'individu. L'action émotionnelle est, par conséquent, à l'opposé d'une action discriminative.

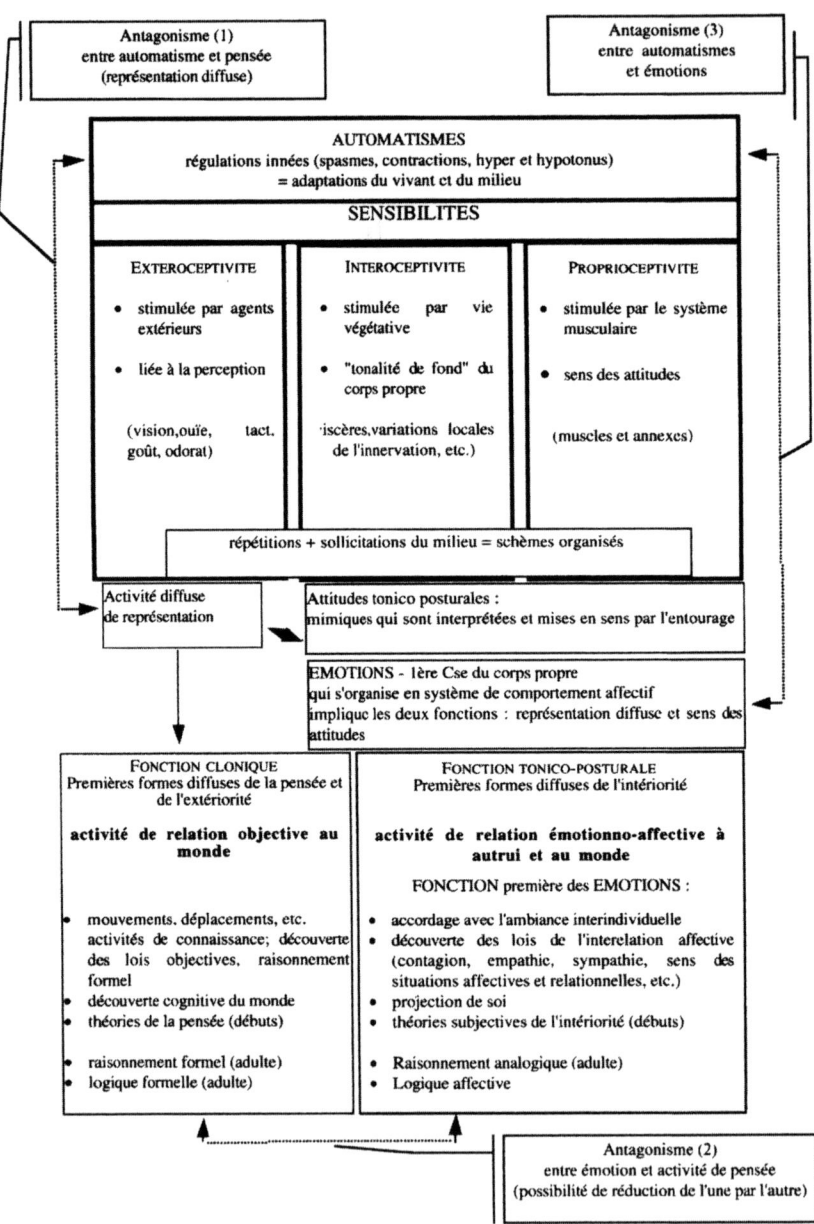

Figure 4 — Modèle « corporo-psycho-social ».
Relations entre corporéité, émotion-cognition et socialisation (Santiago-Delefosse, 2000a).

4. ACCORDAGE ÉMOTIONNEL ET LOGIQUE AFFECTIVE

Si l'adaptation motrice et cognitive n'est pas la fonction première de l'émotion ; si, pour atteindre cette adaptation, l'émotion doit être réduite, quelle est donc sa fonction première ?

Notre modélisation et sa dynamique mettent en évidence combien c'est l'action sur autrui (ou, au départ, par le moyen d'autrui) qui permet le mieux d'expliquer la fonction première de l'émotion (Figure 4).

L'intime dépendance entre contractions et sensibilité motrice explique le rôle de l'activité posturale dans la vie psychique. Car la contraction donne lieu à la sensation et reçoit de cette sensation une stimulation nouvelle, créant ainsi un complexe sensitivo-moteur qui vient capter l'activité et l'attention de l'enfant. Les attitudes constituent le thème le plus accessible à l'enfant, mais en plus, c'est grâce à elles qu'il acquiert le sentiment des situations qui s'imposent à lui. La dynamique qui part des contractions automatiques pour arriver aux activités posturales combinées présente un double caractère d'action et d'intuition caractéristique de l'émotion. Ce sont les réactions posturales qui donnent naissance à un système de comportement au service des relations entre les individus.

La dramatisation de la sensation, la diversité et l'insistance de l'enfant dans la répétition traduit un effort pour s'éprouver, s'écouter, se saisir soi-même. Ce jeu dramatique tonico-postural excite la proprioceptivité, l'alliant à l'action et introduit une réciprocité entre l'acte expressif et la sensibilité, un dédoublement entre le Je qui éprouve et le Je qui s'éprouve. Mais cette activité ne se fait pas hors d'un milieu social et d'une ambiance affective particulière ; ce premier dédoublement fait déjà place à une identification avec dramatisation de tout autre spectateur (éventuel ou imaginaire). C'est pourquoi l'émotion ne participe pas seulement aux progrès de la vie mentale, elle la rend possible, en fournissant à la vie collective ses premières formes d'expression partagée.

Les interventions et influences sociales précoces cherchent à donner sens et à accorder au socius les manifestations individuelles des émotions. Ces interventions suivent donc deux directions qui canalisent les émotions et transforment l'expression biologique en une fonction humaine, affective et sociale. Ces interventions socio-affectives du milieu concernent, d'une part, la régulation de l'unité de sensibilité et d'action entre tous les membres du groupe et, d'autre part, la sélection parmi les connexions fournies par le comportement fonctionnel de celles qui servent le mieux la contagion émotionnelle : le partage de l'ambiance. C'est ainsi que les motifs provoquant l'émotion pourront correspondre à des stimulations très différentes, physiques ou mentales. Dès la naissance, et progressivement, par cette intrication de la proprioceptivité et du milieu, l'émotion cesse d'être un ensemble de réactions organiques pour devenir une conduite émotiono-affective.

La fonction première des émotions se développe dans cette nécessité de vie en groupe qui caractérise l'humain et qui est fondée sur la collaboration et sur la possible contagion des émotions. Sans cette étape du développement et bien que, par la suite, les caractéristiques du système émotionnel s'y opposent en partie, pas de connaissance, pas de langage, pas de symbolisation possible ; c'est de cette étape que dépend le lien entre cognitif, affectif et social.

Les émotions apparaissent donc comme de piètres mécanismes d'ajustement, au sens d'adaptation au monde, mais comme des embrayeurs performants de l'accordage non verbal entre humains. Elles participent à la construction de l'empathie et à la mise en place des mécanismes qui, très tôt, permettent de faire des inférences sur les sentiments d'autrui. C'est de cette étape que dépend la logique affective qui permet de comprendre des situations socio-affectives et d'établir des théories de la pensée d'autrui.

La fonction première de l'émotion serait, dans un premier temps, de suppléer à l'impuissance de réalisation et d'efficience personnelle.

Au départ, ce système émotionnel constitue bien une adaptation, mais celle-ci n'est ni solipsiste, ni motrice, ni cognitive. En favorisant la participation d'autrui à la satisfaction des besoins, en le faisant participer à la sensibilité, le système émotionnel :
– permet d'établir une communion immédiate entre l'individu et l'entourage ;
– favorise la liaison entre le geste expressif et la sensibilité ;
– facilite l'accommodation motrice et mentale ;
– met en place une plasticité, précurseur de la conscience.

Par la suite, le système émotionnel persistera tout au long de la vie, non sans ébranler toujours l'appareil psycho-organique en gardant sa fonction première d'unisson à l'ambiance et de système intuitif de réaction. Les maturations aidant, les possibilités de l'enfant vont se modifier et l'expression émotionnelle, si elle ne s'adapte pas, deviendra un obstacle à l'acte comme à la pensée.

La conscience de soi au cœur du lien « corporo-psycho-social »

A sa fonction d'union avec l'ambiance se superposera une fonction d'adaptation à l'urgence ou au danger, via la mise en veilleuse (plus ou moins réussie) du système émotionnel par les automatismes et/ou la cognition.

Notre modélisation propose une explication des émotions en tant que processus psychologique intégré en cohérence avec sa fonction première. Les contradictions inhérentes à une étude des émotions comme seul système d'adaptation moteur et/ou cognitif, sans prise en compte du développemental et du social, s'effacent. La place, la fonction et la complexité de ce système émotionnel, issu des possibilités de l'espèce, deviennent typiquement humaines. Loin d'être des résidus perturbateurs, les émotions sont toujours supérieures et complexes dans leur fonction de lien à l'ambiance et à autrui.

C'est pourquoi une telle modélisation psycho-développementale éclaire les théorisations actuelles cognitives et bio-neurologiques. Elle va dans le sens des travaux de Damasio (1995) et des recensions de Goleman (1997). En effet, ces derniers mettent en évidence que la suppression de l'affectivité par lésion organique ne transforme pas l'homme en machine à penser particulièrement adaptée. Car dès lors, il n'arrive plus à intégrer les différents niveaux et à s'adapter aux situations : la séparation des deux niveaux favorise une désintégration suivant la logique organo-dynamique de Jackson et non pas un idéal quelconque d'homme enfin dépourvu d'une affectivité qui l'empêcherait d'être rationnel.

Heureusement que coexiste un esprit poétique, imaginatif et émotiono-affectif (donc créatif) chez l'homme le plus logique, faute de quoi rien ne lui permettrait d'aimer, de vivre, de se sentir vivre : l'homme le plus rationnel n'est jamais totalement une machine à penser. Cet idéal d'homme-computer est illusoire, car, inadapté à son milieu, il serait en danger constamment ; il constituerait un « vivant » non « viable » (au sens de Canguilhem, 1966) qui aurait perdu une partie de sa plasticité. Au vu de ces travaux récents (Damasio, Varela, Goleman), on constate que les émotions participent bien à l'intégration nécessaire des systèmes qui permet seule l'adaptation de l'homme à son milieu social.

Pour une psychologie clinique de la santé, les stratégies de « faire face » à la maladie de type émotionnel deviennent également des stratégies d'accordage à l'ambiance interne et externe : leur logique n'est pas moins rationnelle pour l'humain que les stratégies de résolution de problème. Elle relève d'une « rationalité » différente, qui privilégie l'accordage au milieu dans le mode de l'ambiance relationnelle au lieu de l'accordage au milieu dans le mode de l'action sur les objets et des situations concrètes et dénuées d'éléments affectifs. Ainsi, deux types (voire trois types) de rationalité se retrouvent intimement intriquées : une rationalité émotiono-affective (pathique) et une rationalité instrumento-cognitive.

Avec Cosnier, on soutient la différence entre «sensé» et «rationnel» : «... l'ordinateur est certainement très rationnel, mais, pour l'instant, reste complètement insensé, or, la quotidienneté nous pousse à considérer ce fait comme une opposition des plus radicales avec la pensée humaine, qui est plutôt parfaitement sensée mais notoirement irrationnelle...» (Cosnier, 1998, 55). L'un est soumis à ses composantes émotiono-affectives sensées, l'autre aux bugs rationnels... mais imprévus par ses créateurs. Il est courant de considérer, comme le fait cet auteur, la pensée humaine «irrationnelle» dans sa part émotionnelle, alors que nous proposons ici une lecture différente en considérant qu'ils existe des rationalités de différents niveaux chez l'être humain : logique formelle, logique émotiono-affective et logique de l'inconscient s'articulant dans une dialectique tensionnelle.

La modélisation proposée intègre *de facto* la dimension d'un «milieu-biologique» en tant qu'élément d'un système social qui en fait un milieu «corporo-socio-psychologique».

Ce modèle présente la spécificité d'intégrer l'énergétique, le développemental et le vécu concret humain. Il présente également l'avantage de permettre une modélisation pertinente des liens entre corporéité, affectivité/cognition et socialisation. Enfin, il laisse place à la diversité des réactions possibles tout en restant un modèle général. Les ajustements au monde, comme les manières différentes, en fonction de la période de vie, de faire face à un évènement difficile, dépendent non seulement du milieu et des capacités d'ajustement du sujet mais également des interprétations subjectives de sa corporéité et des intégrations possibles, ou non, des systèmes cognitif et émotiono-affectif.

Vers une psychologie clinique de la santé : limites et perspectives

> Mais des théories parfaites ne tombent pas ainsi du ciel, et vous vous méfierez à plus forte raison de l'homme qui, dès le début de ses observations, vous présenterait une théorie sans lacune et complètement achevée. Une telle théorie ne saurait être qu'un produit de la spéculation et non le fruit d'une étude sans parti pris de la réalité.
>
> Freud, 1909.

Différents modèles ont été examinés au cours de ce travail.

Le modèle bio-psycho-social dominant en psychologie de la santé classique présente la qualité de chercher à articuler l'apparition de la maladie et les caractéristiques psychologiques et sociales. A sa manière quantitative et cognitive, il prolonge les modèles psychosomatiques. Si, pour une part, il les complexifie, pour une autre part, il abandonne l'étude psychanalytique et le cas unique pour préférer une approche quantitative des sujets. Cette volonté, à la fois «objective», «évaluative» et «statistique», impose l'utilisation de grilles et de questionnaires dans les recherches; elle se heurte au caractère subjectif (et interprétatif) du monde perçu par le sujet singulier et qui seul peut témoigner des différences individuelles face aux modérateurs. C'est ainsi qu'à partir du moment où l'activité du sujet est considérée comme centrale dans le rôle joué par les modérateurs, l'exclusion de sa parole et de son vécu semble méthodologiquement erronée; elle simplifie les recherches au risque de les rendre « artificiellement » scientifiques par réduction de la réalité clinique. Dès que les recherches deviennent plus cliniques et prétendent s'intéresser à l'individu en situation, la modélisation objective classique en psychologie de la santé se révèle donc limitée par des considérations méthodologiques.

De leur côté, pendant longtemps, les psychologues cliniciens en milieu médical, comme d'autres acteurs para-médicaux, ont examiné la place du sujet, son individualité et le sens vécu à travers le seul référent psychanalytique et psychosomatique. Dans cette optique, même des modèles plus récents restent classiques, puisque, cherchant à expliquer le lien entre émotions et maladies, ils relient mécanismes de défense du moi et répression/expression des émotions.

Ces deux types de modélisations actuelles, psychologie de la santé et psychosomatique, présentent donc des limites quant à la description des mécanismes intersubjectifs tout en ignorant, suivant les cas, l'impact de l'histoire et/ou du social et/ou de la culture et/ou des facteurs développementaux.

Face à ces limites, le modèle « corporo-psycho-social » proposé dans le présent travail postule, quant à lui, la présence d'un sujet situé et se développant « dans et par » le monde qui n'est dénué ni de traces mnésiques conscientes et inconscientes, ni d'affects, ni d'émotions.

Pour produire des actions logiques d'un point de vue affectif, c'est-à-dire intelligibles dans son histoire, le sujet tiendra compte de l'interaction et de la temporalité ayant sens pour lui (projet intentionnel); cependant, le sens de cette production se révèle indécidable à l'instant « t-1 » qui la précède. Ainsi, tout processus adaptatif comporte sa part d'intelligence créatrice et imaginative correspondant à une logique du sujet en situation que l'observateur externe (psychologue) ne saurait juger comme une « erreur » ou « mal adaptée ». Ce principe d'action intelligente et imaginative caractérise les systèmes complexes exposés.

Ainsi va-t-on à contre-courant d'une neurophysiologie qui assigne le cerveau au conditionnement par le milieu extérieur comme d'un courant de la psychologie cognitive qui réduit le cerveau à la représentation, dont on ne sait d'où elle émerge. L'intégration psychique, c'est l'organisation du « corps psychique » par et pour la construction de son système de réalité et l'autonomie de sa personne à travers l'interaction. Ce corps psychique comporte un ordre de composition de ses parties et de leur subordination à sa totalité.

A travers une approche systémique et constructiviste, notre cadre de référence rejoint les théories d'une psychologie et d'une psychiatrie phénoménologique à la recherche d'un modèle intégratif. En effet, pour reprendre les termes de Henri Ey lorsqu'il rend compte de la relation entre champ de la conscience et champ de l'inconscient que l'on ne peut opposer : « Le cerveau est construit pour permettre au Sujet de créer : par la représentation de son monde, le sujet a un moyen d'en disposer, par l'incorporation de son langage, il a une législation de sa réalité ; par sa capacité opérationnelle, il dispose d'une mise en œuvre de son action » (1974, 230).

C'est fort de la phénoménologie de la désorganisation de l'être conscient que l'on peut ainsi parler de son organisation réelle. De même que c'est en s'appuyant sur la phénoménologie de la désorganisation du monde du malade que l'on peut parler de son organisation. Cette organisation, précisément celle du système même de la réalité, chaque individu doit la constituer pour son propre compte, dans son activité interactive avec le monde, en empruntant les représentations contingentes au monde culturel auquel il appartient sans en être jamais un simple ou nécessaire reflet.

LES LIMITES INHÉRENTES À L'APPROCHE PHÉNOMÉNOLOGIQUE

L'approche purement phénoménologique comporte un certain nombre de limites que ses promoteurs semblent sous-estimer : limites théoriques, méthodologiques et éthiques (Santiago Delefosse, 1998b, 1998c). Points de butée que le texte freudien ne manquait pas de souligner, en particulier les risques inhérents à une idéalisation des sciences de l'esprit qui, dès lors, deviendraient davantage une vision du monde qu'une approche scientifique.

L'approche phénoménologique reste donc à approfondir dans une articulation avec l'ensemble du corpus théorique de la psychologie. Les concepts actuels de la phénoménologie ne permettent pas facilement de passer des dires subjectifs singuliers à une analyse structurelle des processus psychiques qui sous-tendent ces dires. La « réduction phénoménologique », outre la diversité des approches, comporte une grande part d'herméneutisme dont on ne sait sur quelle vision théorique de l'appareil psychique elle se fonde.

L'analyse de l'échange épistolaire et théorique entre Freud et Binswanger incite à une distanciation face à tout engouement phénoménologique. Cet échange interroge les conditions méthodologiques et épistémologiques d'un retour actuel à une clinique de la subjectivité. Il encourage notre position critique face à un certain manque de recul des auteurs du courant qualitatif anglo-saxon.

Par contre, la phénoménologie psychologique et psychiatrique constitue un apport réel à la psychologie clinique de la santé. Ainsi, la méthode de Binswanger qui, par sa prise en compte des enseignements issus de la psychanalyse, se différencie d'une philosophie phénoménologique (Husserl, Sartre) pour poser les jalons d'une psychologie et d'une psychopathologie phénoménologique (Minkowski, Tatossian, Strauss, May). Cette approche phénoménologique permet de comprendre les thématiques d'une subjectivité singulière, sans nécessairement les expliquer et encore moins les généraliser (en dehors des *existentiaux*; mais ces derniers n'apparaissent pas comme discriminants puisqu'appartenant à la condition humaine).

La modélisation présentée considère l'approche phénoménologique comme un outil permettant de repérer certains indices de la rencontre entre cognition et affectivité, rien de plus, rien de moins, ces indices restent à travailler dans le cadre de référence de la psychologie clinique de la santé.

LES LIMITES INHÉRENTES À LA DÉMARCHE QUALITATIVE

La modélisation qualitative ne peut prétendre au beurre et à l'argent du beurre. Que les études qualitatives s'intéressent au rapport santé, maladie et insistent sur le besoin de connaître le monde concret du sujet, voilà qui est primordial ; qu'elles prétendent à une validité également ; mais à condition de bien préciser que cette validité se fait au cas par cas et en lien avec la vérité d'un sujet et/ou d'une situation.

Si la réalité est multiple, si elle est toujours en construction pour un sujet, il importe d'établir des différences entre réel physique (si on saute du dixième étage, notre corps risque fort d'en souffrir!) et la réalité psychique qui peut coller plus ou moins bien aux données du réel physique (délire, hallucination, croyances sectaires...). On peut affirmer que l'intérêt de la démarche qualitative et subjective serait alors de rappeler la complexité de la construction du réel (Wallon), sa dépendance au contexte social et aux voix qui le déterminent dès sa naissance (Freud) et à la culture qui lui donne forme (Bruner).

Seul le croisement d'un certain nombre d'études de cas permet d'en extraire une dynamique commune qui dépasse les particularités individuelles de l'histoire de vie. On peut alors montrer comment certaines problématiques psychiques, différentes, peuvent se rejoindre lorsqu'elles rencontrent un certain type de discours et de propositions médicales. En ce sens, les critères de validité des résultats restent modestes et ne s'illusionnent pas sur une généralisation toujours problématique dans le travail qualitatif. Seuls des modes de structuration (mécanismes défensifs, leurs rôles et leurs effets ; typologie des modes d'être-au-monde-malade) pourront faire l'objet de généralisation.

Dans l'approche qualitative, la quête d'un savoir universel ainsi que le culte de l'individu est replacé au sein d'un travail concernant l'hétérogénéité et la contextualisation du savoir. De même, la validité de cette approche ne répond pas aux normes psychométriques, mais fait intervenir la capacité des travaux à se montrer pertinents en situation concrète. Ainsi, les résultats d'une modélisation qualitative ne permettront jamais de prédire le comportement d'une masse d'individus aussi fidèlement qu'un travail statistique, alors qu'ils éclaireront finement tous les cas individuels n'entrant pas dans le comportement attendu par la norme statistique.

La validité du travail d'interprétation qualitatif ne vient pas de sa reconnaissance comme bon ou mauvais, reproductible ou non, mais bien de sa capacité à produire de nouvelles propositions de recherche et de nouveaux modèles de fonctionnement social.

A chaque méthode son intérêt, ses limites et par conséquent son champ d'application :
– toute perspective dominante obvie aux autres points de vue et s'oppose à leur existence. L'expertise d'autorité fondée sur un discours cartésien et positiviste échoue à rendre compte d'une part concrète de l'existence, celle des conflits intra-psychiques, du rapport humain au temps et à l'espace, de l'ambivalence comme de la créativité ou de l'humour

alors que :
– le refus d'expertise ouvre sur un encouragement à la production hétérogène et au changement ; fondamentalement différent du discours dominant, il provoque une modification des référents créateurs d'innovation. De ce fait, ses applications sont particulièrement visibles dans les phénomènes en marge, considérés comme peu expliqués, tels que l'effet

placebo, la non-observance des traitements, les conduites de risque, les douleurs fantômes, les explications naïves psychosomatiques, etc.; phénomènes dans lesquels intra-subjectivité et inter-subjectivité se trouvent intimement liées par des relations logiques non causales.

L'approche subjective accepte un certain nombre de limites. La principale est de ne pouvoir expliquer, d'une manière scientifique, le passage du psychologique au biologique pour expliquer la naissance de la maladie telle que définie par le médical. Ainsi, une psychologie clinique de la santé n'est réductible ni au modèle bio-psycho-social, ni au modèle psychosomatique.

PERSPECTIVES À APPROFONDIR POUR UNE PSYCHOLOGIE CLINIQUE DE LA SANTÉ

Par contre, le travail clinique exposé, ainsi que ses modélisations, doit permettre d'affiner nos connaissances sur l'intrication cognitivo-affective en situation complexe. Cette approche qualitative du sujet en situation demeure la plus pertinente pour étudier les processus complexes d'ouverture/fermeture dans la recherche d'ajustement. Ces processus se révèlent d'autant plus précieux à connaître qu'ils pourraient bien nous renseigner sur les facteurs impliqués dans la «résilience» (capacité de certains sujets à rebondir dans la vie, malgré les aléas). Enfin, elle reste également la seule méthodologie permettant d'étudier les réactions psychiques à des conflits internalisés (différentes transformations du vécu en fonction des mondes personnels de chacun).

La phénoménologie de la désorganisation de l'être conscient, puis l'analyse des processus de destruction/reconstruction du sujet et de son monde sont des phénomènes psychiques, sociaux et affectifs qui intéressent les modèles exposés. Phénomènes qui demeurent au cœur des questions actuelles de la psychologie de la santé : l'étude du passage du perçu au vécu devrait améliorer nos connaissances sur le rôle des processus modérateurs au sein du système.

L'étude de ces processus d'ajustement, d'ouverture et de clôture du monde, dans leur articulation complexe des différents niveaux cognitivo-phénoménologico-affectifs du sujet conduit à privilégier les dimensions phénoménologiques du vécu de la maladie, ainsi qu'à l'étude du récit et du rituel qui visent à reconstruire le monde détruit. Ce faisant, cette étude implique d'analyser le rôle des idéologies supportées par les rapports sociaux présents dans les structures de remédiation médico-sociales et agissant sur les modes d'ajustement permis au sujet. En l'état actuel, nos modélisations présentées renoncent à toute prétention d'interrogation des éléments biologiques et immunitaires, pour rester avant tout psychologiques. Elles s'intéressent spécifiquement au psychisme d'un sujet qui, par la représentation de son monde, par l'incarnation corporelle dans le langage et par ses actions, participe à la construction du sens et à l'intégration du système de réalité dans un monde partagé.

La démarche proposée tout au long de ce travail, aux psychologues, aux chercheurs, mais aussi aux intervenants médico-sociaux, s'affirme intégrative des connaissances actuelles de la psychologie, tout en les situant à des niveaux différents. Elle refuse donc une simple juxtaposition des éléments, pour travailler, au contraire, leur articulation conflictuelle et leur dialectique. En l'état de la recherche, cette approche repose sur un inventaire de l'héritage de nos prédécesseurs et sur un choix théorique, épistémologique et méthodologique qui reconnaît l'intérêt et la légitimité des autres positions pour l'avancée de la connaissance psychologique.

Tant au point de vue mondial (la santé est un des enjeux du 3e millénaire souligné par l'Union Internationale de Psychologie Scientifique), qu'au point de vue européen, les questions majeures de santé publique intéressent les recherches d'une psychologie clinique et qualitative dans le domaine de la santé. Le vieillissement de la population, les politiques économiques de santé, mais également l'amélioration de la prise en charge institutionnelle, comme l'apparition de nouvelles symptomatologies, exigent des collaborations pluridisciplinaires. La performance accrue du système médical qui devient davantage technique entraîne également un développement croissant de la demande de soutien psychologique.

Ce soutien, loin de ne concerner que les patients, s'étend de plus en plus à l'entourage, mais aussi aux équipes soignantes. S'intéresser aux interférences entre santé et maladie, c'est s'attacher à l'étude des conditions permises par le milieu.

Un autre axe de travail et de recherche se dégage ainsi, davantage orienté vers l'étude du personnel soignant et l'impact de sa subjectivité et de ses croyances dans l'amélioration de la maladie. Les exigences institutionnelles qu'il rencontre ne sont pas neutres dans le système global de soins.

Dans les secteurs à l'articulation des prises en charge sociales et médicales, tels les maisons d'accueil des personnes sans domicile fixe, les samu-sociaux, voire les services de médecine du travail, les possibilités de collaboration pluridisciplinaires peuvent se multiplier avec les sociologues, avec les linguistes, avec les ethnologues, etc. Elles deviennent nécessaires afin d'aborder des systèmes complexes.

En effet, le rapport psyché/soma, la relation intersubjective dans son lien avec la corporéité et l'appel à l'autre sont loin d'être élucidés. Méthodologiquement, la seule recherche quantitative ne saurait expliquer les spécificités individuelles ; aussi est-il nécessaire que de futurs psychologues soient formés tant à l'intervention qu'aux recherches dans une démarche intégrative et qualitative.

Les diverses propositions avancées œuvrent également dans l'intérêt de la collectivité, en tant que celle-ci ne saurait se couper des vécus individuels. La santé publique, même si elle reste attachée à des méthodes davantage quantitatives, ne peut que bénéficier des enseignements des démarches qualitatives. Car les travaux quantitatifs, qui ont fait leurs preuves, se révèlent toutefois insuffisants lorsqu'il s'agit du travail quotidien du médecin, comme du psychologue en milieu médical ou des intervenants médico-sociaux.

C'est en ce sens que doit être prolongé un travail intégratif en psychologie dans le domaine de la santé. L'étude des différents niveaux exposés explicite le travail psychique de l'*ingenium* humain, c'est-à-dire les modes d'expression de la créativité toujours à l'œuvre dans ces processus de régulation et jamais réductibles à un seul domaine qu'il soit affectif, cognitif ou social.

D'où viens-tu ?
Des crevasses où réside l'or.
Qu'y a-t-il de plus splendide que l'or ?
La lumière !
Qu'y a-t-il de plus réconfortant que la lumière ?
La parole.

Goethe

Bibliographie

Abee, G.W. (1996). Revolution and Counterrevolutions in Prevention. *American Psychologist*, 51-11, 1130-1133.
Adler, N. & Matthews, K. (1994). Health psychology : Why do some people get sick and some stay healthy ? *Annual Review of Psychology*, 45, 229-259.
Alexander, F. (1952). *La médecine psychosomatique*. Paris : Payot.
Amiel-Lebigre, F. & Gognalons-Nicolet, M. (1993). *Entre santé et maladie*. Paris : PUF.
Anderson, R. & Bury, M. (Eds) (1988). *Living with Chronic Illness : The Experience of Patients and their Families*. London : Unwin Hyman.
Annuaire des Statistiques Sanitaires et Sociales (1999). Paris : La Documentation Française.
Antonovsky, A. (1974). Conceptual and methodological problems in the study of resistance ressources and stressful life events. In B.S. Dohrenwend & B.P. Dohrenwend (Eds), *Stressful life events*. New York : Wiley.
Apfel, R.J. & Sifneos, P.E. (1979). Alexithymia concept and measurement. *Psychotherapy. Psychosomatic*, 32, 180-190.
Balint, M. (1960). *Le médecin son malade et la maladie*. Paris : Payot.
Balint, M., Balint, E., Gosling, R. & Hildebrand, P. (1979). *Le médecin en formation*. Paris : Payot.
Bandura, A. (1982). Self efficacy mechanism in human agency. *American Psychologist*, 37, 122-127.
Bayer, B.M. & Shotter, J. (1998). *Reconstructing the psychological subject. Bodies, practices and technologies*. London : Sage.
Belar, C.D. & Deardorff, W.W. (1995). *Clinical Health Psychology in Medical Settings*. Washington : American Psychological Association.
Bem, S. & Keijzer, F. (1996). Recent Changes in the Concept of Cognition. *Theory and Psychology*, 6, 3, 449-469.
Berger, P.L. & Luckmann, T. (1966). *The Social Construction of Reality*. London : Penguin. Trad. française 1986, *La construction sociale de la réalité*. Paris : Klincsieck.
Bergeret, J. (1972a). La notion de structure. In J. Bergeret, *Abrégé de Psychologie Pathologique*. Paris : Masson.
Bergeret, J. (1972b). La notion de normalité. In J. Bergeret, *Abrégé de Psychologie Pathologique*. Paris : Masson.
Bergeret, J. (1974). *La personnalité normale et pathologique, les structures mentales, le caractère, les symptômes*. Dunod : Paris.
Besson, J.M. (1992). *La douleur*. Paris : O. Jacob.
Billing, A.G. & Moos, R.H. (1981). The role of coping responses and social resources in attenuating the stress of life events. *Journal of Behavioral. Medicine*, 4, 139-157.
Binswanger, L. (1924/1971). De la phénoménologie. In Binswanger L., *Introduction à l'analyse existentielle*. Paris : Minuit.
Binswanger, L. (1928/1971). Fonction vitale et histoire intérieure de la vie. In Binswanger L., *Introduction à l'analyse existentielle*. Paris : Minuit.

Binswanger, L. (1936a/1970). Freud et la constitution de la psychiatrie clinique. In Binswanger L., *Analyse existentielle et psychanalyse freudienne. Discours, parcours et Freud*. Paris : Gallimard.

Binswanger, L. (1936b/1970). La conception freudienne de l'homme à la lumière de l'anthropologie. In Binswanger L., *Analyse existentielle et psychanalyse freudienne. Discours, parcours et Freud*. Paris : Gallimard.

Binswanger, L. (1956/1970). Souvenirs sur Sigmund Freud. In Binswanger L., *Analyse existentielle et psychanalyse freudienne. Discours, parcours et Freud*. Paris : Gallimard.

Blanchet, A. (1985). *L'entretien dans les sciences sociales*. Paris : Dunod.

Bloor, M. & McIntosh, J. (1990). Surveillance and concealment : a comparison of techniques of client resistance in therapeutic communties and health visiting. In S. Cunningham-Burley & N.P. McKeganey (Eds), *Readings in Medical Sociology*. London : Tavistok/Routledge.

Boss, M. (1979). *Von der Psychoanalyse zur Daseinsanalyse*. Vienne : Europaverlag.

Boureau, F. (1991). *Contrôlez votre douleur*. Paris : Payot.

Bourguignon, O., Navelet C. & Fourcault D. (1998). Echecs des Fécondations In Vitro. Etude psychologique d'un groupe de 20 femmes. *Contraception, Fertilité, Sexualité*. 26-9, 663-673.

Braten, S. (Ed.) (1998). *Intersubjective communication and emotion in early ontogeny*. Cambridge : Cambridge University Press.

Brewin, C. (1988). *Cognitive Foundations of Clinical Psychology*. London : Erlbaum.

Britten, N. (1995). Qualitative interviews in medical research. *British Medical Journal*, 311, 251-253.

Broahed, W.E. *et al.* (1983). The epidemiologic evidence for a relationship between social support and health. *American Journal of Epidemiology*, 11, 5, 521-537.

Browne, J.P., Mc. Gee H.M. & O'Boyle C.A. (1997). Conceptual approaches to the assessment of quality of life. *Psychology and Health*, 12, 737-751.

Bruchon-Schweitzer, M. (1992). Psychosomatique et maladie : l'apport de la psychologie de la santé. *Revue Internationale de Psychopathologie*, 8, 535-540.

Bruchon-Schweitzer, M. (1996). Recherches en psychologie de la santé et problèmes éthiques. *Psychologie Française*, 41, 2, 107-115.

Bruchon-Schweitzer, M. & Dantzer R. (1994). *Introduction à la psychologie de la santé*. Paris : PUF.

Bruchon-Schweitzer, M. & Quintard B. (Eds) (2001). *Personnalité et maladies. Stress. coping et ajustement*. Paris : Dunod.

Brun, D. (1989). *L'enfant donné pour mort, enjeux psychiques de la guérison*. Paris : Dunod.

Brunco, C. (1987). *Sida et séropositivité VIH, aspects psychologiques*. Thèse pour le Doctorat de Médecine. Paris : Lariboisière.

Bruner, J. (1990). *... Car la culture donne forme à l'esprit, de la révolution cognitive à la psychologie culturelle*. Paris : ESHEL.

Bruner, J. (1991). The narrative construction of reality. *Critical Inquiry*, 18, 1-21.

Brusset, B. (1977). Etude des Interrelations Médecin-Malade par enquête auprès des médecins. *Psychologie Médicale*, 9, 959-1002.

Brusset, B. (1988). Psychanalyse du lien. La relation d'objet. Paris : Le Centurion.

Camic, P. & Knight S. (1997). *Clinical Handbook of Health Psychology*. Bern : Hogrefe and Huber Publishers.

Campbell, D.T. (1984). Can we be scientific in applied social science? *Evaluation Studies*, 9, 26-48.

Canguilhem, G. (1966). *Le normal et le pathologique*. Paris : PUF.

Chemouni, J. (1996). La plus-value du symptôme somatique. *Evolution Psychiatrique*, 61, 4, 859-872.

Chertok, L. et al. (1953). Perspective psychosomatique en urologie. *Evolution Psychiatrique*, 3, 457.
Chertok, L. (1989). *L'hypnose*. Paris : Payot.
Chertok, L. (1992). *L'énigme de la relation au cœur de la médecine*. Paris : Les empêcheurs de penser en rond.
Christophe, V. (1998). *Les émotions, tour d'horizon des principales théories*. Villeneuve d'Ascq : Presses Universitaires du Septentrion.
Cicourel, A. (1979). *La sociologie cognitive*. Paris : PUF.
Cogniot, G. (1963). A la mémoire d'Henri Wallon. *La Pensée*, 112, 29-36.
Cohen, P. & Rieu J.P. (1994). *Les psychologues où sont-ils ? Que font-ils ?* Paris : Syndicat National des Psychologues.
Cohen, S. & Edwards, J.R. (1989). Personality characteristics as moderators of the relationship between stress and disorders. In R.W. Neufeld (Ed.), *Advances in the investigation of psychological stress*. New York : John Wiley, 235-328.
Conrad, P. (1994). Wellness as virtue : morality and the pursuit of health. *Culture, Medicine and Psychiatry*, 18, 385-401.
Consoli, S. (1997). *Qualité de la vie et réanimation : quoi évaluer ? Par quelle méthode, et dans quelle perspective ? Quelle qualité de vie après la réanimation ? De l'évaluation de l'éthique*. Paris : Doin.
Conte, H.R. & Plutchik, R. (Eds) (1995). *Ego Defenses. Theory and Measurement*. New York : John Wiley and Sons Inc.
Contrada, R.J., Leventhal H. & O'Leary, A. (1990). Personality and Health. In L.A. Pervin, *Handbook of Personality*. London : Guilford Press.
Corraze, J. (1992). *Psychologie et médecine*. Paris : PUF.
Cosnier, J. (1994). *Psychologie des émotions et des sentiments*. Paris : Retz.
Cosnier, J. (1998). *Le retour de Psyché. Critique des nouveaux fondements de la psychologie*. Paris : Desclée de Brouwer.
Cosnier, J., Grosjean, M. & Lacoste, M. (Eds) (1994). *Soins et communication. approches interactionnistes des relations de soins*. Lyon : PUL.
Coulon, A. (1987). *L'ethnométhodologie*. Paris : PUF.
Coulter, J. (1979). *The Social Construction of Mind*. London : Macmillan.
Crossley, M.L. (2001). Do we need to rethink health psychology ? *Psychology, Health and Medicine*, 6, 3, 243-255.
Csordas T.J. (Ed.) (1994). *Embodiment and Experience : The Existential Ground of Culture and Self*. Cambridge : Cambridge University Press.
Damasio, A.R. (1995). *L'erreur de Descartes. La raison des émotions*. Paris : O. Jacob.
Dantzer, R. (1989). *L'illusion psychosomatique*. Paris : Aubier.
Davidson, L. & Strauss J.S. (1992). Sense of self in recovery from severe mental illness. *British Journal of Medical Psychology*, 65, 131-145.
Davidson, L. & Strauss, J.S. (1995). Beyond the bio-psycho-social model : integrating disorder. Health and recovery. *Psychiatry*, 58, 43-55.
de Ajuriaguerra, J. & Angelergues, R. (1962). De la psycho-motricité au corps dans la relation à autrui (à propos de l'œuvre de Henri Wallon). *L'évolution psychiatrique*, XXVII, 13-26.
Dejours, C. (1994). *Le facteur Humain*. Paris : PUF.
Dejours, C. (1995a). Comment formuler une problématique de la santé en ergonomie et en médecine du travail ? *Le Travail Humain*, 58, 1, 1-16.
Dejours, C. (1995b). Doctrine et théorie en psychosomatique. *Revue Française de Psychosomatique*, 7, 59-78.
Del Volgo, M.J. (1997). *L'instant de dire. Le mythe individuel du malade dans la médecine moderne*. Toulouse : Eres.
Del Volgo, M.J. & Gori, R. (1993). La croyance psychosomatique comme produit de l'amphibologie des discours. *Connexions*, 61, 87-100.

Delefosse, J.M.O. & Santiago-Delefosse, M. (2001). Pensée et langage chez l'enfant : Sabina Spielrein entre Piaget et Vygotsky. *Psychologie de l'interaction*. Nancy, à paraître.

Delefosse, J.M.O. (1998a). Genèse et actualité de la linguistique interactionniste. Apports aux études en acquisition du langage oral et écrit et à leurs applications. *Acquisition du Langage Oral et Ecrit*, 41, 77-104.

Delefosse, J.M.O. (1998b). La linguistique interactionniste et la communication hypnotique. In D. Michaux (Ed.), *Hypnose. Langage et Communication*. Paris : Imago.

Denzin, N.K. (1995). Symbolic interactionism. In J.A. Smith, R. Harré & L. Van Langenhove (Eds), *Rethinking Psychology*. London : Sage.

Denzin, N.K. & Lincoln, Y.S. (Eds) (1994). *Handbook of Qualitative Research*. London : Sage.

Devereux, G. (1980). *De l'angoisse à la méthode dans les sciences du comportement*. Paris : Flammarion.

Dewey, J. (1927). *The Public and its Problems*. New York : Henry Holt.

Dilthey, W. (1894/1988). *Le monde de l'esprit*. Paris : Ed. Du Cerf.

Dilthey, W. (1942). *Introduction à l'étude des sciences humaines*. Paris : PUF.

Dunbar, F. (1935). *Emotions and bodily changes : A survey of the literature : 1910-1933*. New York : Columbia University Press.

Dunbar, F. (1944). *Psychosomatic diagnostic*. New York : Hoeber.

Durand, D. (1979). *La systémique*. Paris : PUF.

Elgin, D. & Ledrew, C. (1997). *Global consciousness change : Indicators of an emerging paradigm*. San Anselmo : Millennium Project.

Ellenberger, H.F. (1995). *Médecines de l'âme. Essais d'histoire de la folie et des guérisons psychiques*. Fayard : Paris.

Engel, G.L. (1977). The need for a new medical model, a challenge for biomedicine. *Science*, 196, 129-146.

Enriquez, E. (1983). *Aux carrefours de la haine*. Paris : Epi.

Ey, H. (1963). *La conscience*. Paris : Desclée de Brouwer.

Ey, H. (1974). La notion de «réaction» en psychopathologie (Essai critique). *Confrontations Psychiatriques*, 12, 43-62.

Favez-Boutonier, J. (1955-1956). Psychologues et médecins. *Bulletin de Psychologie*, numéro spécial, 66-68.

Favez Boutonier, J. (1959). La psychologie clinique objet, méthodes, problèmes. *Les cours de la Sorbonne*, 1959-1962.

Favret Saada, J. (1977). *Les mots, la mort, les sorts*. Paris : Gallimard.

Fédida, P. (1986). *Phénoménologie, psychiatrie, psychanalyse*. Paris : Centurion.

Fédida, P. & Schotte J. (1991). *Psychiatrie et existence*. Grenoble : Millon.

Fewtrell, D. & O'Connor, K. (1994). *Clinical Phenomenology and Cognitive Psychology*. London : Routledge.

Fine, A. & Schaeffer, J. (Eds) (1998). *Interrogations psychosomatiques*. Paris : PUF.

Fischer, G.N. (1994). *Le ressort invisible, vivre l'extrême*. Paris : Seuil.

Fischer, G.N. (1998). La psychologie de la santé, champ théorique et intervention. *Psychologues et Psychologies*, 141, 40-41.

Fischer, G.N. (Ed.) (2001). Traité de Psychologie de la Santé. Paris : Dunod.

Fisher, S. (1988). Life stress. Control strategies and the risk of disease : a psychobiological model. In S. Fisher & J. Reason (Eds), *Handbook of life stress, cognition and health*, New York : Wiley.

Fox, G.K. & Serlin, I. (1996). High risk youth and the transition to adulthood. *Humanistic Psychologist*, 24, 3, 349-363.

Freeman, S.H. (1987). Health promotion talk in family practice encounters. *Social Science and Medicine*, 25, 961-966.

Freud, A. (1937). *Le moi et les mécanismes de défense*. Paris : PUF.

Freud, S. (1887-1902). *La naissance de la psychanalyse*. Paris : PUF.
Freud, S. (1894). Les névropsychoses de défense. In *Oeuvres complètes III*. Paris : PUF.
Freud, S. (1909). *Cinq leçons sur la psychanalyse*. Paris : Payot.
Freud, S. (1915). Considérations actuelles sur la guerre et sur la mort. In *Essais de psychanalyse*. Paris : Payot.
Freud, S. (1921). Psychologie des foules et analyse du moi. In *Essais de Psychanalyse*. Paris : Payot.
Freud, S. (1926). *Inhibition, symptôme et angoisse*. Paris : PUF.
Frydman, R. (1986). *L'irrésistible désir de naissance*. PUF : Paris.
Gadamer, H.G. (1976). *Vérité et Méthode*. Paris : Seuil.
Gallagher, S. (1995). Bodily awareness and the self. In J.L. Bermudez, A. Marcel & H. Eilan (Eds), *The body and the Self*. London : MIT Press.
Garfinkel, H. (1967). *Studies in Ethnomethodology*. New Jersey : Prentice Hall.
Gendlin, E. (1978). *Focusing*. New York : Bantam.
Giami, A. (1997). La compliance des patients en questions. *Psychologues et Psychologies*, 139, 17-19.
Giorgi, A. (1986). The «context of discovery/context of verification» distinction and descriptive human science. *Journal of Phenomenological Psychology*, 17, 151-166.
Giorgi, A. (1990). Phenomenology, psychological science and common sens. In G.R. Semin. & K.J. Gergen (Eds), *Everyday Understanding*. London : Sage.
Goffman, E. (1959/1973). The presentation of Self in Everyday Life. New York : Doubleday Books. Traduction française : *La mise en science de la vie quotidienne*. Paris : Editions de Minuit.
Goleman, D. (1995). *L'intelligence émotionnelle*. Paris : Robert Laffont.
Goleman, D. (1997). *L'intelligence émotionnelle, comment transformer ses émotions en intelligence ?* Paris : Robert Laffont.
Good, B. (1998). *Comment faire de l'anthropologie médicale ? Médecine, rationalité, et vécu*. Paris : Les empêcheurs de penser en rond.
Good, G. & Byron, J. (1994). *Medicine, rationality and experience. An Anthropological Perspective*. Cambridge : Cambridge University Press.
Gori, R. (1978). *Le corps et le signe dans l'acte de parole*. Paris : Dunod.
Gori, R. (1996). *La preuve par la parole*. Paris : PUF.
Gratiot Alphandéry, H. (1976). *Lecture d'Henri Wallon. Choix de textes*. Paris : Editions Sociales.
Green, A. (1998). Théorie. In A. Fine & J. Shaeffer (Eds), *Débats de psychanalyse : Interrogations psychosomatiques*. Paris : PUF.
Greenwald, A.G. (1980). The totalitarian ego : Fabrication and revision of personal history. *American Psychologist*, 35, 603-618.
Grossarth-Maticek, R. Eysenck, H.J. Vetter, H. & Schmidt, P. (1988). Psychosocial types and chronic diseases : results of the Heidelberg prospective psychosomatic intervention study. In S. Maes, C.D. Spielberger, P.B. Defares & I.G. Saron (Eds), *Topics in health psychology*. New York : Wiley.
Gruenberg, E. *et al.* (1969). Preventing the social breakdown syndrome. *Social Psychiatry*, 47, 23-39.
Haan, N. (1977). *Coping and Defending*. New York : Academic Press.
Hall, G. (1904). *Health, growth and heredity*. New York. Teachers College Press.
Harré, R. (1992). The discursive creation of human psychology. *Symbolic Interaction*, 15, 515-527.
Heller, K. (1996). Coming of Age of Prevention Science : Comments on the 1994 National Institute of Mental Health Institute of Medicine Prevention Reports. *American Psychologist*, 51, 1123-1127.
Henriques, J., Hollway, W., Urwin, C., Venn, C. & Walkerdine, V. (1984). *Changing the Subject : Psychology. Social Regulation and Subjectivity*. London : Methuen.

Herzlich, C. & Pierret, J. (1991). *Malades d'hier, malades d'aujourd'hui. De la mort collective au devoir de guérison.* Paris : Payot.
Hollway, W. (1989). *Subjectivity and method in psychology : gender, meaning and science.* London : Sage.
Holstein, J.A. & Gubrium, J.F. (1994). Phenomenology, ethnomethodology and Interpretative Practice. In N.K. Denzin & Y.S. Lincoln (Eds), *Handbook of Qualitative Research.* London : Sage.
Houdé, O. et al. (1998). *Vocabulaire des sciences cognitives.* Paris : PUF.
Huneman, P. & Kulich E. (1997). *Introduction à la phénoménologie.* Paris : Armand Colin.
Husserl, E. (1929/1994). *Les Méditations Cartésiennes et Les Conférences de Paris.* Trad. par Marc de Launay. Paris : PUF.
Hyland, E.M. (1997). Health and values : the values underlying health measurement and health resource. *Psychology and Health,* 12, 389-403.
Ionescu, S. (1997a). La recherche dans le domaine de la qualité de vie des personnes présentant une déficience intellectuelle. *Revue francophone de la Déficience Intellectuelle,* 42, 3, 255-260.
Ionescu, S. (1997b). Les mécanismes de défense. *Sciences Humaines,* 19, 38-41.
Ionescu, S. Jacquet, M.M. & Lhote, C. (1997). *Les mécanismes de défense. théorie et clinique.* Paris : Nathan.
Jackson, J.E. (1994). Chronic pain and the tension between the body as subject and object. In T.J. Csordas (Ed.), *Embodiment and Experience : The Existential Ground of Culture and Self.* Cambridge : Cambridge University Press.
Jalley, E. & Maury L. (1990). *Henri Wallon. écrits de 1926 à 1961. Psychologie et dialectique.* Paris : Éditions sociales.
Jalley, E. (1981). *Wallon lecteur de Freud et Piaget.* Paris : Editions Sociales.
Jalley, E. (1998). *Freud. Wallon. Lacan : l'enfant au miroir.* Paris : EPEL.
James, H. (1922). *On vital reserves : the energies of men.* Cambridge : Harvard University Press.
Jeammet, Ph., Reynaud, M. & Consoli, S. (1996). *Psychologie Médicale.* Paris : Masson.
Jonckheere, P. (Ed.) (1989). *Phénoménologie et analyse existentielle.* Bruxelles : De Boeck Wesmael.
Kaes, R. et al. (1987). *L'institution et les institutions, études psychanalytiques.* Paris : Dunod.
Karnofsky, D.A. & Burchenal, J.H. (1949). The clinical evaluation of chemotherapeutic agents in cancer. In C.M. McLeod (Ed.), *Evaluation of Chemotherapeutic Agents.* New York : Columbia Univerty Press.
Keller, P. (1997). *La médecine psychosomatique en question.* Paris : O. Jacob.
Kernberg, O.F. (1975). *Borderline conditions and pathological narcissism.* New York : Aronson.
Kervasdoué, J. de (2000). *Le carnet de santé de la France en 2000.* Paris : Syros.
Kissel, P. & Barrucand, D. (1964). *Placebos et effet placebo en médecine.* Paris : Masson.
Kobasa, S.C., Maddi, S.R. & Kahn, S. (1982). Hardiness and health : a prospective study. *Journal of Personality and Social Psychology,* 42, 168-177.
Kockelmans, J.J. (Ed.) (1987). *Phenomenological Psychology : The Dutch School.* Dordrecht : Martinus Nijhoff.
Krantz, D.S. & Manuck, S.B. (1984). Acute psychophysiologie reactivity and risk of cardiovascular disease : A review and methodologic critique. *Psychological Bulletin,* 96, 435-464.
Kvale, S. (1996). *An Introduction to Qualitative Research Interviewing.* London : Sage.
Lacan, J. (1966). Le temps logique et l'assertion de certitude anticipée. In *Ecrits.* Paris : Seuil, 197-214.
Lagache, D. (1949). Psychologie clinique et méthode clinique. In *Oeuvres II.* Paris : PUF.

Lagache, D. (1951). Sur la formation du psychologue clinicien. In *Oeuvres II*. Paris : PUF.
Lagache, D. (1955). Eléments de psychologie médicale. In *Oeuvres III*. Paris : PUF.
Lagache, D. (1957). Fascination de la conscience par le moi. In *Oeuvres IV*. Paris : PUF.
Lagache, D. (1961). La psychanalyse et la structure de la personnalité. In *Oeuvres IV*. Paris : PUF.
Lazarus, R. & Folkman, S. (1984). *Stress, appraisal and coping*. New York : Springer.
Lazarus, R. & Folkman, S. (1987). Transactional theory and research on emotions and coping. *European Journal of Psychology*, 1, 141-169.
Lazarus, R. & Launier, R. (1978). Stress related transactions between person and environment. In L.A. Pervin & M. Lewis (Eds), *Perspectives in interactional psychology*. New York : Plenum.
Le Guillant, L. (1984). *Quelle psychiatrie pour notre temps ? Travaux et écrits de Louis Le Guillant*. Toulouse : Erès.
Le Moigne, J.L. (1990). *La modélisation des systèmes complexes*. Paris : Dunod.
Le Moigne, J.L. (1995a). *Le constructivisme, les épistémologies*. Paris : ESF.
Le Moigne, J.L. (1995b). *Les épistémologies constructivistes*. Paris : PUF.
Lemaire, C. (1998). *Membres fantômes*. Paris : Les empêcheurs de penser en rond.
Lemoine, P. (1996). *Le mystère du placebo*. Paris : O. Jacob.
Leriche, R. (1937). *La chirurgie de la douleur*. Paris : Masson.
Leriche, R. (1945). *La chirurgie à l'ordre de la vie*. Paris : Zeluck.
Lessard-Hébert, M. et al. (1997). *La recherche qualitative. fondements et pratiques*. Bruxelles : De Boeck.
Leudar, I. & Antaki, C. (1988). Completion and dynamics in explanation seeking. In C. Antaki (Ed.), *Analysing Everyday Explanation*. London : Sage.
Levitt, M.J., Antonucci, T.C., Clark. M.C., Rotton, J. et al. (1985). Social support and well-being : Preliminary indicators based on two samples of the elderly. *International Journal of Aging & Human Development*, 21, 1, 61-77.
Lieblich, A. & Josselson, R. (1997). *The Narrative Study of Lives*. London : Sage.
Lupton, D. (1994). *Medicine as Culture : Illness, Disease and the Body in Western Societies*. London : Sage.
Malinowski, B. (1922/1963). *Les Argonautes du Pacifique occidental* (Argonauts of the Western Pacific. An Account of Native Enterprise and Adventure in the Archipelagoes of Melanesian New Guinea). Paris : Gallimard.
Marty, P. (1952). Les difficultés narcissiques de l'observateur devant le problème psychosomatique. Discussion. *Revue Française de Psychanalyse*, 3, 359-365.
Marty, P. & Fain, M. (1954). Note sur certains aspects psychosomatiques de la tuberculose pulmonaire. *Revue Française de Psychanalyse*, 2, 244-249.
Marty, P., de M'Uzan, M. & David C. (1963). *L'investigation psychosomatique*. Paris : PUF.
Matarazzo, J.D. (1980). Behavioral health and behavioral medicine. *American Psychologist*, 35, 807-817.
Matarazzo, J.D. et al. (1984). *Behavioral health : a handbook of health enhancement and disease prevention*. New York : Wiley.
May, R., Angel, E. & Ellenberger, H. (Eds) (1958). *Existence : A new dimension in Psychiatry and psychology*. New York : Basic Books.
McNamee, S. & Gergen, K.J. (Eds) (1992). *Therapy as Social Construction*. London : Sage.
Melack, R. & Wall, P.D. (1989). *Le défi de la douleur*. Paris : Vigot.
Meltzoff, A. & Moore, K. (1998). Infant intersubjectivity : broadening the dialogue to include imitation, identity and intention. In S. Braten (Ed.), *Intersubjective communication and emotion in early ontogeny*. Cambridge : Cambridge University Press, 47-62
Merleau Ponty, M. (1966). *Sens et non sens*. Paris : Nagel.
Merleau Ponty, M. (1989). *Phénoménologie de la perception*. Paris : Tel Gallimard.

Michaux, D. (Ed.) (1998). *Hypnose, langage et communication*. Paris : Imago.

Miles, M.B. & Huberman, A.M. (1994). *Qualitative Data Analysis*. London : Sage.

Miller, I.J. (1996). Managed care is harmful to outpatient mental health services : a call for accountability. *Professional Psychology. Research and Practice*, 27, 349-363.

Minkowski, E. (1948). Phénoménologie et analyse existentielle en psychopathologie. *Evolution Psychiatrique*, 13, 137-185.

Minkowski, E. (1953). A propos de la médecine psychosomatique. *Evolution Psychiatrique*, 3, 345-356.

Minkowski, E. (1965). *Recueil d'articles 1923-1965*. Cahiers du Groupe Françoise Minkowska. Paris : Le Livre Psychologique.

Misrahi, R. (1997). Immanence et transcendance. *Encyclopedia Universalis*, 11-951b.

Morin, E. (1990). *Introduction à la pensée complexe*. Paris : ESF.

Morin, M. (1996). Perspectives de recherches pour l'étude empirique de l'explication sociale des maladies. *Psychologie Française*, 41-2, 147-154.

Morin, M. et al. (1997). *La médecine générale face au sida*. Paris : Les Editions INSERM.

Moustakas, C. (1994). *Phenomenological Research Methods*. London : Sage.

Mulkay, M. (1991). *The Sociology of Science : a Sociological Pilgrimage. Milton Keynes*. Buckingham : Open University Press.

Navelet, C. & Carnelle B. (1997). *Le métier du psychologue*. Paris : Frison Roche.

Nicolson, P. (2001). Critical Health psychology : a radical alternative to the «mainstream»? *Psychologie, Health & Medicine*, 6-3, 256-259.

Orange, D., Atwood G. & Stolorow R.D. (1997). *Working intersubjectivity : Contextualism in psychoanalytic practice*. Hillsdale. NJ : Analytic Press.

Owens, G. (2001). Is critical health psychology sufficiently self-critical? *Psychologie, Health & Medicine*, 6-3, 259-264.

Paichelair, G. (1992). *L'invention de la psychologie moderne*. Paris : L'Harmattan.

Paulhan, I. & Bourgeois, M. (1995). *Stress et coping, les stratégies d'ajustement à l'adversité*. Paris : PUF.

Pearlin, L.I. & Johnson, J. (1977). Marital status, life strains and depression. *American Sociological. Revue*, 42, 704-715.

Pearlin, L.I. & Schooler, C. (1978). The structure of coping. *Journal of Health Social Behavior*, 19, 2-21.

Pédinielli, J.L. (1993). Psychopathologie du somatique : la «maladie-du-malade». *Cliniques Méditerranéennes*, 37, 122-137.

Pédinielli, J.L. (1996). Les théories étiologiques des malades. *Psychologie Française*, 41-2, 137-146.

Pedinielli, J.L. (1997). La psychologie clinique, regard global. *Sciences Humaines*, 19, 16-17.

Pennebaker, J.W. (1990). *Opening up : The healing power of confiding in others*. New York : Academic Press.

Pennebaker, J.W. et al. (1987). The psychophysiology of confession : Linking inhibitory and psychosomatic processes. *Journal of Personality and Social Psychology*, 52, 781-793.

Pennebaker, J.W. & Traue H. (1993). *Emotion, Inhibition and Health*. Bern : Hogrefe and Huber Publishers.

Perry, J.C. (1990). *Defense Mechanism Rating Scales*. Boston : Harvard Medical School.

Perry, J.C., Kardos, M.E. & Pagano, C.J. (1993). The study of defenses in psychotherapy using the Defense Mechanism Rating Scales (DMRS). In U. Hentchel & W. Ehlers (Eds), *The concept of defense mechanisms in contemporary psychology : Theoretical research and clinical perspectives*. New York : Springer.

Perry, J.C. & Kardos, M.E. (1995). A review of the Defense Mecanism Rating Scales. In H.R. Conte & R. Plutchik (1995) (Eds), *Ego Defenses, Theory and Measurement*. New York : John Wiley and Sons Inc.

Peter, J.P. (1988). Silence et cris. La médecine devant la douleur ou l'histoire d'une élision. *Le Genre humain*, 18, 52-63.

Peter, J.P. (1993). *De la douleur*. Paris : Quai Voltaire.

Piaget, J. (1920). La psychanalyse dans ses rapports avec la psychologie de l'enfant. *Bulletin de la société Alfred Binet*, n° 1/131, 18-33 et n° 2-3/132,133, 41-57.

Piaget, J. (1942/1967). *La psychologie de l'intelligence*. Conférences données au Collège de France en 1942. Paris : Armand Colin

Politzer, G. (1928). *Critique des fondements de la psychologie*. Paris : Editions Rieder.

Polkinghorne, D. (1988). *Narrative knowing and the human sciences*. Albany : State University of New York Press.

Pope, C. & Mays, N. (1995a). Reaching the parts other methods cannot reach : an introduction to qualitative methods in health and health services research. *British Medical Journal*, 311, 42-45.

Pope, C. & Mays, N. (1995b). Rigour and qualitative research. *British Medical Journal*, 311, 109-111.

Porge, E. (1989). *Se compter trois, le temps logique de Lacan*. Toulouse : Erès.

Potts, R.G. (1997). Spirituality, Religion and the Experience of Illness. In P. Camic & S. Knight, *Clinical Handbook of Health Psychology*. Bern : Hogrefe and Huber Publishers.

Poupart, J. et al. (1998). *La recherche qualitative. Diversité des champs et des pratiques au Québec*. Montréal : Gaëtan Morin.

Prévost, C.M. (1973). *Janet, Freud et la psychologie clinique*. Paris : PBP.

Prigogine, I. & Stengers, I. (1979). *La nouvelle alliance*. Paris : Gallimard.

Radley, A. (Ed.) (1993). *Worlds of Illness*. London : Routledge.

Reik, T. (1975). *Trente ans avec Freud*. Paris : Ed. Complexe.

Revault d'Allonnes, C. et al. (1989). *La démarche clinique en sciences humaines*. Paris : Dunod.

Revault d'Allonnes, C. (1985). Entretien non directif de recherche/entretien clinique. In A. Blanchet et al., *L'entretien dans les sciences sociales*. Paris : Dunod.

Revidi, P. (1986). Facteurs d'agression et mécanismes de défense du moi dans les maladies somatiques graves. *Annales psychiatriques*, 1, 87-98.

Revue Française de Psychosomatique (1994). Numéro spécial «Pierre Marty», 6.

Rey, R. (1993). *Histoire de la douleur*. Paris : La Découverte.

Rhodes, J.E. (1997). Family, Friends and Community : The Role of Social Support in Promoting Health. In P. Camic & S. Knight, *Clinical Handbook of Health Psychology*. Bern : Hogrefe and Huber Publishers, 481-494.

Richelle, M. (1987). Les cognitivismes : progrès, régression ou suicide de la psychologie ? In M. Siguan et al., *Comportement, cognition, conscience*. Paris : PUF.

Richir, M. (1990). *La crise du sens en phénoménologie*. Grenoble : Millon.

Roussillon, R. (1987). Espaces et pratiques institutionnelles. Le débarras et l'interstice. In R. Kaes (Ed.), *L'institution et les institutions*. Paris : Dunod.

Sacks, H. (1992). *Lectures on Conversation*. Oxford : Basil Blackwell.

Sandler, J. (1989). *L'analyse des défenses. Entretiens avec Anna Freud*. Paris : PUF.

Santiago-Delefosse, M. (1990). Quelques réflexions sur les campagnes de prévention du Sida. *Psychanalystes*, 36, 77-85.

Santiago-Delefosse, M. (1993). Demandes répétées de fécondations in vitro et possibles dégagements. *Revue de Médecine Psychosomatique*, 35, 91-102.

Santiago-Delefosse, M. (1995). *Fécondation in vitro, demande d'enfant et pratiques médicales*. Paris : Anthropos.

Santiago-Delefosse, M. (1996). Douleur physique chronique : enseignements psychanalytiques dans la pratique du psychologue clinicien. *Psychologues et Psychologies*, 133, 3-6.
Santiago-Delefosse, M. (1997a). De la douleur physique chronique : Etude comparative des positions de la médecine et de la psychologie clinique. *Psychologie clinique et projective*, 3, 89-109.
Santiago-Delefosse, M. (1997b). Quand les institutions prescrivent la clinique. *Pratiques Psychologiques*, 3, 31-44.
Santiago-Delefosse, M. (1997c). Preuve d'amour et don de parole : de la fonction du père dans les Fécondations In Vitro. *Synapse*, 134, 17-22.
Santiago-Delefosse, M. (1998a). Freud ou Janet, résurgences dans la psychologie clinique actuelle d'un débat qui n'eut jamais lieu. *Pratiques Psychologiques*, 1, 61-74.
Santiago-Delefosse, M. (1998b). Le débat Freud-Binswanger et ses enseignements dans le champ clinique et psychopathologique actuel. *Psychologie Clinique*, 6, 137-160.
Santiago-Delefosse, M. (1998c). Actualité de l'échange Freud-Binswanger : enjeux méthodologiques et épistémologiques d'un retour à une clinique de la subjectivité. *L'Evolution Psychiatrique*, 63, 3, 359-377.
Santiago-Delefosse, M. (1998d). Etude de l'interaction entre facteurs psychiques et sociaux dans les soins aux malades porteurs du virus VIH. *L'Encéphale*, XXIV, 497-502.
Santiago-Delefosse, M. (1999a). *Psychologie et Santé : Approches subjectives de la santé et de la maladie*. Document pour l'Habilitation à Diriger les Recherches. Université Aix-Marseille I.
Santiago-Delefosse, M. (1999b). L'invention de la « maladie » douleur. *Revue de psychothérapie psychanalytique de groupe*, 31, 91-104.
Santiago-Delefosse, M. (1999c). Psychologie de la santé, une introduction au débat méthodologique. *Pratiques Psychologiques*, 1, 1-6.
Santiago-Delefosse, M. (2000a). Actualité d'un modèle Wallonien des émotions. Vers un modèle corporo-psycho-social des émotions. *L'Encéphale*, XXVI, 8-20.
Santiago-Delefosse, M. (2000b). Répétion des demandes dans les Fécondations in Vitro. *Cahiers de Psychologie Clinique*, 15, 137-159. Bruxelles.
Santiago-Delefosse, M. (2000c). Conditions d'une spécificité de l'écoute du psychologue. *Bulletin de Psychologie*, 53, 1, 225-232.
Santiago-Delefosse, M. (2000d). Vers une psychologie clinique de la santé ? *Bulletin de Psychologie*, 53, 3, 33-342.
Santiago-Delefosse, M. (2000e). Une psychologie concrète des émotions : l'apport des théories de Lev Sémionovitch Vygotski. *Psychologie Clinique*, 10, 15-34.
Santiago-Delefosse, M. (2001a). Renouveau des méthodologies qualitatives dans les pays anglo-saxons. *Psychologie clinique*, 11, 47-58.
Santiago-Delefosse, M. (2001b). Pour une prise en compte du « drame humain » dans la promotion de la santé auprès d'un public étudiant. In C. de Tychey, *Peut-on prévenir la psychopathologie*. Paris : L'Harmattan, 281-299.
Santiago-Delefosse, M. (2001c). Le rapport « coût-avantages » de l'exercice de la psychologie en milieu médical. *Pratiques psychologiques*, 2, 87-102.
Santiago-Delefosse, M. (2001d). Méthodes de recherche qualitatives en psychologie. In G.N. Fischer (Ed.), *Traité de psychologie de la santé*. Paris : Dunod, à paraître.
Santiago-Delefosse, M. (2001e). Perspective clinique en psychologie de la santé. In G.N. Fischer (Ed.), *Traité de psychologie de la santé*. Paris : Dunod, à paraître.
Santiago-Delefosse, M. & Rouan, G. (2001). *Méthodes qualitatives en psychologie*. Paris : Dunod.
Sapir, M. (1978). *La formation psychologique du médecin*. Paris : Payot.
Sapir, M. (1992). *Formation et institutions soignantes*. Grenoble : La Pensée Sauvage.
Sarafino, E.P. (1990). *Health psychology : bio-psycho-social interactions*. New York : Wiley.

Schneider, K.J. (1998). Toward a Science of the Heart. Romanticism and the Revival of Psychology. *American Psychologist*, 53, 3, 277-289.

Schneider, K.J. & May, R. (1995). *The psychology of existence : An integrative, clinical perspective*. New York : McGraw Hill.

Schütz, A. (1967). *The phenomenology of the social world*. Evanston : Northwestern University Press.

Schütz, A. (1971). *Collected Papers 1. The Problem of Social Reality*. La Haye : Martinus Nijhoff.

Schütz, A. (1987). *Le chercheur et le quotidien*. Paris : Méridiens Klincksieck.

Schwartz, Y. (1992). Une science du sujet singulier est-elle possible ? In Y. Schwartz (Ed), *Travail et philosophie*. Toulouse : Octarès.

Seligman, M.E.P. (1996). Science as an allied of practice. *American Psychologist*, 51, 1072-1079.

Selye, H. (1962). *Le stress de la vie*. Paris : Gallimard.

Seymour, W. (1998). Remaking the Body : Rehabilitation and Change. South Australia/London : Allen & Unwin/Routledge.

Shilling, C. (1993). The Body and Social Theory. London : Sage.

Sidot, S. (1997). Task Force : On Health Psychology. *Médianop*, 10, 3-4.

Sifneos, P.E. (1975). Problems of psychotherapy in patients with alexithymic characteristics and physical disease. *Psychotherapy Psychosomatic*, 26, 65-70.

Simon, H.A. (1979). *Models of Thought* (t. I). Yale : Yale University Press.

Smith, J.A., Harré R. & Van Langenhove L. (1995a). *Rethinking Methods in Psychology*. London : Sage.

Smith, T.W. & Nicassio P.M. (1995b). Psychological practice : Clinical application of the bio-psycho-social model. In P.M. Nicassio & T.W. Smith (Eds), *Managing chronic illness : A bio-psycho-social perspective*. Washington : American Psychological Association, 1-31.

Smith, J.A. (1995c). Semi-structured interviewing and qualitative analysis. In J.A. Smith, R. Harré & L. Van Langenhove (Eds), *Rethinking Psychology*. London : Sage, 59-69.

Spacapan, S. & Oskamp, S. (1988). *The social psychology of Health*. London : Sage Publication.

Stengers, I. (1993). *L'invention des sciences modernes*. Paris : La découverte.

Stenner, P. & Eccleston, C. (1994). On the textuality of being : towards an invigorated social constructionism. *Theory and Psychology*, 4, 85-103.

Stewart, I. (1994). *Oh! Catastrophe*. Bruxelles : Belin.

Stolorow, R.D. & Atwood G.E. (1992). *Contexts of being : The intersubjective foundations of psychological life*. Hillsdale, N.J. : Analytic Press.

Strauss, J.S. (1997). La nature de la schizophrénie, vulnérabilité et destin. *L'Evolution Psychiatrique*, 62, 2, 245-262.

Szasz, T.S. (1980). *La théologie de la médecine*. Paris : Payot.

Szasz, T.S. (1986). *Douleur et plaisir*. Paris : Payot.

Taylor, S. (1984). Attributions reliefs about control and ajustment to threat cancern. *Jounal of. Pers. Soc. Psychology*, 56, 3.

Temoshok, L. (1990). On attempting to articulate the bio-psycho-social model : psychological physiological homeostasis. In H.S. Friedman (Ed.), *Personality and disease*. New York : Wiley.

Terborg, J.R. (1998). Health Psychology in the United States : A Critique and Selective Review. *Applied Psychology an International Review*, 47, 2, 199-217.

Thinès, G. (1991). *Existence et subjectivité. Etudes de psychologie phénoménologique*. Bruxelles : Editions de l'Université de Bruxelles.

Toombs, S.K. (1992). *The Meaning of Illness*. Dordrecht : Kluwer Academic.

Trevarthen, C. (1998). The concept and foundations of infant intersubjectivity. In S. Braten (Ed.), *Intersubjective communication and emotion in early ontogeny.* Cambridge : Cambridge University Press, 15-46.

Tychey de, C. (Ed.) (1998). *Psychologie clinique et prévention.* Paris : EAP.

Vaillant, G.E. (1971). Theoretical hierarchy of adaptative ego mechanisms. *Archives of General Psychiatry,* 24, 107-118.

Vaillant, G.E. (1977). *Adaptation to life.* Boston : Little Brown.

Vaillant, G.E. (1986). *Empirical assesment of ego mechanisms of defense.* Washington : DC. American Psychiatric Press.

Vaillant, G.E. (1993). *The Wisdom of the Ego.* Cambridge : Harvard University Press.

Vaillant, G.E. & Drake, R.E. (1985). Maturity of ego defenses in relation to DSM-III Axis II personality disorder. *Archives of General Psychiatry,* 42, 597-601.

Van den Berg, J.H. (1987). The human body and the significance of human movement. In J.J. Kockelmans (Ed.), *Phenomenological Psychology : the Dutch School.* Dordrecht : Martinus Nijhoff.

Varela, F. (1989). *Connaître les sciences cognitives. Tendances et perspectives.* Paris : Seuil.

Varela, F., Thompson, E. & Rosch, E. (1993). *L'inscription corporelle de l'esprit. Sciences cognitives et expérience humaine.* Paris : Seuil.

Vermersch, P. (1996). *L'entretien d'explicitation.* Paris : ESF.

Wahl, J. (1997). Philosophies de l'existence. *Encyclopedia Universalis,* 9-160a.

Wallon, H. (1925). *L'enfant turbulent.* Paris : Alcan.

Wallon, H. (1926). Mouvement et psychisme. *Journal de Psychologie,* 23, 957-974.

Wallon, H. (1931). Comment se développe chez l'enfant la notion du corps propre. *Journal de Psychologie,* 28, 706-748.

Wallon, H. (1931/1976). Science de la nature et science de l'homme : la psychologie. *Enfance,* numéro spécial, 11-27.

Wallon, H. (1932). La conscience de soi, ses degrés et ses mécanismes, de trois mois à trois ans. *Journal de Psychologie,* 29, 744-783.

Wallon, H. (1934/1987). *Les origines du caractère chez l'enfant. Les préludes du sentiment de personnalité.* Paris : PUF.

Wallon, H. (1946/1976). Le rôle de «l'autre» dans la conscience du «moi». *Enfance,* numéro spécial, 86-94.

Wallon, H. (1951). L'évolution dialectique de la personnalité. *Dialectica,* 5, 402-412.

Wallon, H. (1952). L'organique et le social chez l'homme. *Scientia,* 88, 108-114.

Wallon, H. (1954). Kinesthésie et image visuelle du corps propre chez l'enfant. *Enfance,* 60-70.

Wallon, H. (1956/1963). Niveaux et fluctuations du moi. *Enfance,* numéro spécial, 1-2, 87-98.

Wallon, H. (1956/1976). Importance du mouvement dans le développement psychologique de l'enfant. *Enfance,* numéro spécial, 43-47.

Wallon, H. (1963). Buts et méthodes de la psychologie. *Enfance,* numéro spécial, 1-2.

Wallon, H. (1972). The emotions. *International Journal of Mental Health,* 1(4), 40-52.

Widlöcher, D. (1986). *Métapsychologie du sens.* Paris : PUF.

Widlöcher, D., Blanchet A. & Pédinielli J.L. (1996). Introduction au numéro spécial : Psychologie de la Santé. *Psychologie Française,* 41, 2, 105-106.

Wolff, C.T. *et al.* (1964). Relationship between psychological defenses and mean urinary. 17 -hydrocorticosteroid excretions rates. *Psychomatic Medecine,* 26, 576-591.

Yardley, L. (Ed.) (1997). *Material Discourses of Health and Illness.* London : Routledge.

Yardley, L. (1996). Reconciling discursive and materialist perspectives on the psychology of health and illness : a re-construction of the bio-psycho-social approach. *Theory and Psychology,* 6, 485-508.

Tableaux et figures

Tableau 1 — Modèle explicatif bio-psycho-social en psychologie de la santé 27

Tableau 2 — Spécificité du modèle bio-psycho-social par rapport au modèle bio-médical (en gris) 27

Tableau 3 — Caractéristiques des paradigmes positiviste et constructiviste 42

Tableau 4 — Critiques adressées aux deux types de méthodologies 50

Tableau 5 — Caractéristiques des deux registres de la modélisation......... 167

Tableau 6 — Trois niveaux logiques à intégrer dans le domaine de la santé 173

Tableau 7 — Caractéristiques phénoménologiques du «vécu de la santé et de la maladie» 201

Tableau 8 — Caractéristiques phénoménologiques impliquées dans un processus de dégagement... 201

Tableau 9 — Comparaison des classifications des Mécanismes de défense du Moi... 209

Tableau 10 — Mécanismes de défense et niveaux d'ajustement cognitivo/affectifs «d'ouverture et de fermeture»............................. 216

Figure 1 — Modélisation des transformations du monde vécu dans la maladie chronique 193

Figure 2 — Trois axes de régulation et d'ajustement 208

Figure 3 — Modélisation des trois niveaux régulateurs intrapsychiques... 212

Figure 4 — Modèle «corporo-psycho-social» 240

Table des matières

Introduction 7

Première partie
REPÈRES THÉORIQUES ET ÉPISTÉMOLOGIQUES

Chapitre 1
Approches quantitatives en psychologie de la santé............... 19
1. Les modèles aux origines de la psychologie de la santé classique........ 21
    Le modèle bio-médical 22
    Le modèle des événements de vie stresseurs........................... 22
    Les modèles psychosomatiques émotionnels 23
    Les études épidémiologiques pragmatiques 25
    Le modèle bio-psycho-social.. 25
2. Les modérateurs intéressant une psychologie clinique de la santé 28
    Le rôle du support social perçu.. 28
    Le stratégies cognitives pour faire face (style de coping) 29
3. Limites et conséquences inhérentes au modèle bio-psycho-social 34

Chapitre 2
Approches qualitatives en psychologie de la santé 37
1. Nouveau paradigme ou redécouverte d'une clinique de la santé?........ 39
2. Vers une complémentarité entre méthodes quantitatives et qualitatives? 40
3. Les différentes démarches qualitatives 43
    Démarches qualitatives et Analyses de Discours 43
    Ethnométhodologie et Interactionnisme Symbolique 44
    Analyse phénoménologique... 45
4. Postulats fondamentaux des méthodologies qualitatives en psychologie de la santé qualitative 46
    La co-construction de sens au risque du modèle bio-médical .. 46
    La matérialité de l'acte de langage révélateur de la forme culturelle 47
    La prise en compte de l'expérience phénoménologique vécue.. 48
5. Pour un examen critique constructif : limites et dialogues 49
    Vers un possible dialogue?.. 50
    La querelle des méthodes n'aura pas lieu................................ 53

Chapitre 3
Psychologie en milieu médical : spécificité française 55
1. Psychologie clinique en milieu médical 56
2. Psychologie de la santé : d'une neutralité bienveillante
   des universitaires... 58
3. ... à une position critique des psychologues praticiens 63
4. Quelle clinique pour une psychologie clinique de la santé ? 66
   Psychologie concrète, développement et psychologie clinique
   de la santé 68
   Psychologie clinique et psychologie clinique de la santé 70

Chapitre 4
Une clinique du sujet en psychologie de la santé 73
1. Le sujet de la plainte plutôt que l'individu de la norme 74
   Norme, santé et adaptation 75
   Maladie, plainte et autonomie 76
2. Réalité subjective de la maladie et prise en compte du contexte 79
3. Place de la phénoménologie dans les méthodologies qualitatives
   en psychologie 81
4. Le sujet phénoménologique ou le sujet de l'inconscient 86
   La personne humaine n'est pas réductible à l'Inconscient 87
   Limites du sujet freudien 88
   Binswanger : le sujet situé dans sa vie et dans ses choix 89
   Vers un sujet freudo-phénoménologique ? 90
5. Quelle phénoménologie pour une psychologie clinique de la santé ? 91
   Phénoménologie et courants psychiatriques 92
   Phénoménologie et psychologie clinique de la santé 94

Deuxième partie
REPÈRES CLINIQUES ET PRATIQUES D'INTERVENTION

Chapitre 5
Promouvoir la santé 101
1. L'intervention et son contexte 101
2. Résultats issus du travail de terrain 103
   Connaissances objectives, risques perçus et vécu existentiel 103
   Discours préventif et mécanismes défensifs 106
   Hétérogénéité subjective entre santé et maladie 109

Chapitre 6
Comprendre la construction psycho-sociale du rôle de malade 113
La construction sociale de la maladie 114
1. La standardisation de l'« état de malade » 116
   Différencier l'intervention en psychologie clinique de la santé
   et l'approche bio-médicale 120
2. Définir l'objet d'une psychologie subjective et qualitative de la santé.. 123

Chapitre 7
Analyser la place de l'intersubjectivité dans les soins 127
1. L'intervention et son contexte 127
2. Les résultats 129
    Intersubjectivité et soins, du côté des soignants 132
    Intersubjectivité et soins, du côté des patients 137
3. Subjectivité des soignants et travail institutionnel 140
    Importance de la co-construction du cadre de soins 141

Chapitre 8
Accompagner la temporalité du patient 145
1. L'intervention et son contexte 146
    Le temps de la rencontre 147
    Le temps chronique de l'attachement 150
    Le temps critique du désamour 152
2. Mouvements d'organisation/désorganisation des mécanismes
   de défense 154
    Articulation des modes défensifs de différents niveaux 154
    Désorganisation et dégagement défensif 155
3. Place de l'entourage et du contexte dans l'espace médical 157
    Accompagner les arrêts : donner sens au désamour ? 159
    Psychologie clinique de la santé et prise en compte du contexte ... 160

Troisième partie
REPÈRES MÉTHODOLOGIQUES ET MODÈLES

Chapitre 9
Intervention qualitative et complexité du drame humain 165
1. Rendre compte du drame humain : modéliser la complexité 166
    De l'« état » au « processus » dans une modélisation en psychologie
    clinique de la santé 168
    Modélisation des trois niveaux à intégrer dans une démarche
    qualitative 169
2. Une grille méthodologique pour l'intervention et la recherche
   qualitative 171
    Niveau 1 : expression manifeste du discours et conduites
    observables 175
    Niveau 2 : expression phénoménologique du vécu 177
    Niveau 3 : structure et dynamique des processus intra-psychiques 178
3. La temporalité dans la recherche de terrain 180
    S'initier au contexte 183
    Le temps de l'écoute 183
    L'articulation pratique et théorie 184
    Un processus transversal : intentionnalité du chercheur
    vs interaction 185
    L'entretien et ses niveaux d'analyse : implication
    et/ou intentionnalité ? 186

Chapitre 10
Modélisation dynamique et subjectivité 189
1. Les ajustements constants dans le processus de santé 190
2. Passer d'un monde à l'autre : le processus conduisant au «monde»
   de la maladie 192
3. La co-construction médico-psycho-sociale du processus subjectif
   de maladie 195
4. Le rôle de la ritualisation dans la reconstruction du monde du malade 198
5. Phénoménologie : du «monde vécu de la santé» et du «monde vécu
   de la maladie» 200

Chapitre 11
Modélisation intégrative des niveaux d'ajustement 203
1. Défense, adaptation, ajustement et mécanismes de dégagement 204
2. Trois axes d'ajustement 208
3. Un modèle intégratif des niveaux d'ajustement et de régulation 210
   Régulation de la décision 213
   Ouverture-fermeture du système : deux lignées en interaction 214
   Dynamique du modèle 218

Chapitre 12
Logique affective et modèle «corporo-psycho-social» 223
1. Rendre compte du lien entre corporéité, émotion-cognition
   et socialisation 223
2. Intérêt des apports walloniens en psychologie clinique de la santé 225
   Problème d'une conscience «sans distance» et méthode
   introspective 226
   Objet de la psychologie et témoignages de la vie intérieure 227
   Autrui, geste, conscience et affectivité 229
3. Un modèle développemental intégrant corporéité et ajustement
   au monde 233
   Automatismes et sensibilités internes 234
   Deux fonctions intégratives introduisant deux modes de relation
   au monde 235
   Dynamique du modèle, les trois antagonismes
   et leurs intégrations 236
4. Accordage émotionnel et logique affective 241
   La conscience de soi au cœur du lien «corporo-psycho-social» 243
   Vers une psychologie clinique de la santé : limites et perspectives.. 245
   Les limites inhérentes à l'approche phénoménologique 247
   Les limites inhérentes à la démarche qualitative 248

**Perspectives à approfondir pour une psychologie clinique
de la santé** 250

Bibliographie 255

Tableaux et figures 267